The First Indonesian Women's Congress of 1928

The First Indonesian Women's Congress of 1928

translated and with an introduction by

Susan Blackburn

Monash University Press
Clayton

Monash University Press
Building 11
Monash University
Victoria 3800, Australia
www.monash.edu.au/mai

All Monash University Press publications are subject to double blind peer review

© Monash Asia Institute 2008

National Library of Australia cataloguing-in-publication data:

Blackburn, Susan

Kongres Perempuan Indonesia 1928 : Yogya, Indonesia).
The first Indonesian Women's Congress of 1928.

Bibliography.
ISBN 9781876924485 (pbk.).

1. Women - Indonesia - Congresses. 2. Feminism - Indonesia - Congresses. I. Blackburn, Susan, 1947- . II. Title.
(Series : Monash papers on Southeast Asia ; 64).

305.4209598

Cover design by Emma Fisher.
Printed by BPA Print Group, Melbourne, Australia - www.bpabooks.com

contents

Introduction: The 1928 Women's Congress Revisited	1
Bibliography	25
Translation of the Proceedings of the 1928 Women's Congress	29
Notes for the translation	129
The original (Bahasa Indonesia) version of the Proceedings of the 1928 Women's Congress	131

Introduction

The 1928 Women's Congress revisited

Susan Blackburn

The 1928 Women's Congress is a well-known landmark in Indonesian history. Its anniversary is celebrated as Hari Ibu, marking the dawn of the Indonesian women's movement.[1] Its significance was recognised immediately: nationalist leaders, newspaper commentators and colonial officials hailed it as a success and as a turning point in the history of the Indonesian women's movement. Yet few know what happened at the conference, apart from the fact that a number of women's organisations joined together to form a federation. Even histories of Indonesia, which usually mention this as the only noteworthy event concerning women in the colonial period, pass over it swiftly without analysing what happened at the congress. One reason for the lack of detail about the congress is that the full account of it has been inaccessible. The first issue of the women's federation's journal, *Isteri*, published an extensive report, yet that journal is kept in the National Library in Jakarta and has almost never been consulted by historians.[2] A number of brief biographies of some prominent women of the congress were published in 1991 (Sutjiatiningsih 1991), but the congress proceedings themselves have never been reprinted.

1928 was a notable year for another reason too: at the second Congress of Indonesian Youth the Sumpah Pemuda (Youth Oath) was solemnly sworn, declaring that the participants belonged to one nation, Indonesia, with one language, Bahasa Indonesia. Nationalist sentiment was running high, and just as the Sumpah Pemuda marked this fervour amongst youth, so the women's congress embodied the trend in the women's movement.

In the course of researching a book on Indonesian women (Blackburn 2004), I read the congress report and thought it was worth closer attention. In fact I found it quite captivating in its freshness, its unexpected aspects and its demonstration of young women struggling with issues that continued to preoccupy the Indonesian women's movement. Because the history of Indonesian women's organisations goes back to 1912, and women also had experience through male-led organisations, this kind of activity was not entirely new to them. Yet these were still early days for Indonesian women on the public stage, and their discourse reveals not only their shared ideas but also their areas of disagreement, and their different public styles. What they said and how they said it, and how they operated when they came together is interesting, especially in the light of the later troubled history of women's federations in Indonesia. In particular, of course, it was the first nationalist congress of women, who were consciously trying to act as though they belonged to an Indonesian nation. This was a new role for them.

This introduction to the congress proceedings addresses a number of questions that arose for me when I read the report. These relate to the contemporary significance of the congress, whether it lived up to its aim of being a national congress, why it was held in Yogyakarta, the character of the participants, and its outcomes.

Contemporary significance[3]

Many contemporaries considered the holding of the 1928 congress to be a very significant event in the development of the women's movement and for the nationalist movement. One sign was attendance at the reception that preceded the congress, and at public meetings during the congress.

The conference report notes that about 1,000 people attended the reception held on the evening of 22 December. Among those who attended were members of male-led Indonesian organisations, including Boedi Oetomo, Partai Nasionalis Indonesia (PNI), Pemoeda Indonesia, Partai Sarekat Islam (PSI), Wal Fadjri, Jong Java, Jong Madoera, Moehammadijah, and Jong Islamieten Bond (Congres Perempoean 1929:14–15). Observers noted a number of prominent individuals: Mr Singgih and Dr Soepomo of Boedi Oetomo; Mr Soejoedi of PNI; Dr Soekiman of PSI; and AD Haani, president of Wal Fadjri (Poeze 1983:6). Apart from the reception, there were three open meetings during the course of the congress, each attended by 750 to 1000 people (Poeze 1983:6).

The press of the time gave sympathetic and wide coverage to the Women's Congress (*Overzicht* 1929). A local Javanese paper, *Sedijo Tomo*, condescendingly noted its surprise at the good results of the congress and the high standard of discussion, while warning that the women's movement, which was obviously influenced by the West, should not lose its Eastern characteristics (Poeze 1982:497).

Similarly, the colonial authorities were impressed. The acting adviser for Native Affairs, ChO van der Plas, reported to the Governor-General that reports from different sides consider this conference to have succeeded. On this occasion, too, it appears that women are often more realistic, more balanced and more civilised in their approach than men...This organisation deserves congratulation and interested attention (Kwantes 1981:176).

Interestingly, van der Plas notes he had employed the wife of one of the civil servants at his disposal, Patih Datoek Toemenggoeng, to attend the congress and give him a full report (Kwantes 1981:176). She was Rangkajo Chairoel Sjamsoe Datoek Toemenggoeng, herself an up-and-coming leader in the women's movement from Minangkabau (Blackburn 2000). Her report provides a sympathetic observer's detailed view of the congress and will be referred to in what follows. She claimed that around 600 women attended the conference and they represented 'old and young, educated and uneducated' (Toemenggoeng 1928).

To some extent the benign attitude of the colonial authorities towards the congress is accounted for by their fear of radical nationalism at this time; by comparison, they considered that women devoted themselves only to 'social' matters. At a time of tumultuous events in the nationalist movement, the colonial authorities had closely monitored the planning of the congress, but were satisfied that it was no threat to the peace (Sutjiatiningsih 1991:10). Another colonial official subsequently stated that 'the congress convincingly showed that, apart from the question of polygamy, among Native women, although there may be differences among them in nature, education, age and rank, nevertheless there is perfect agreement about several women's interests and the need to promote them' (*De Inheemsche Vrouwenbeweging* 1932:20–21).

A national congress?

The idea of holding a national Indonesian women's congress did not come out of the blue. In the 1920s nationalism rapidly gained strength in Indonesian society. There was a surge of radical activity leading to the communist revolts of 1926 and 1927. Even their suppression by the colonial authorities did nothing to quench nationalist ardour. The Partai Nasionalis Indonesia was formed in 1927 and held its first congress in 1928. Pemoeda Indonesia, formed in 1926, held its second congress in 1928 which was famous for the proclamation of the so-called Sumpah Pemuda, as mentioned above. The chair of that congress, Sugondo Joyopuspito, was the older brother of Siti Soenarjati who participated prominently in the Women's Congress later that year (Sutjiatiningsih 1991). In the same year the new nationalist federation, PPPKI (Permoefakatan Perhimpoenan Politik Kebangsaan Indonesia), held its first congress in Surabaya. Among the speakers were representatives of Poetri Indonesia, the women's wing of Pemoeda Indonesia (Poeze 1982:382).

In women's circles, too, the desire to organise and to foster unity among organisations grew during the 1920s. The trend began in Sumatra in 1926 with the formation of a federation of West Sumatran women, with its own Malay-language monthly journal, *Asjraq* (renamed *Al Sjarq* in 1927). Its organisers noted that the 1927 conference was better attended than that of the previous year, which they attributed to 'growing nationalism and national self-awareness' (*Overzicht* 1927:348–9). At conferences held earlier in 1928, women were urged to establish a national federation.[4]

Table 1: Organisations sending delegates to the 1928 Women's Congress

Name of organisation	Branches represented	Date of formation (if known)	Character or affiliation of organisation
*Poetri Boedi Sedjati[5]	Surabaya	1919	Non-religious; founded day schools and boarding schools with help of the nationalist Studieclub led by Dr Soetomo
Poetri Indonesia	Surabaya, Yogyakarta	1927	Non-religious, nationalist. Female section of Pemoeda Indonesia
Wanito Katholiek	Solo, Mataram	1924	Religious
Roekoen Wanodijo	Jakarta		
Wanito Sedjati	Bandung		
Darmo Laksmi	Salatiga		
*Boedi Rini	Malang		
Margining Kaoetamaan	Kemayoran		Non-religious
Karti Woro	Solo		
Boedi Wanito	Solo		
Jong Java	Mataram, Jakarta, Salatiga	1915	Non-religious
*Jong Islamieten Bond Dames Afdeeling	Jakarta, Mataram, Tegal		Religious. Women's wing of Jong Islamieten Bond
Wanito Kentjono[6]	Banjarnegoro	1928	Non-religious; aims very conservative

*Sarekat Islam Bagian Istri[7]	Surabaya		Religious and nationalist; women's wing of Sarekat Islam
*'Aisjah[8]	Central Executive (Yogyakarta), Solo	1917	Religious; women's wing of Moehammadijah
*Santjaja Rini[9]	Solo		
Wanito Oetomo[10]	Yogyakarta	1921	Non-religious
Wanito Moeljo	Yogyakarta		
*Wanito Taman Siswo	Yogyakarta		Non-religious and nationalist; women teachers in Taman Siswo schools
Panti-Krido-Wanito	Pekalongan		
Natdatoel Fataat	Yogyakarta	1920	Religious; established by the reformist Islamic organisation Wal Fadjris
Kesoemo Rini	Kudus		

* Still members of the women's federation in 1938 (Panitia Peringatan 1958:34).

Sources: *Overzicht*; *De Inheemsche Vrouwenbeweging* (1932); Marijam (1948); Stuers (1960); Lombard (1977); Poeze (1982); Kartowijono (1983).

The question of representativeness has dogged the nationalist movement, and the women's movement is no exception. By 1928 there were women's organisations in many parts of the archipelago, yet at the 1928 congress only women's organisations from Java were represented, except for one delegate (unnamed) labelled as representing Sumatran women. Although the congress records claim 30 organisations sent delegates, some of these 30 were in fact branches of the same organisation. Table 1 shows those organisations that sent delegates: they came from Jakarta, Bandung, Salatiga, Solo, Yogyakarta, Malang, Kemayoran, Banjarnegoro, Surabaya, Pekalongan, Tegal, and Kudus. A number of Sumatran organisations sent supportive telegrams. It appears that women outside Java were invited to attend but could not come. We must remember how difficult travel was in those days, especially for women who had little money and were not expected to travel for such frivolous purposes as conferences. After all, the Sumatran women's federation mentioned above comprised only groups from the west coast of Sumatra, a matter noted with regret by the organisers (*Overzicht* 1927:348–9). It took a number of years before non-Javanese women's organisations joined the women's federation.[11] (By comparison the men's federation, PPPKI, was only slightly less Java-dominated.)

Taking notes on the congress, Nj Toemenggoeng, who lived in Jakarta, observed with surprise that no Sundanese organisations were represented. When she asked about this she was told that the organisers did not know of any Sundanese organisations, which would seem, if true, to reveal a certain amount of ignorance on their part. As Nj Toemenggoeng pointed out, Nj Abdoerrachman had founded quite a well-known organisation called Kemadjoean Isteri in Bogor in 1926 (Stuers 1960:63, 179; Toemenggoeng 1928:3).

It is impossible to know exactly how many women's organisations were active in the Netherlands East Indies at the time and which were not represented at the congress. Although one can find accounts of the founding of many organisations around the archipelago, most of them were short-lived and the dates when they ceased to be active are not recorded. In order to illustrate that organisational life was well-developed in the Indies, the following table contains a list of a number of women's organisations that were founded before the 1928 Women's Congress and which were not represented at the congress.

Table 2: Indonesian women's organisations formed before the 1928 Congress

Name of organisation	Place	Date of formation
Poetri Mardika	Jakarta	1912
Keutamaan Istri	Bandung	1913
Keradjinan Amai Setia	Kota Gedang, Minangkabau	1914
Wanito Hadi	Japara	1915
Pawijatan Wanito	Magelang	1915
Purborini	Tegal	1917
PIKAT (Pertjintaan Ibu Kepada Anak Temurun)	Manado	1917
Wanito Soesilo	Pemalang	1918
Wanodyo Oetomo	Yogyakarta	1920
Gorontalosche Mohammedaansche Vrouwenbeweging	Gorontalo	1920
Sarekat Kaoem Iboe Soematera	Bukittinggi	1920
Kemadjoean Isteri	Bogor	1926
Mardi Kamoeliaan	Madiun	1927
Ina Toeni	Ambon	1927
Poetri Setia	Manado	1928
Wanito Sahati	Jakarta	1928

Sources: Suryochondro (1984); Lombard (1977).

While the 1928 Congress hardly lived up to its claim to represent all Indonesian women, it was clear about who was to be excluded at a time when the boundaries of who was Indonesian were being laid down. Following in the footsteps of the male-led nationalist movement, Europeans, Eurasians, Chinese and Arab women inhabitants of the Indies were not invited. Some European feminists were affronted, but were forced to accept that for these 'Native' women nationalist identification divided them from other women (Blackburn 2000:183).

Although this was a Javanese affair, what is interesting is that the participants saw themselves as Indonesians, not Javanese or Sundanese. They spoke in Malay, the basis for the national language, Bahasa Indonesia, which had been proclaimed as a feature of national unity at the Sumpah Pemuda earlier in 1928. Only one woman made her speech in Javanese; the rest struggled with what for them was a second language. Educated women would have learnt Malay at school, but most women at this time were not educated. It required a nationalist commitment on the part of most women to speak and write in Bahasa Indonesia. It is notable that the Yogyakarta branch of Poetri Indonesia, the women's wing first of Pemoeda Indonesia and later of PNI, opened a course for instruction in the Malay language in May 1928, to be held at a Taman Siswo school (Poeze 1982:303). When the journal of the women's federation, Perikatan Perempoenan Indonesia (PPI) was started in 1929, the editors debated the question of the language of contributions. Although the federation had decided to publish in Indonesian, the editors decided to accept contributions also in Javanese and Sundanese, 'given the many articles submitted in Javanese and Sundanese by women who don't understand Indonesian' (*Overzicht* 1929). (This was just a temporary measure: the journal quickly moved to Indonesian language only.)

Just as the congress was limited in terms of the parts of Indonesia represented, so the range of women's organisations present was restricted. Most of these organisations were not well-known. The exceptions were women's wings of large national organisations, including the women's wings of Pemoeda Indonesia, PNI, Jong Java, Jong Islamieten Bond, Sarekat Islam, Moehammadijah, Taman Siswo, and Nahdlatul Ulama. Some of these organisations still exist, such as Wanita Katolik, Wanita Taman Siswa, and 'Aisjiah. Obviously Islamic women's organisations were well represented, as might be expected, but Catholic women also played a prominent part in the congress, which was rather more surprising.

In terms of age, the women present were representative of Indonesian women at that time.[12] In a country where life expectancy was still very low, these were mostly young women in their early twenties. Their age reflected the reach of modern education at that time. Most Congress participants had a modern education, which put them amongst the most privileged in the land and marked them as a very different generation, since schooling was new for women. Most of these women were probably married, or at least it is clear that the main organisers were. Marriage was virtually universal and occurred early for Indonesian women, but these women were unusual in marrying later (connected to their education), and some were still single but active in public life, also a novelty in Indonesian society.

Compared with later congresses of Indonesian women, therefore, this one was extremely Java-biased and dominated by young women. We shall see how this was reflected in their preoccupations.

Why was it held in Yogyakarta?

The congress was held in Yogyakarta (Yogya) because the organisers lived there. The question about location is worth asking because the headquarters of the women's federation quickly shifted to Batavia (Jakarta) and has remained there ever since. Its origins in Yogyakarta marked the federation as very Javanese, Yogya being the heartland of Java. In all probability, for this reason the federation's headquarters moved after 1930 to Jakarta, a much more cosmopolitan place better suited to a movement that claimed to be truly national in scope.[13]

The congress was steeped in Javanese culture. The arrival of guests was accompanied by a gamelan performance. Proceedings opened with a welcome song in Javanese composed by Soekaptinah, followed by a popular performance of the times, a number of tableaux ('living picture' scenes) representing relevant events. The first two tableaux were taken from Javanese epics of the Hindu period. One depicted Dewi Sinta throwing herself into the fire, a scene from the Ramayana in which a wife submits to trial by fire in order to prove her chastity to her husband. This idea was later reflected in the emphasis of some speakers on the purity of women. The next tableau showed Srikandi, the heroic woman of Javanese *wayang*. These aspects of womanhood were clearly intended to lead up to the culminating tableau, that of the Indonesian Women's Association, demonstrating the latest peak event for Indonesian women. To balance the Javanese elements, after the curtain closed on the tableaux,

> The voices of a number of girls singing in Indonesian could be heard. When the curtain opened, there stood the girls, as many as there are islands in Indonesia, dressed in the traditional dress of the island they represented.

The whole audience gazed with amazement. Then the audience shouted out 'Long live the Indonesian Women's Association' a few times (Congres Perempoean 1929).

The Islamic element in the women's movement also had its input into the conference program. On the second day a number of girls from Siswoprojo, the girls' section of 'Aisjiah, 'performed a welcome song in Arabic and Indonesian' (Congres Perempoean 1929).

How did Yogyakarta come to host the congress? According to Soejatien, the idea for the congress originated with a group of young teachers, formerly members of Jong Java, who had established the Yogya branch of Poetri Indonesia in 1926. Soejatien was its president. The Sumpah Pemuda of October 1928 had inspired them to set up a Panitia Kongres Perempoean Indonesia (Committee for the Indonesian Women's Congress) in Yogya. They approached RA Soekonto to be its president and Nji Hadjar Dewantoro to be her deputy, while Soejatien was the secretary (Kartowijono 1983:40).

At the time, RA Soekonto, Nji Hadjar Dewantoro and Soejatien were aged 39, 38 and 21 respectively, the first two married with children, and Soejatien still single, later to become Soejatien Kartowijono. Nji Hadjar Dewantoro, who was born RA Sutartinah Sasraningrat, was the only one born and bred in Yogya, with close links to the Pakualam nobility, reinforced by her marriage with her cousin Suwardi Surjaningrat. Soejatien and RA Soekonto were born elsewhere in Central Java, children of lower-ranking *priyayi* (Javanese aristocracy) who were part of the colonial civil service.

All three of these women were connected to the Indonesian nationalist movement. RA Soekonto's younger brother was Ali Sastroamidjojo, who by 1928 had been active in the Perhimpoenan Indonesia in Holland and imprisoned there for six months for his nationalist involvement. He had been released earlier that year and returned to Indonesia to throw himself into further nationalist activity with the newly-established Partai Nasionalis Indonesia, led by Soekarno. Ali's wife Titi made a speech at the 1928 women's congress. RA Soekonto herself was a more conservative figure. Born Siti Aminah, a daughter of R Ng Duryat Sastroamidjojo, she had little if any formal education.[14] She became active in Wanito Oetomo, a women's organisation formed in Yogya in 1921 by her friend RA Bintang Abdulkadir. It was a non-political organisation with links to Boedi Oetomo. Through her marriage to a doctor whose government position involved placement in different parts of Java, she also had familiarity with places and women outside Yogya. She appears to have been a diplomatic and friendly person, capable of gaining the cooperation of women of different backgrounds. Nj Toemenggoeng (1928:1) referred to her as a 'serious-minded and level-headed woman'. She was also the oldest of what proved to be a young group of women involved in the congress. For a combination of reasons, therefore, she became president of the organising committee and subsequently of the women's federation that emanated from the congress.

Nji Hadjar Dewantoro's links overlapped with those of RA Soekonto but went beyond them. Her husband, Suwardi Surjaningrat, was a famous nationalist who had been exiled to Holland in 1913 for his political activities. She accompanied him to Holland and with him trained as a teacher there. On their return to the Indies, the two of them established in Yogyakarta the independent nationalist education system, Taman Siswo. In 1922 Nji Hadjar Dewantoro formed Wanita Taman Siswo, comprised of women teachers in the system. Taman Siswo, although aimed at training supporters of an independent Indonesia, had a philosophical basis that was firmly entrenched in Javanese philosophy. Its links were strong both with the nationalist movement and more conservative non-political Javanese. Ki Hadjar Dewantoro gave strong support to the organisers of the 1928 congress (Kartowijono 1983).

The young Soejatien had joined Jong Java while she was a student in Yogya. At the time of the congress she had graduated as a teacher and taught in a private school there. In 1926 she and other teachers established a Yogyakarta branch of Poetri Indonesia; she was its president. Her nationalist and independent spirit was already well established. Like Kartini before her, she early rejected anything 'feudalistic', and insisted in speaking in Indonesian, including to Javanese dignitaries, rather than being forced to use high Javanese. She was an admirer and protégé of Soekarno and Ki Hadjar Dewantoro. Her close relationship with young women, especially teachers, was clear in the organisation of the congress, which took up a great deal of her time. She described the work of preparing for the congress, including scrounging tables and riding her bicycle around the town in an era when they had no access to telephones or typewriters (Kartowijono 1983:37–41).

The conference was held in a building owned by a nobleman named RT Joyodipuro, one of the sultan's officials. Although better known for his support of the Javanese arts, he lent the *pendopo* of his large house not only for artistic performances, but also for public meetings of political parties that could only be held in covered spaces unless they had a permit. Only shortly before the women's congress, Sukarno had delivered a speech there to a general meeting of the PNI (Sastroamijoyo 1979:55–6).

The importance of key individuals in launching the congress in Yogya is shown by the fact that when some of them moved away from Yogyakarta shortly afterwards, the headquarters of the federation also moved. When the president,

RA Soekonto, followed her doctor husband to Batavia (Jakarta) in 1929, the headquarters of PPI moved to Jakarta. By this time Soejatien had also moved away, having married in the meantime.

Who attended the congress?

Given the difficulties of organising a congress like this, the first of its kind for women, it is not surprising that most of the participants were personally connected to one or other of the organisers. The list of the women and organisations involved in the congress resembles a number of interconnected rings.

RA Soekonto's connections were with Wanito Oetomo, two representatives of which, RA Bintang Abdulkadir and Nji Soetojo-Nimpoeno, made speeches.

Nji Hadjar Dewantoro was the sister of RA Catherina Sukirin Hardjodiningrat from Wanito Katholiek; her husband was friendly with the husband of Nji Titi Sastroamidjojo in the nationalist movement; and she was linked through the Taman Siswo movement with Siti Soekaptinah Soenarjo Mangoenkoesoemo who worked as a Taman Siswo teacher in Yogya, and with Siti Soenarjati, a member of Wanita Taman Siswo and also a Taman Siswo teacher.

Soejatien's teaching activities connected her with a number of delegates and organisers. One connection was Siti Soekaptinah and Badiah Noerjati, fellow teachers of the same age who were active in Jong Java; another was Siti Soenarjati, also a colleague of the same age, and a member of Poetri Indonesia and Wanita Taman Siswo in Yogyakarta; a third was RA Siti Soendari Darmokondo, a representative of Poetri Indonesia at the congress; and she was connected with Tuti Ismoedijati, a teacher in Yogya who boarded with Soejatien's family and was a member of Wanita Oetomo. Through Poetri Indonesia connections, Soejatien would also have known of Siti Soendari Darmobroto.

Although all three of the key women organisers belonged to non-religious organisations, they co-operated with women in some religious organisations in preparing the congress. These were Wanito Katholiek, 'Aisjiah and the women's branch of the Jong Islamieten Bond called Jong Islamieten Bond Dames Afdeeling (JIBDA). As mentioned, Nji Hadjar Dewantoro's sister Catherina was a Catholic, one of a number of *priyayi* women who converted to Catholicism after attending Catholic schools. In her family, six of the eleven children converted, with no apparent opposition from their parents. Wanito Katholiek was formed in Yogya in 1924 and Catherina was its president (Sutjiatiningsih 1991:51–5). RA Suryo Mursandi was another convert active in Wanito Katholiek. The Taman Siswa teacher Siti Soekaptinah was an executive member of the Yogya branch of JIBDA which she represented at the congress (Sutjiatiningsih 1991:32–4).[15]

It is not surprising that people like Soejatien and Nji Hadjar Dewantoro knew members of JIBDA and the women's wing of Partai Sarekat Islam, the male leaders of which were active in the nationalist movement. But it was important that the conference organisers also had good relations with the non-political Islamic women's organisation, 'Aisjiah, which was founded in Yogyakarta in 1917, being the women's wing of the modernist Islamic movement Moehammadijah. It was the largest women's Islamic organisation at the time and its members were well-represented at the congress. (One observer claimed most of the audience at the large public meetings were members of 'Aisjiah, presumably because they wore headscarves (Poeze 1983:6). The wearing of headscarves was much less common than it is today (White 2004:125–39).) Yogyakarta offered a pluralist and tolerant location for co-operation between women of different religious backgrounds.

The spectrum of organisations represented at the congress gives interesting insights into the women's movement of the time. Whereas some of the organisations participating in the congress were well-established and quite well-known, like 'Aisjiah, Wanito Katholiek, Poetri Boedi Sedjati and Wanita Taman Siswo, most were quite obscure, certainly as far as the written record is concerned. A particularly interesting small organisation was Natdatoel Fataat, which was formed in Yogyakarta by an Islamic organisation called Wal Fadjri (or Walfadjrie) (*De Inheemsche* 1932:7), whose president, AD Haani, was present at the reception that preceded the congress. Dutch authorities noted that this organisation was of a social reformist nature and was closely aligned with the Partai Sarekat Islam, whose women's wing was also represented at the congress (Poeze 1982:xlvii). As discussed below, the tenor of Natdatoel Fataat's proposals to the congress was unusually radical, certainly by the standards of 1928: even by today's standards its proposals are surprising. At various points during the congress, differences of opinion emerged between the Islamic organisations. 'Aisjiah stood out as a staunch supporter of Islam, unwilling to countenance either criticism or discussion of possible reforms. JIBDA, the women's wing of Sarikat Islam, and Natdatoel Fataat, by comparison, were ready to propose or contemplate changes in the practice of Islam in Indonesia in relation to women, albeit in the name of a more perfect version of their religion.[16]

Biographical data on 22 of the women prominently involved in the 1928 Congress reveals some interesting data about them taken as a group.[17] Firstly, most of them were in their early twenties, 14 were married, and the rest were either single (mostly teachers), divorced or widowed. One was still a student. As might be expected, by the standards of the day they were exceptionally well-educated, many having secondary education and some with teacher training. Only two (RA Soekonto and Marakati Drijowongso) had no formal schooling. Of the others, even those who had Islamic education had some exposure to modern schooling. Most of them had experience in earning a living for themselves, as either teachers, traders, or managers of hostels or orphanages. While at least eight came from *priyayi* backgrounds, others were from Islamic circles and one (Marakati Drijowongso) belonged to a poor family that made a precarious living in petty trade. At least two were Catholics, while the remainder appear to have been Muslim, five of them closely connected to religious communities. Almost all of them appear to have been ethnically Javanese.

In brief, what we know about the participants reveals them to be young women who were mostly from more comfortable Javanese families and had some experience of modern education.

What do the speeches reveal about the women present?

The published account of the congress includes 15 speeches, apparently all those delivered by women at the congress. The speakers and the titles of their speeches were as follows:

1. RA Soedirman (Poetri Boedi Sedjati, Surabaya): The women's movement, marriage and divorce
2. Siti Moendjiah ('Aisjiah, Yogyakarta): The value of women
3. Moegaroemah (Poetri Indonesia): Child marriage
4. RA Siti Soendari Darmobroto (Poetri Indonesia): The responsibilities and aspirations of Indonesia's daughters
5. Tien Sastrowirjo: What is the women's path and what is its future?
6. RA Soekonto (Wanito Oetomo): Women's responsibilities in the home
7. Djami (Darmo Laksmi): Mothers
8. SZ Goenawan (Roekoen Wanodijo): One responsibility of women
9. Djojoadigoeno (Wanito Oetomo): Women's status in communal life
10. Nji Ali Sastroamidjojo: The status of women in Europe
11. Siti Marjam (Jong Java): (no title: about the need for women in social work)
12. Soetojo-Nimpoeno (Wanito Sedjati, Bandung): A picture of women in the household
13. Speech of an unnamed delegate of Wanito Moeljo, Yogyakarta

14. Siti Hajinah ('Aisjiah): The unity of humanity

15. Nji Adjar Dewantoro (Wanita Taman Siswo): The propriety of women

Not all the speeches delivered at the congress were included in the congress report. There is also mention of speeches by Djohanah on 'the issue of justice', and by Soekati on 'hidden strengths' (Congres Perempoean 1929:18). Of varying lengths, the transcripts may not be complete: some look like the speaker's notes rather than the full speech, although it is possible that more inexperienced speakers kept their speeches short, especially if the language was unfamiliar to them.

The interesting thing about these speeches is not only their differing content but even more their different styles. The speakers hailed from different rhetorical traditions and different levels of experience in public speaking. I will comment first upon subject matter and then on style, including the use of language.

Marriage rights were dealt with in a number of speeches by women from secular organisations. RA Soedirman from Poetri Boedi Sedjati of Surabaya, for instance, spoke under the title of 'The women's movement, marriage and divorce' of the need to treat 'seizing our rights as women' as the main objective of 'our movement'; in particular she was concerned about male dominance of women, especially in marriage. She spoke with great passion about the way that women could be married off by their parents and then had to obey their husbands and could be thrown away by them. Nji Djojoadigoeno of Wanito Oetomo also focussed on the lack of rights of women in marriage. Djami of Darmo Laksmi strongly criticised discrimination against women and defended the importance of motherhood. The wide-ranging speech of Siti Soendari also touched on women's marriage rights. Nji Moegaroemah of PI attacked child marriage and urged women to unite in opposing it.

Most women from Islamic organisations were reluctant to join the call for marriage reform. On the contrary, Nji Siti Moendjiah of 'Aisjiah headquarters in Yogyakarta pointed to the way in which women in non-Islamic cultures were oppressed, for example by their lack of rights in marriage. She gently ridiculed the West and Christianity for their history of discrimination against women. This was to be expected at the time. The issue of marriage rights was one that divided public discourse between secular and religious women and men: Islamic organisations were on the defensive in resisting demands from secular groups to reform marriage laws to give more rights to women. It was the issue of attitudes to polygamy, in particular, that caused the greatest disputes, and it split the women's federation in the mid-1930s (Blackburn 2004:19, 111–37; White 2004:282–94). Women's federations in Indonesia have always been acutely aware of the potential of marriage rights to divide their ranks and have generally sought to play down the topic. It may be one reason why the Indonesian women's movement has not looked too closely at the 1928 conference report, which shows the dispute in full flight right from the start of what was intended to be a unifying event.

Sitting in the audience, Nj Toemenggoeng saw the storm brewing as Sitti Moendjijah spoke in defence of Islamic marriage law, including polygamy.

> During this speech the audience became very restless. Other members of her organisation ['Aisjiah] applauded her, while members of Wanito Katholiek put their heads together and consulted busily; the word polygamy stung the young ones among them like a wasp and they became very excited.

A well-known opponent of polygamy, Sitti Soendari rose to attack Sitti Moenjijah for her support of polygamy as defending double standards for men and women, but the latter replied that she was neither for or against the practice: she understood it and she considered that Siti Soendari 'looked at the world too much through rose-coloured glasses'. RA Hardjodiningrat from Wanito Katholiek also joined the fray to claim the Catholic approach to marriage as the most perfect. In her speech, Djami, a teacher from Salatiga, also criticized polygamy. 'After that, on the request of Nj Goenawan, a delegate from Roekoen Wanodijo of Weltevreden [Jakarta], debates about polygamy and marriage rights were closed' (Toemenggoeng 10-12). While differences of opinion were clearly aired, they did not at this stage cause rifts within the movement. One of the striking things about this congress is the determination of these women, regardless of different views, to form a federation together to pursue common concerns.

At issue here, too, was the question of Western influence, always a problem for the Indonesian women's movement, particularly in their association with Islam and the nationalist movement. The Islamic movement distrusted Western influence as likely to undermine their religious traditions, especially in relation to women. While the nationalist movement was more positively inclined towards the West and consciously adopted many Western attributes necessary to make Indonesia into a modern and independent nation, they too feared that their own unique culture might be damaged in the process. Women, expected to be the transmitters of tradition to children, were in a particularly uneasy position here (Blackburn 2004; Yuval-Davis 1997).

While most speakers emphasized the importance of modern schooling for girls, some debated how much and what Indonesian women could learn from the West and how far Western influence was pernicious. Although Sitti Moendjijah had scarcely a good word to say for the West (seen as the home of immorality and of Christianity with all its errors), other women tried to identify what should and should not be learned from it. Women associated with Islamic parties, as distinct from apolitical organizations, were more willing to perceive good examples in the West. For instance, Nj Goenawan, whose links were with Sarekat Islam, rather oddly praised the wife of the nineteenth century English prime minister Gladstone for her support for her husband in his political role (Congres Perempoean 1929: 83). Titi Sastroamidjojo, newly returned from a sojourn in Europe with her nationalist husband Ali, devoted her whole speech to an analysis of what she found laudable and deplorable in the life of European women. She was favourably impressed by the devotion of Dutch women to cleanliness, and admired some aspects of 'the progress and independence of western women', while considering that feminism had gone too far in other areas. She perceived a crisis in attitudes towards marriage, which was being undermined by lack of respect for chastity and the excessive pursuit of greater flexibility in relationships. Her whole speech reflected considerable ambivalence towards the West, concluding that Indonesian women must always make adjustments according 'to our situation and our eastern character' (Congres Perempoean 1929: 90-92).

Another arresting feature of the speeches is their varying styles. They reflect Indonesian newspaper-writing of the day, Islamic sermons and, in some cases, the speech-making of male nationalist leaders like Sukarno. Indonesian women had begun making public speeches at nationalist meetings from the early 1920s onwards, and some Muslim women were trained in delivering sermons. The more experienced speakers pronounced at length, while other women were obviously nervously experimenting with addressing an audience.

Siti Soendari emerged from the congress as a woman in the Soekarno tradition. Her speech was by far the longest and was full of dramatic rhetorical flourishes, beating both nationalist and feminist drums loudly. Like Soekarno, she drew examples from the *wayang* tradition to support her argument. Every so often it was punctuated by the declamatory call: 'Beloved wives, Indonesia's noble daughters, women of Indonesia!'

Very different in style was the speech by Nji Siti Moendjiah, an executive board member of 'Aisjiah in Yogyakarta. Her speech resembles an Islamic sermon, not surprising when one considers that she was a practised preacher in 'Aisjiah circles. It was fulsome, pious, repetitive, rhetorical, didactic, chatty and humorous, especially when it touched on the backwardness of Western attitudes to women in the past. She was, of course, keen to warn her colleagues against taking the West as an example in seeking to improve the lot of women, or at least to counsel sorting out what was good and what was bad in Western progress.

Her speech is an interesting example of doing what she advocated, combining the best of Western and Islamic traditions. She drew on Islamic rhetoric (ending with an Arabic flourish), yet, having herself studied in a modern school (HIS), she knew how to address a mixed audience, refrained from Arabic quotations that so frequently larded Islamic writing and speeches of the day, and acknowledged that different views existed in the audience.

Another speech by an 'Aisjiah delegate, Siti Hajinah, a young woman of 22 who was also on the 'Aisjiah executive, was even further from the secular nationalist tradition. It was full of metaphors and similes, and approached its subject matter in a circuitous fashion. The topic of her speech was indeed very vague and lofty, being the need for peace and unity. At one stage she gave a list of the advantages of peace and unity which included: 'Water, after it freezes becomes ice and is not easily broken' and 'Because the Moehammadijah organisation is peaceful, it has been able to set up dozens of schools that always do well...' After meandering through her speech she concluded by appealing: 'Sisters, let us together strengthen our solidarity'. In a quintessentially Javanese way, her indirectness surely reflected her desire to avoid airing differences of opinion.

In a completely different style again was the speech of the congress president, RA Soekonto. Although her welcome to the congress contained nothing out of the ordinary, her main speech read as though she were preparing for a Dharma Wanita meeting under the New Order regime. It consisted of a number of commandments to women, summarised at the beginning in brief instructions such as: women must be diligent, women must be clean, women must be frugal, women must be polite. This belongs to a different genre of writing than the others, probably within the conservative Javanese tradition of Wanito Oetomo from which she came. It also has resonances of Dutch schoolteachers in its insistence on hygiene: she calls attention to the need to clean the drains and the toilet and spray them with chlorine; and to cover the toilet hole so that flies do not gather there 'because flies can bring various stomach diseases'. This was the kind of advice common in some women's magazines of the day.

Most surprising for me was the speech of Nji Hadjar Dewantoro. For a start she was the only person to speak in Javanese, whereas everyone else took pains to use Bahasa Indonesia. Moreover, the Taman Siswo school system which she had helped to found used Indonesian as its medium of instruction. Perhaps she thought that most of her audience would understand her better if she addressed them in Javanese, which may well have been the case, but it did represent a departure from the resolutely nationalist tenor of the congress. Her speech was aptly entitled 'The Propriety of Women'. Both she and her husband, Ki Hadjar

Dewantoro (Dewantara 1967:240–8), held strong views about women's *kodrat* or destiny, which was to act as a moral force in society. Her speech appealed to the religious teaching of both Muslims and Christians, and to Javanese culture, as evidence that people believe in the importance of propriety in producing harmony in society. Women were a force for purity in society, helping to subdue and control the passions of men. 'In my understanding the destruction of proper behaviour will serve to destroy purity. The destruction of purity will destroy our salvation...Proper behaviour...it is here we see the difference between animals and humans; civility...this is what all religions teach as a safety barrier'. Her speech made no direct reference to anything that the women's movement should be or was doing, and she left the audience to draw its own inferences. She seemed to be appealing to basic beliefs about the value of femininity in different cultures, and it is not surprising, too, that the Dewantoros were the driving forces behind the campaign against trafficking in women which was begun a few years later as an offshoot of the women's federation (Blackburn 2004:174).

In the language of Nji Hadjar Dewantoro we can certainly pick up resonances that have lasted a long time in the women's movement. The notion of *kodrat* is clearly aligned with that of *kodrat wanita* which became so dominant during the New Order regime. Yet, interestingly, none of the speakers at the congress used the word *wanita*. Some of the Javanese organisations had the word *wanito* in their titles, but the words for women used during the congress, in speeches and resolutions, were *iboe, istri, poetri* and *perempoean*, and occasionally *bini*. This conforms with usage of the times in women's journals and magazines and in newspapers: *wanita* with all its more refined, lady-like connotations, was not commonly used in Bahasa Indonesia until after independence, and still more strongly during the New Order regime.

The congress is like a prism reflecting the various discourses about women in Java at that time, as seen in the speeches made by women. It also opened up many issues that proved to be enduring ones in the women's movement: not just the well-known concerns about women's rights in marriage and their need for access to education, but also the social welfare concerns of women, the different ways in which Islamic and secular women approached gender issues, the emphasis on women's superior moral role, and the responsibilities of women in the home. Nj Toemenggoeng, sitting in the audience taking notes for the colonial authorities, reported, '...there were virually no debates: each of the speakers enunciated her own ideas'. Apart from the dispute over Sitti Moenjijah's speech, differences were revealed but rarely probed. As she commented, participants strove to show good will and create unity. She was struck by the unusually harmonious co-operation between young and old, educated and illiterate: 'they respected each other'. In her view the election of RA Soekonto as president of the PPI, rather than one of the young schoolteachers, was an example of this co-operation (Toemenggoeng 1928:1–4).

At this early stage of the women's movement, speakers aired their different ideas and styles in a very open way, apparently revelling in their diversity. In that respect the first congress set a good example for the women's movement. Later federation efforts were by no means as tolerant of diversity or as patient with difference.

Outcomes of the congress

Before the congress, some proposals had been submitted for its consideration. Although we do not know what went on in closed sessions of the congress, comparing the early proposals with the final resolutions of the congress gives us some idea of the politics of the congress. Proposals came from the Organising Committee, from Roekoen Wanodijo in Jakarta, from Panti Kerido Wanito in Pekalongan, from the women's wing of the Jong Islamieten Bond, from Natdatoel Fataat, and from the Central Executive of 'Aisjiah.

All these organisations clearly wanted some kind of continuing alliance of Indonesian women's associations, and indeed that was the major outcome of the congress, and its main aim. There was some disagreement about the proposed form of the alliance, a matter which continued to dog the history of the women's movement. Some spoke of wanting a 'Union of Indonesian women', but others were more cautious. The organising committee proposed that the Indonesian Women's Congress should become 'a discussion body for all Indonesian Women's Associations', which would conduct various activities such as publishing a magazine.

The congress decided to set up a *badan permoefakatan* or consultative body called Perikatan Perempoean Indonesia (Indonesian Women's Alliance or PPI). Its executive was headed by RA Soekonto, who had chaired the congress, and other women who featured prominently in the congress also joined the executive committee. At the time of the congress or soon after, most of the organisations that participated joined the PPI, although not all. Those which refrained were Boedi Rini, Sarekat Islam Bagian Isteri (SIBI), Santjaja Rini, Wanito Moeljo, Jong Java and Natdatoel Fataat. Nj Toemenggoeng (1928:4) noted that they considered it necessary first to consult their executive committees. For some the congress may have revealed that the new body was more radical than they had expected, for others perhaps it did not go far enough, or perhaps joining was vetoed by the male-led bodies with which SIBI and Natdatoel Fataat were associated.

The nature and constitution of the PPI were matters of some disagreement, judging from the proposals before the congress. In recognition of the divisive potential of religion among Indonesian women, Roekoen Wanidijo had explicitly recommended that within the proposed new uniting body, it should be prohibited to discuss religion. In this regard it is interesting to note that, according to Nj Toemenggoeng, it had previously been decided that no-one should be chosen as president who was affiliated with a religious organisation (Toemenggoeng 1928: 5). On the other hand, the JIBDA wanted the body to 'submit motions to religious councils concerning the promotion of women's rights as mentioned in the Islamic religion'. As a reformist organisation of well-educated young people, the Jong Islamieten Bond, of which the JIBDA was the women's wing, was notably more radical than Moehammadijah and its women's wing, 'Aisjijah.[18] Natdatoel Fataat also wanted the body to propose amendments to the Islamic marriage laws to improve the rights of Islamic women within marriage, making access to divorce easier for women, protecting women from arbitrary divorce by their husbands, and requiring fathers to share in child support after divorce. The exceptional nature of Natdatoel Fataat, particularly in the Islamic world, is also indicated by its last proposal: 'That current women's clothing be replaced with a dress [they used the Dutch word *rok*], commencing with the younger women first'.[19] This organisation also supported the notion of girl guide organisations, which was not acceptable to 'Aisjijah at this stage. (*Padvinsterij*, a Dutch word referring to the scout/girl guide movement, was popular among nationalists at the time). 'Aisjijah did not mention religion, but it was clearly related to their desire that the new alliance 'act as an arbiter in the event of disagreements between two different organisations'.

The initial proposals also contained recommendations for future activities of the proposed women's alliance. The Organising Committee wanted it to host discussions between women's associations, publish a magazine, establish a fund to help poor girls 'further their middle and higher education', and support motions to the government requesting it to provide funding for Indonesian widows and orphans. The notion of support for girls' education was also contained in proposals from Natdatoel Fataat. Panti Kerido Wanito also proposed a magazine. JIBDA wanted the new body to provide courses in hygiene for women in *kampung*s and villages.

By the end of the Congress, a constitution and plan of action for the PPI had been devised and was approved. It stated that the PPI 'intends to become a linking body for all Indonesian women's associations, and to improve the fate and status of Indonesian women, without reference to a particular religion or political persuasion'. It would explore means of doing this, hold a congress annually to discuss issues relating to women, publish a newsletter as a forum for women's discussions, and adjudicate disagreements between members. Members of PPI would consist of organisations that had regular constitutions and whose members were native Indonesian women. Membership would be by subscription, and each member organisation would have one vote. Leadership would consist of an executive board of at least five members, elected by the congress for one year, and the executive would determine its location which would be Yogyakarta for the time being. The PPI would establish a scholarship fund for the education of poor girls. It would promote the girl-guide movement. All member organisations of PPI were requested to propagandise against child marriage and ask civil servants to assist in educating the people about it. PPI would send resolutions to the government asking that a fund be established as quickly as possible for the support of widows and orphans, that assistance to widows and orphans (*onderstand*) not be withdrawn, and that schooling for girls be expanded. This motion was to be publicised to the People's Council (Volksraad) and in the press. The congress also heard a presentation about the conditions that could, according to Islamic law, be attached to the marriage contract. Most women, they considered, did not know that it was possible to request conditions that would lead to automatic divorce if they were broken, a practice referred to as *taklek*. This was a way of improving women's access to divorce and protecting them against polygamy if they included in the marriage contract stipulations that, for example, if the husband undertook subsequent marriages, the present marriage was ended. The congress resolved that the PPI would send motions to religious councils proposing that the law on *taklek* be facilitated, according to Islamic law, by being written down. It was also agreed that the PPI should ask the government to make it compulsory for Islamic religious leaders to explain this provision in writing to couples at marriage, and to publicise this request in the People's Council and the press.

What is noticeable about these motions, seen in the context of the history of the women's movement in Indonesia, is that right from the beginning the women's federation entered overtly political areas by making requests of government, and by taking a stand on Islamic marriage practice. The issue of Islamic marriage was subsequently to cause great strains within the federation, but at this stage there was enough agreement to allow it to put proposals to religious councils and to government about marriage practices.

The pace did not slacken after the 1928 congress. In May 1929 the PPI held a public meeting in Yogyakarta attended by about 400 people, which discussed the issue of child marriage and how to combat it (Poeze 1983:118). By the time of the second congress in December that year, the PPI comprised 22 member organisations, had received a sympathetic response from the government to the motions sent to it, had set up an endowment fund for girl students, and its journal *Isteri* had 700 subscribers (*De Inheemsche Vrouwenbeweging* 1932:21).

In subsequent years the women's movement experimented with other forms of an umbrella body (Blackburn 2004:19–30). In 1929 the form of the body was changed to become a federation, and there were a number of name changes then and later. At each congress in the 1930s there were struggles to maintain amicable relations between some of the Islamic and secular groups, while moving in an increasingly overt nationalist and political direction. Kowani, the current women's federation first formed after independence, is the direct descendant of the PPI, and its own history illustrates the tensions and vulnerabilities of the women's movement. Subjected to interference by the Sukarno and Suharto governments, Kowani became unpopular with younger women's organisations, so that at present it cannot be said to be at all representative of women's organisations in Indonesia. However, the federal umbrella organisation never comprised all women's organisations by any means, due to the many divisions in Indonesian society and the politics associated with every endeavour to form or reform a federation. A truly representative national body remains an ideal aspiration. Nowhere was the idealism more evident than at the first effort to unite the women's movement in 1928.

Notes

1. The idea of Hari Ibu was proposed and accepted at the 1938 Women's Congress. It became a national holiday soon after the Republic of Indonesia was consolidated in 1950.
2. An abbreviated account of congress proceedings is contained in the book published for the 50th anniversary of the Women's Congress, but the account confusingly runs together the first two congresses of 1928 and 1929 (Panitia Peringatan 1958:19–23), presenting them as though they relate to the 1928 congress.
3. The original (Bahasa Indonesia) version of the Proceedings of the 1928 Women's Congress used old spelling for people's names, places and organisations. I have opted to keep the spelling of people's names and organisations as in the original, but place names and references to current organisations have been changed to conform with modern Bahasa Indonesia.
4. At the PNI conference in January in Surabaya, a woman speaker, Soekijah, recommended the establishment of a national Indonesian women's federation (Poeze 1982:221). At a public meeting in Surabaya of Persatoean Poetri Indonesia in September 1928, a proposal was made to follow up PPPKI with the establishment of something similar for women (Poeze 1982:416).
5. At the 1935 congress of the women's federation, member organisations included Sarekat Putri Islam (Makassar), the women's wing of Permi (Partai Muslimin Indonesia) of Padang, and PIKAT of Manado (Panitia Peringatan 1958:30).
6. In 1939 Emma Poeradiredja, a well-known leader in the women's movement, claimed that this organisation had 350 members and about seven branches (Poeradiredja 1939:7). By 1941 it was said to have ten branches in Java and Sulawesi and a membership of about 500 (Poeze 1994:427).
7. It was reported in the Javanese paper *Sedijo Tomo* on 21 January 1928 that this organisation had been established by Siti Soeharti, a school teacher. Its goals were the promotion of unity among the women of Banjarnegoro, teaching and the promotion of cooking skills and improved housekeeping, promotion of Javanese medicines, promotion of handicrafts, and improved childcare (*Overzicht* 4.2.1928).
8. In 1939 it was claimed that the renamed version of this organisation, Pergerakan Perempoean PSII, had 6,500 members (Poeradiredja 1939:7).
9. In 1939 this organisation claimed to have 1,200 members (Poeradiredja 1939).
10. In 1939 it was said that this organisation had 225 members (Poeradiredja 1939:7).
11. In 1939 this organisation was said to have 290 members and about ten branches (Poeradiredja 1939:7).
12. Information about the age of some of the participants in the congress is available from Sutjiatiningsih 1991 which provides biographical data on 14 participants.
13. As we shall see below, the executive of the women's federation was empowered to move its headquarters according to the composition of the executive. In 1929 its president, RA Soekonto, moved with her family to Jakarta (Sutjiatiningsih 1991:13).

14 Ali Sastroamidjojo does not specifically mention her at all in his biography, but states that his 'older sisters and cousins went to a Dutch Catholic school' (Sastroamijoyo 1979:5). The brief biography of RA Soekonto in a book about women associated with the 1928 congress, however, says she had no formal education as a child and only learnt to read and write Latin script after she married (Sutjiatiningsih 1991:5).

15 Observing the congress, Nj Toemenggoeng referred to Soekaptinah as 'an outstanding speaker and an active and untiring secretary' (Toemenggoeng 1928:7). Soekaptinah was later better known after her marriage as Nj Soenarjo Mangoenpoespito.

16 For discussion on the differences between these organisations see White (2004).

17 This information derives from the 14 short biographies in Sutjiatiningsih (1991), plus other data from Gunseikanbu (1986) and *De Inheemsche Vrouwenbeweging* (1932).

18 Haji Agus Salim was a driving force in JIB. At the organisation's 1926 congress he had torn down the curtain (*tabir*) that divided the audience into men's and women's sections, saying that such segregation had nothing to do with Islam. At the following year's conference one of the female speakers thanked Salim for this move and criticised polygamy (Blumberger 1931:404–5). It took much longer for Moehammadiyah to abandon the *tabir*, and its members never openly criticised polygamy during the colonial period (Blackburn 2002).

19 Sally White has noted that Nahdatoel Fataat also championed the right of women to wear their hair short and to ride bicycles, which were unusually progressive views in Islamic circles at that time (White 2004:151–3).

bibliography

Blackburn, S 2000, 'Political relations among women in a multiracial city: colonial Batavia in the twentieth century' in Grijns, K and P Nas (eds), *Jakarta-Batavia: socio-cultural essays*, KITLV Press, Leiden.

—— 2004, *Women and the state in modern Indonesia*, Cambridge University Press, Cambridge.

—— 2007, *Kongres Perempuan Pertama: Tinjauan ulang oleh*, Yayasan Obor Indonesia and KITLV, Jakarta.

Blackburn, S and S Bessell 1997, 'Marriageable age: political debates on early marriage in twentieth century Indonesia', *Indonesia* 63.

Blumberger, JTP 1931, *De Nationalistische Beweging in Nederlandsche-Indie*, Tjeenk Willink & Zoon, Haarlem.

Congres Perempoean 1929, 'Congres Perempoean Indonesia jang Pertama', *Isteri* (Congresnummer).

De Inheemsche Vrouwenbeweging in Nederlandsch-Indie en het aandeel daarin van het Inheemsche meisje 1932, Landsdrukkerij, Batavia.

Dewantara, KH 1967, *Karya Ki Hadjar Dewantara*, Madjelis-Luhur Persatuan Taman Siswa, Jogjakarta.

Gunseikanbu 1986, *Orang Indonesia jang Terkemuka di Jawa*, Gadjah Mada University Press, Yogyakarta.

Kartowijono, S 1983, *Mencari Makna Hidupku*, Sinar Harapan, Jakarta.

Kwantes, RC 1981, *De Ontwikkeling van de Nationalistische Beweging in Nederlandsch-Indie: Bronnenpublikatie. Derde stuk 1928–1933*, Wolters-Noordhoff, Groningen.

Lombard, D 1977, 'Apercu sur les associations feminines', *Archipel* 13.

Marijam, S 1948, *De Indonesische Vrouw 1898–1948*, Departement van Opvoeding, Kunsten en Wetenschappen, Batavia.

Overzicht van den Inlandsche en Maleisch-Chineesche Pers, Landsdrukkerij, Batavia.

Panitia Peringatan 30 Tahun Kesatuan Pergerakan Wanita Indonesia 1958, *Buku Peringatan 30 Tahun Kesatuan Pergerakan Wanita Indonesia, 22 Des 1928–22 Des 1958*, Pertjetakan Negara, Djakarta.

Poeradiredja, E 1939, 'Lezing van Mevr E Poeradiredja', *Maandblad van de Nederlandsch-Indische Vereeniging voor Vrouwenbelangen en Gelijk Staatsburgerschap* 10(10).

Poeze, HA (ed) 1982, *Politiek-Politioneele Overzichten van Nederlandsch-Indie: Bronnenpublikatie. Deel 1: 1927–1928*, Martinus Nijhoff, The Hague.

—— (ed) 1983, *Politiek-Politioneele Overzichten van Nederlandsch-Indie, Deel 2: 1929–1930*, Foris Publications Holland, Dordrecht.

—— (ed) 1994, *Politiek-Politioneele Overzichten van Nederlandsch-Inei: Bronnenpublikatie. Deel 4: 1935–1941*, KITLV Uitgeverij, Leiden.

Sastroamijoyo, A 1979, *Milestones on my journey: the memoirs of Ali Sastroamijoyo, Indonesian patriot and political leader*, University of Queensland Press, St Lucia.

Soetomo, Dr 1928, *Perkawinan dan Perkawinan Anak-Anak [Marriage and child marriage]*, Balai Pustaka, Batavia.

Stuers, CVd 1960, *The Indonesian woman: struggles and achievements*, Mouton & Co, 's-Gravenhage.

Suryochondro, S 1984, *Poiret Pergerakan Wanita di Indonesia*, Rajawali, Jakarta.

Sutjiatiningsih, S (ed) 1991, *Biografi Tokoh Kongres Perempuan Indonesia Pertama*, Departemen Pendidikan dan Kebudayaan, Direktorat Sejarah dan Nilai Tradisional, Proyek Inventarisasi dan Dokumentasi Sejarah Nasional, Jakarta.

Toemenggoeng, RCSD 1928, 'Verslag van het Congres Perempoean Indonesia gehouden te Jogjakarta van 22 tot 25 December 1928' in Mail-report 62 (secret) 1929, archives of Ministry of Colonial Affairs, 2.10.36.06 under inventory number 69, The Hague.

White, SJ 2004, *Reformist Islam, gender and marriage in the late colonial Dutch East Indies, 1900–1942*, PhD dissertation, Australian National University, Canberra.

Yuval-Davis, N 1997, *Gender and nation*, Sage, London.

Notes concerning the translation of the 1928 Congress speeches

In this translation I have opted for fluency, ignoring the scattered usage of various languages. At the time of the congress, Malay was still in the process of development as a national language, and moreover the speakers were often not comfortable in speaking this language, so their Malay is frequently clumsy and incorrect even by contemporary standards. The original is peppered with Javanese, Dutch and the occasional term in English and Arabic, often demonstrating that the speaker was unsure of the Malay equivalent. I have ignored these in favour of readability. In addition, there was considerable variation in the spelling of names and phrases, probably reflecting the fact that the notes of the congress were taken by different people. These have been standardised to avoid confusion. I have maintained the contemporary spelling of people's names and of organisations to allow easier cross-referencing to the original text, but the spelling of place names has been altered to reflect modern Indonesian spelling. In addition, references to older names of places have been replaced by their new names: for instance, Batavia, Weltevreden and Jakatra (an old spelling of Jakarta) have all been replaced by Jakarta; and Mataram and Djokjakarta by Yogyakarta.

An initial translation of the text was completed by Jessica Wright and Rebecca Chapman, and I wish to acknowledge their assistance. I have considerably revised their draft and have benefited from the advice of Dr Stuart Robson on some difficult passages. However, I take responsibility for the final version.

Susan Blackburn

preface

It is with great pleasure that we inform you, our respected readers, that the First Indonesian Women's Congress, held on 22–25 December 1928 was of great interest to all women and women's groups around the country.

At that time, many speeches were given which are useful for all groups of women, so we have printed them in this Congress Edition.

From this Congress we have witnessed that the wish of Indonesian women to carry out their responsibilities has truly been meticulously observed, with conviction and confidence.

In addition, we invite women to pay attention to what is said in these speeches, and together let us carry out our responsibilities and improve our women's world, so that our wishes may be quickly fulfilled.

Management

[*Isteri*, journal of the Indonesian Women's League]

PROGRAM

INDONESIAN WOMEN'S CONGRESS
22/23–25 December 1928
At Joyodipuran (Yogyakarta)

I. Saturday night 22–23 December 1928

1 Reception from 7 pm to 8.30 pm

Agenda:

Panembrama (welcome song)

Children's songs

Tableaux:

    a   Dewi Sinta throws herself into the fire

    b   Srikandi

    c   Indonesian Women's Association

2 9 am–11 pm. Meeting of delegates, guests, members of the Central Committee and its sub-committees (each delegate must explain the principles of their respective associations).

II. Sunday morning 23 December 1928

8.30 am–12 noon. General meeting

Agenda:

1 *Panembrama* by children of Siswa Praja.

2 Explanation of the principles of the Congress by Sdr St Soekaptinah[1] (Indonesian Women's Congress)

3 Status and self-esteem of Javanese women, by a delegate from Poetri Boedi Sedjati (Surabaya)

4 Status of women by Sdr St Moendjiah ('Aisjiah)[2]

5 Women's culture, by Nji Hadjar Dewantoro

6 Marriage and divorce, by a delegate from PBS (Surabaya)

7 Child marriage, by Sdr Moegaroemah

III. Sunday night 23–24 December 1928

Closed meeting commencing at 8 pm for delegates, members of the organising Committee and sub-committees. Note:

a   The program may be altered if necessary

b   General meetings are only open for women

c   As a result of the large number of discussions, the congress has been extended by one day, from the dates you were informed of in the letter of invitation

IV. Monday morning 24 December 1928

8.30 am–12 noon. General Meeting

Agenda:

1   Responsibilities and ideals of Indonesian women, by Sdr St Soendari

2   The current and future directions of Indonesian women by Sdr Tien Sastrowirjo

3   Women and society, by Sdr Moersandi (Wanito Katholiek)

4   Child rearing, by a delegate from Wanito Oetomo

5   One of the responsibilities of women, by a delegate from Roekoen Wanodijo (Jakarta)

V. Monday night 24–25 December 1928

A closed meeting will commence at 8 pm

VI. Tuesday morning 25 December 1928

8.30 am–12 noon. General Meeting

Agenda:

1   Social work, by Sdr St Marjam

2   The image of a housewife, by a delegate from Wanito Sedjati (Bandung)

3   The progress of women and other matters, by a delegate from Wanito Moeljo

4   Unity of mankind, by Sdr St Hajinah ('Aisjiah).

Proposals

I From the Organising Committee

1. That the Indonesian Women's Congress becomes a discussion body for all Indonesian Women's Associations. Its procedures should be like those of ordinary organisations
2. That this discussion body will publish a magazine, produced in association with the management and members. Therefore the establishment of the editorial staff will be determined by the residence of the management
3. That a scholarship fund be established for girls who intend to further their secondary and higher education, but cannot afford the cost
4. That motions be submitted to the government, in the form of requests that the government should as quickly as possible provide funding for Indonesian widows and orphans (special funds for them, as well as lifelong assistance)

II From Roekoen Wanodijo (Jakarta)

1. That the Indonesian Women's Congress becomes a union of all women in Indonesia
2. Having established its founding principles, then within this discussion body, it should be forbidden to discuss religion

III From Panti Kerido Wanito (Pekalongan)

1. That the Indonesian Women's Congress establish a council which can link us in sisterhood and provide assistance for all women's associations which have joined this council, which should then be known as the 'Council for the Union of Indonesian Women'
2. That a magazine be published for communication. The cost should be born by all the organisations together

IV From the Jong Islamieten Bond

1. That the Indonesian Women's Congress submit motions to religious councils concerning to ensure women's rights as mentioned in the Islamic religion
2. That the Indonesian Women's Congress establish a body or provide courses which teach matters of hygiene so that its members or students can carry these ideas to the *kampung*s[3] and villages

V From Natdatoel Fataat

1. Because we women do not have a training body for teachers of girl pupils, we urgently request the Indonesian Women's Congress to set up such

an institution. In relation to this, we propose that girls be admitted to the Scouts Movement by setting up Girl Guides Movements, and that in places where Indonesian women's organisations have been established, it be suggested that they found such Girl Guides Movements

2   That the *taklek* divorce [divorce based on the husband breaking a condition of the marriage contract] regulations be revised as follows:

    a   If a man commits the 5 Ms,[4] and doesn't stop it after being warned by his wife, the Penghoeloe (Muslim official) may easily grant *izin rafa*'[5] to the wife or hand down the first pronunciation of divorce

    b   If a man intends to hand down a divorce pronunciation, he must inform his wife first, not just do it any time he wishes

    c   In order that a child be supported by its father, it should not just be handed over to its mother [after divorce]

3   That current women's clothing should be replaced with a dress, commencing with young women first

From the Central Executive of 'Aisjiah.

1   That the Indonesian Women's Congress becomes an assembly of organisations, whose membership consists of women's associations from across the East Indies that wish to join and are in agreement [with its principles]

2   That this organisation aims to:

    a   be an intermediary uniting body between different associations

    b   act as an arbiter in the event of disagreements between two different organisations

    c   show the highest and most complete way towards progress to associations that have become members

3   That this organisation establishes a board consisting of at least nine women, chosen from the various associations across the East Indies, which have agreed to become members of this organisation

4   Initiatives:

    a   hold an annual conference

    b   publish a magazine

    c   and other initiatives which may achieve the stated goals

Peace be with you
Executive Committee of the Indonesian Women's Congress in Yogyakarta.

Welcoming song

Sung at the opening of the congress as a contribution from the congress committee. The song *Kinanti Sekar Gending Srikstawa: Ladrang Pelok Barang.*

Composed by Sdr Soekaptinah

The Committee of the Women's Congress
For the whole of the Indies
Offers this song
To welcome you here.
Our aim
Is to discuss the world of women.
The path to general progress
To help us all
Has become the first responsibility of women.
All the women of the Indies
Should unite in deed and feelings
In everything we do.
Having explained
The purpose of this Congress
I ask your help,
Women of the Indies,
That we may all join forces
To achieve the highest good.
In conclusion we ask for
Blessings and hope:
Constantly we hope
That we can do everything we desire,
That we achieve prosperity,
Supported by the love of God
Who is Almighty.

The opening of the Indonesian Women's Congress

By the chairwoman[6]

Before opening this congress, we wish to briefly explain the intentions and aims of this congress.

At the beginning in the Wanito Oetomo association, occasionally there would be suggestions from various women's associations that we should work together. However this was never achieved because we were too busy. In addition, once there was a query from the women's suffrage organisation whether we could send a representative to Honolulu, for a Pacific congress.[7] That also was not achieved because of many reasons which I can't go into here.

Finally for these reasons we three, that is Sdr Nji Hadjar Dewantoro, Soejatien and myself, thought that if that is the way things were, then we women of Indonesia still did not feel at all clever nor advanced in any field. We really felt that Indonesian women were very much 'left behind' compared with women from other countries and other races.

It is true that in Indonesia there are many women's associations, but how could we discuss our difficult destiny if all the women's organisations never had a chance to get together. Therefore we three attempted to find the energy and the means so that we could all gather together. Then the three of us decided it would be better to just hold a congress. However it was clear that a congress would not be possible with just three people doing the work. From then on we three were assisted by Sdr Soenarjati as secretary. The four of us requested the attendance here in Yogyakarta of our sisters, both members of women's associations and non-members.

It was enough for me to explain our intentions. Immediately the women who I have mentioned all agreed to hold this congress, and ladies and gentlemen from everywhere were keen to give their help generously without counting the effort. Within a week the congress committee had been established and the name 'Indonesian Women's Congress' chosen. Which ladies and gentlemen from which organisations contributed will be explained later by Sdr Soekaptinah. Apart from that it is not surprising that in setting up this congress committee we faced various obstacles in the form of criticisms. That is criticisms from the older generation who would prefer to adhere to the old ways. In other words, those who still cling to traditions from a time that I no longer know. However, critics such as these I ignored because it has become the way of things, like a natural law, that if someone wishes to do something good, there will always be others who do their best to disrupt those plans. Thus the Indonesian Women's

Congress was formed, despite the fact that it was clear these disruptive elements or conservatives just wanted to humiliate us women.

This is what they said: 'Women don't need to be holding congresses and the like'; 'The place of women is only in the kitchen'; 'Women don't need to think about the issues of life', because that is the job of men. Others said: 'Indonesian women are not yet ready, they cannot even agree on the issue of forming an association'. However, people who wish to achieve their aims must be prepared to combat their critics through discussion and through their energy, that is energy to work whole-heartedly. Nowadays it is evident how important the women's movement is in an age of darkness. That time has passed when women were regarded as only fit for the kitchen. The current age can be compared with an era of progress.

Because of that, this is the time to raise the status of women, so that we will no longer be forced just to sit in the kitchen.

Of course I don't mean to say that Indonesian women should keep out of the kitchen. However, apart from being number one in the kitchen, we must also concern ourselves with the issues that men are concerned with. Because we have become convinced that men and women must proceed together in matters of everyday life. This does not mean that women should become men. Women should remain women but their status should be elevated to be the same as that of men. Don't allow women to be relegated to the status they had in the bad old days.

This is our aim. In addition, there are still many aspects of the situation of women in Indonesia that need to be improved. From this we can see the importance of uniting women's associations from across Indonesia, in order to come to agreement about these requirements.

These needs do not have to be mentioned further here because later they will be discussed by delegates from the various women's organisations who are present at this congress.

In conclusion the organising committee of this congress wishes to express its respect and gratitude to: first of all RT Djojodipoero, who is famous for his generosity to all of our nation's organisations, and who has provided the location for this congress. Secondly we thank those individuals and associations who have assisted us in the forms of money, equipment and physical strength, and those who have supplied accommodation for guests at this congress.

That is all I wish to say, and I pray that this congress will run smoothly and can benefit our women of Indonesia.

And so I pronounce the first Indonesian Women's Congress open.

Brief report of the Indonesian Women's Congress, held in Yogyakarta, 22–25 December 1928, at Joyodipuran

Congress leaders:

1 RA Soekonto, President
2 Sdr St Moendjiah, Vice-President
3 Sdr St Soekaptinah, 1st Secretary
4 Sdr Soenarjati, 2nd Secretary
5 Sdr RA Hardjodiningrat, Treasurer I
6 Sdr RA Soejatien, Treasurer II
7 Sdr Nji Hadjar Dewantoro, Member
8 Sdr Drijowongso, Member
9 Sdr Moeridan, Member
10 Sdr Oemisalamah, Member
11 Sdr Djohanah, Member
12 Sdr Badiah-Moerjati, Member
13 Sdr Hajinah, Member
14 Sdr Ismoedijati, Member
15 Sdr RA Moersandi, Member*

* Was unable to attend due to unforeseen circumstances.

On the evening of Saturday 22 December, at the congress opening, a reception was held for women and men who were invited by the Indonesian Women's Congress. This event was attended by approximately 1000 people, amongst them representatives from the following women's organisations:

1. Poetri Boedi Sedjati, Surabaya; 2. Poetri Indonesia, Surabaya; 3. Wanito Katholiek, Solo; 4. Roekoen Wanodijo, Jakarta; 5. Wanito Sedjati, Bandung; 6. Poetri Indonesia, Yogyakarta; 7. Darmo Laksmi, Salatiga; 8. Boedi Rini, Malang; 9. Margining Kaoetamaan, Kemayoran; 10. Karti Woro, Solo; 11. Boedi Wanito, Solo; 12. Wanito Katholiek, Yogyakarta; 13. Jong Java, Yogyakarta; 14. Jong Java, Salatiga; 15. Jong Islamieten Bond, Jakarta; 16. Wanito Kentjono, Banjarnegoro; 17. SIBI [Sarekat Islam Bagian Isteri], Surabaya; 18. Central

Executive of 'Aisijah; 19. Santjaja Rini, Solo; 20. 'Aisijah, Solo; 21. Wanito Oetomo, Yogyakarta; 22. Wanito Moeljo, Yogyakarta; 23. Taman Siswo, Yogyakarta; 24. Panti Kerido Wanito, Pekalongan; 25. Jong Islamieten Bond, Yogyakarta; 26. Jong Java, Jakarta; 27. Jong Islamieten Bond, Tegal; 28. Natdatoel Fataat, Yogyakarta; 29. Kesoemo Rini, Kudus; 30. A representative of Sumatran women.

From the following men's organisations:

1. Boedi Oetomo; 2. PNI [Partai Nasionalis Indonesia] (Central Executive); 3. CPPPBD; 4. PI [Perhimpoenan Indonesia] (Central Executive); 5. PI (branch); 6. PSI [Partai Sarekat Islam] (Yogyakarta); 7. MKD; 8. Jong Java (Yogyakarta); 9. Wal Fadjri (Central Executive); 10. PAPI [Persaudaraan Antara Pandoe Indonesia] (Jakarta); 11. PJA; 12. PTI; 13. Jong Madoera; 14. Moehammadijah (Central Executive); 15. Jong Java, Jakarta; 16. Jong Islamieten Bond (Central Executive); 17. PAPIM; 18. PSD; 19. Sangkara Moeda; 20. INPO; 21. SIAP [Sarekat Islam Afdeeling Pandoe]. Representatives of government and press were also in attendance.

The meeting began at 7 pm, following the arrival of the guests listed above, accompanied by gamelan music that sounded as though it was reflecting their feelings and thoughts. Following this the Chairwoman[8] greeted the guests and expressed thanks to our host RM Djojodipoero, then recounted the background to the congress. Following her speech, the secretary of the Indonesian Women's Congress explained the founding principles of the congress, as follows:

1 To become a link between Indonesian women's associations.

2 To discuss together our responsibilities,

3 our needs, and

4 our advancement.

Following the speeches, a number of girls performed a welcoming song.[9]

Representatives from men's organisations were given the opportunity to give short speeches. One by one, representatives of the organisations mentioned above presented their congratulations and expressed their delight at the occurrence of the first Indonesian Women's Congress.

The opening ceremony concluded at 9.00 pm. After the Chairwoman had thanked all who gave speeches, children from the Taman Siswo kindergarten sang and played as though they were gathering flowers. Before they began, one of them expressed her happiness that Indonesian women were really paying attention to their responsibilities as Indonesian mothers.

The atmosphere was quiet and peaceful as all present appeared to listen attentively to the words of that child. Without tiring, the children sang ten couplets.

The room rang with applause after the children finished their song. The gamelan began, as if to hush the noise of the applause. It was not long before the pantomime began, with the following scenes:

1 Dewi Sinta throws herself into the fire.
2 Srikandi.
3 The final scene was the Indonesian Women's League.

At first the curtain was closed. The voices of a number of girls singing with piercing voices in Indonesian could be heard. When the curtain was opened, there stood the girls, as many as there are islands in Indonesia, each dressed in the costume of the island she represented.

The whole audience watched in surprise. Then the audience shouted 'Long live the union of Indonesian Women' several times.

Quickly the curtain was shut again. Following this the secretary from the Indonesian Women's Congress read out telegrams from the following organisations and individuals:

1. Kaoem Iboe Sumatra; 2. Kaoetamaan Isteri Sumatra; 3. Wanito Oetomo Bogor; 4. Central Executive of Madjelis Oelama; 5. Poetri Pemoeda Sumatra (Jakarta); 6. Perserikatan Marsoedi Roekoen (Jakarta); 7. Pemoeda Sumatra (Jakarta); 8. Nji Hadjar Soerjodipoetro (Bandung); 9. Toean Darmoatmodjo (Jakarta); each of whom expressed their congratulations to the Indonesian Women's Congress. The chairwoman then thanked everyone in attendance. Then the meeting was closed. The audience were given an opportunity to look at or buy from the exhibition.[10]

However the delegates from the various women's organisations attending were required to remain for the rest of the program.

Not long after 11 pm the women were asked to return to their seats. Then the Chairwoman opened the meeting of delegates. Each delegate briefly explained the founding principles of their respective associations.

There were many kinds of objectives; for instance some wanted to promote culture, others to advance the Christian religion, to make housework more efficient, to promote Islam, to strengthen feelings of nationalism, and so on: in short these organisations had various kinds of founding principles.

This session was only finished by midnight. Because the program was completed, and because the delegates appeared tired, finally the delegates were given a supper, and the chairwoman wished them a safe journey home and a good night's sleep. The gamelan played loudly as if to dismiss the people present.

The next day (Sunday) dawned with heavy rain and a strong wind, like the situation in the souls of the women who wanted to take action to raise the status of Indonesian women, so that they should not be left far behind by women of other nations, and also so that they might assist the advancement of men, the sons of Indonesia.

However, in spite of the weather, the women flowed in like the current of a river that morning, so that by 8.30 am the hall of Joyodipuran was filled with women. You could no longer see the chairs for all of them were occupied. Indeed, the heaviness of the downpour that morning showed that Indonesian women are really devoted to the movement.

Gradually the day cleared. By 9 am the rain had ceased, and not long afterward the sun came out and the sky became clear. The *pendopo* (hall) that had been in darkness was now lit, as were the faces of us six organisers who were happy to see the meeting begin.

The chairwoman banged her gavel on the table, and then welcomed the delegates and thanked them. The general meeting then started, beginning with a request that the speeches should not violate government laws and should not offend other people.

The representatives from the various women's organisations remained the same as the previous day, as well as the government and press representatives.

A number of girls from Siswoprojo (the daughter organisation of 'Aisjiah) performed a welcome song in Arabic and Indonesian, with the intention of welcoming delegates and praying that the congress would succeed in its efforts to unite Indonesian women.

Meanwhile the speeches began, and those who spoke that day were:

1. The secretary from the Indonesian Women's Congress explained the aim of the congress.
2. Sdr RA Soedirman (representative from PBS [Poetri Boedi Sedjati], Surabaya) gave a talk on the status and self esteem of Javanese women.
3. Sdr St Moendjiah (Central Executive, 'Aisjiah) gave a speech on the status of women.
4. Nji Hadjar Dewantoro, about customs concerning women.

5   Sdr Moegaroemah, about child marriage.

The session closed at 12.30 pm.

The general meeting on Monday 24 December was begun in the same way as the previous day, except that there were fewer participants; however, not less than 500 people attended.

Those who made speeches:

1   Sdr St Soendari, about 'Responsibilities and aspirations of Indonesian women'.
2   Sdr Tien Sastrowirjo, on the current and future path for women.
3   Sdr Djami (Darmo Laksmi), on proper education and care of babies beginning from the third month of pregnancy.
4   Sdr Djojodigoeno (WO [Wanito Oetomo], Jakarta) on care of children and responsibilities of women.

The session ended at 12.30. The next day, Tuesday 25 December, the third day of the general meeting, was well attended with almost as many participants as Sunday.[11]

Those who spoke:

1   The secretary of the Indonesian Women's Congress read the decisions which had been made in the closed meeting on Sunday and Monday nights.
2   Sdr Njonja Goenawan, on one of the responsibilities of women.
3   Sdr St Marjam, about social work.
4   Njonja Soenjoto (Wanito Sedjati, Bandung), on the image of the housewife.
5   Sdr Djohanah, on the issue of justice.
6   Njonja Ali Sastroamidjojo, on the status of women in Europe.
7   Sdr Soekati, very briefly explaining 'hidden strengths'.
8   Sdr St Hajinah, about the unity of humanity.

In addition, there were a few people who very briefly added to these speeches.

After the speakers had finished, the chairwoman once again expressed many thanks, wished participants a safe trip home, and expressed her hopes and prayers that the Congress had indeed been a success.

The general meeting was therefore closed.

Resolutions

1 Establish a consultation body, called the Perikatan Perempoean Indonesia (Indonesian Women's League—PPI).

   a Organisational matters will be run as in other associations. That is, it will be led by a managing board consisting of, at a mimimum, President, Secretary, Treasurer, and two directors.

   b Contributions will be at least ƒ1-.[12]

   c Publish a newsletter. The editor to be determined by the board.

   d The headquarters should be located according to the decision of the majority of the members, that is the majority of the organisations that have already joined have the right to determine the board of PPI.

   e According to the current determination, Yogyakarta is the headquarters of the board of PPI.

   f The current board:

   1 RA Soekonto (President).

   2 Sdr Moegaroemah.

   3 Nji Hadjar Dewantoro.[13]

   5 Sdr St Moendjiah.

   6 Sdr St Soekaptinah.

   7 Sdr Soejatien.

   Other board members will be appointed by the president.

   g Those organisations that have already become members of PPI.

   1 WO (Wanito Oetomo) Yogyakarta.

   2 WK (Wanito Katholiek) Yogyakarta.

   3 Taman Siswo Yogyakarta.

   4 'Aisjiah Yogyakarta.

   5 Women's wing of JIB (Jong Islamieten Bond) Yogyakarta.

   6 Women's wing of PI (Pemoeda Indonesia) Yogyakarta.

    7 Women's wing of JIB Jakarta
    8 Women's wing of JIB Tegal
    9 WK Solo
    10 Karti Woro Solo
    11 'Aisjiah Solo
    12 Panti Kerido Wanito Pekalongan.
    13 Boedi Wanito Solo
    14 Kesoemo Kini Kudus
    15 Darmo Laksmi Salatiga
    16 Poetri Indonesia Surabaya
    17 Wanito Sedjati Bandung
    18 Margining Kaoetaman Kemayoran
    19 Roekoen Wanodijo Jakarta (joined following the Congress)
    20 Poetri Boedi Sedjati Surabaya (joined following the Congress)
2 Scholarships
    a PPI will establish a body to assist girls who cannot afford education expenses.
    b This board will be separate from PPI.
3 Strengthen the setting up of girl-guide groups, but decisions concerning uniform and other matters will be left to individuals themselves.
4 Prevent child marriage
    a Each member should make propaganda about the negative aspects of such marriages.
    b Request help from civil servants to explain the issue to the people.
5 Send a motion to the government.
    a Requesting that funds be established as quickly as possible to assist widows and orphans.
    b Requesting that this financial support not be discontinued.
    c Requesting that the number of schools for girls be increased.

7   Send a motion to Religious Councils proposing that they facilitate the use of written pre-marital contracts (*taklek*), according to what is set down in the Islamic religion.

Secretary, Indonesian Women's Congress

N.B. The composition of the board was decided following the Congress:

1   RA Soekonto (President).
2   RA Soejatien (Vice-President).
3   Sdr St Soekaptinah (1st secretary).
4   Sdr Moegaroemah (2nd secretary).
5   RA Hardjodiningrat (Treasurer).
6   Nji Hadjar Dewantoro (commissioner).
7   Sdr St Moendjiah (commissioner).

Members of the editorial team:

1   Sdr Nji Hadjar Dewantoro.
2   Njonja Ali Sastroamidjojo.
3   Sdr Hajinah.
4   Sdr Ismoedijati.
5   Sdr Badiah.
6   Sdr Soenarjati.

I Motion

Concerning girls schools

The Indonesian Women's Congress, held from the 22nd until the 25th December 1928 in Yogyakarta and attended by representatives from 29 Indonesian women's organisations:

a. having heard discussions about schooling for girls;

b. taking into account that at this time there are still many parents who do not want to enrol their daughters in co-educational schools, and as a result there are not many girls currently attending junior and senior high school:

has resolved:

1 to ask the board of the Perikatan Perempoean Indonesia to request to the government to expand the number of schools for girls;

2 to publicise this motion to the Volksraad[14] and the Press across Indonesia; and following this to continue discussing the issue.

II Motion

Concerning *taklek nikah* [pre-marital contracts]

The Indonesian Women's Congress, held from 22 until 25 December 1928 in Yogyakarta, and attended by representatives from 29 Indonesian women's organisations:

a having listened to discussions about *taklek* in Islamic marriage in Indonesia;

b knowing that this arrangement is not yet clearly understood by some Indonesian women, so that they do not really understand the responsibilities and rights of women in marriage;

c considering that it is appropriate that the Government strengthen the *taklek* arrangement:

Resolves:

1 to ask the board of the Perikatan Perempoean Indonesia to request the government to make it compulsory for Religious Councils to give a written explanation about *taklek* to the bride and groom at the time of their marriage;

2 to publicise this motion to the Volksraad and the Press across Indonesia; and following this to continue discussing the issue.

III Motion

Issue of financial support for widows and orphans

The Indonesian Women's Congress, held from 22 until 25 December 1928 in Yogyakarta and attended by representatives from 29 Indonesian women's organisations:

a having listened to discussions about the plight of widows and orphans of public servants, whose fate in general is very humiliating because at this time there is no firm regulation from the Government to provide financial assistance for these widows and orphans;

b considering that it would be fair for the Government to care for the livelihood of the families of public servants, who have given their energy to the State:

Resolves:

1 to ask the board of the PPI to request the government to adopt fair and permanent regulations about financial support for widows and orphans of public servants as indicated above;

2 to publicise this motion to the Volksraad and the press across Indonesia; and following this to continue discussing the issue.

Proposed statutes

Of the consultation body 'Perikatan Perempoean Indonesia'

Article I

Name and location

The discussion body is named 'Perikatan Perempoean Indonesia' with the abbreviation PPI, and it is based in Yogyakarta or in other places where the board may be located.

Article II

Aims and Initiatives

1. PPI intends to become a link between all Indonesian women's associations and to improve the fate and status of women in general, especially Indonesian women, without reference to a particular religion or political persuasion.
2. In order to achieve this aim, PPI will:
   a. seek and indicate the means and initiatives to implement or promote endeavours, for example scholarships; in short, to do its utmost to achieve this goal.
   b. hold a congress each year to discuss issues related to women, especially Indonesian women;
   c. publish a newsletter which will become a forum for the voice of Indonesian women to discuss their rights and responsibilities, needs, progress, and everything else that relates to the life and livelihood of women in general, especially Indonesian women;
   d. become the adjudicator to resolve disagreements between members.

Article III

Membership

1. PPI admits ordinary members only.
2. Those who may become members are all organisations whose members and boards consist of native Indonesian women.

Article IV

Ceasing to be a member

The issue of ceasing to be a member will be discussed in the section on Rules.

Article V

The Board

1 PPI will be led by a board consisting of at least five members, that is president, vice-president, secretary, treasurer, and a director.
2 The election, cessation and arrangements for the board are addressed in the Rules.
3 The members in the place where most PPI members reside have the right to request that the PPI board be located there.

Article VI

Representation of the organisation

1 The board represents the organisation both in and outside the regulations.
2 For legal purposes, the first secretary or her proxy has authority or signs letters.

Article VII

Organisation of finances

The organisation's money is obtained from fixed subscriptions and from donations.

Article VIII

Rules

1 Other matters are to be governed by the Rules, which may not impose articles that oppose the contents or intentions of the Statutes.

2   Concerning other issues which are not contained in the Statutes and Rules, the board has the right to decide, provided that it is in line with the intentions of the Statutes and Rules.

Article IX

Changes to the statutes and disbandment

1   To change these Statutes, discussion must be held and a decision agreed to by two-thirds of the members attending an annual or extraordinary meeting.

2   The same requirement applies for the adoption of regulations which may be required, if PPI is to be disbanded.

Proposed rules

Membership

Article 1

New Members

Requests to become a member must be accompanied by Statutes or other sufficient explanation concerning the founding principles of the association which wishes to become a member.

Article 2

Cessation of membership

Cessation of membership may occur:

a upon request of the member itself;

b if in any consecutive three-month period the member fails to pay the subscription fee, even though they have already been reminded by the board;

c upon decision from the board, based on a situation or action of one of the members, which falls short of or opposes the founding principles of PPI.

d if the board decides on expulsion, the member who has been expelled may request that its case be heard at a meeting of members.

Article 3

Voting rights

Each member has the right to one vote.

Article 4

Election and arrangement of the Board

1 Members of the board are chosen from and by members of the league at the annual meeting.

2   Concerning the positions on the board, only the position of president is determined by the annual meeting, while other positions will be determined by the board itself.

3   The board is only elected for one year, however members of the board may be re-elected immediately.

4   In order to supplement members of the board, the board may choose additional members up until the time of a meeting, at which time those supplementary members must be ratified.

Article 5

Responsibilities of the president

1   The President must attend all meetings, both those of the board and those of the members, and must take responsibility for all actions of PPI.

2   The vice-president may replace the president if necessary.

Article 6

Responsibilities of the secretary

1   The secretary must carry out all the work related to correspondence, maintaining and updating the membership book, storing of archives and taking care of all general matters of the board.

2   At the annual meeting, the secretary must present the annual report about all of the actions and situations of the consultative body throughout the previous year.

Article 7

Responsibilities of the treasurer

1   The Treasurer is responsible for keeping the accounts of income and expenditure of the league and must record transactions in the daily administration books.

2   At the annual meeting, the Treasurer must present an annual report including accounts and authorisation according to the requirements in article 11.

Article 8

Responsibilities of the directors

Directors as general members of the board are responsible for carefully observing its actions to make sure all its agreed arrangements are in accordance with the regulations, and is responsible for promoting all initiatives that may benefit the league.

Article 9

Executive

The president, secretary and treasurer or their deputies, in the day-to-day running of the association represent the board and have the right to make urgent decisions, providing that they are accountable for their actions to the full board.

Financial matters

Article 10

Regular subscriptions

1 Each member is required to pay a fixed monthly fee of at least ƒ1-.

2 The board may approve a lesser fee if upon investigation it is found there is a real need to permit a reduction.

Article 11

Audit of accounts

1 At each annual meeting, the meeting will appoint an audit committee consisting of three members, to inspect income and expenditure as mentioned in section 7 of the Rules.

2 The results of the investigation must be announced at the general meeting for ratification.

Article 12

If the annual meeting has ratified the accounting and authorisation of finances, then the treasurer is free from all responsibility.

Article 13

The calendar to be used by the league is the Christian calendar, that is from 1 January to 31 December.

Meetings and congress

Article 14

1   A general meeting should be held at least once a year; one of these meetings should be called the annual general meeting.
2   The annual general meeting should be held at the time of a congress, which can be attended by people external to PPI, according to rules set down by the board.
3   Each year the annual general meeting determines the location of the congress in the year to come.

Article 15

1   At each meeting, each decision should be agreed to by a majority vote, except if an alternative ruling is made.
2   If the number of votes for and against are the same, the proposal is regarded as rejected.
3   Voting for people should be carried out by secret ballot.

Newsletter

Article 16

Business aspects

1   The board or another body as directed by the board may publish a newsletter to act as the voice of PPI.

2   The regulations about the publication of the newsletter should be determined by the board, which is responsible for this enterprise.

3   The financial management of the publication of the newsletter shall be kept separate from the financial management of the league.

Article 17

Editorial matters

1   The editing of the newsletter shall be assigned to an editorial committee which should consist of at least 3 members, each of whom should be a member of an organisation which has joined PPI.

2   One of the three members of the editorial committee should be a representative of the PPI board.

3   In all matters pertaining to the contents of the newsletter, the board and the editorial committee should take responsibility.

Article 18

The newsletter should be published in the same place as the location of the PPI board.

Amendments

Article 19

Any change of regulation in the Statutes or Rules is valid if four weeks have passed since the amendment was passed.

Article 20

Concerning any matters which are not recorded in the Rules, the board has the right to make decisions as long as it is in line with the intentions of the Statutes and Rules.

Article 21

These Internal Regulations come into effect on the ——[15]

The women's movement, marriage and divorce

By Sdr RA Soedirman (Poetri Boedi Sedjati).

Before I outline the tactics we women are deploying in our activity, in order that it will be fruitful, first I wish to explain here a little about the objectives of our movement:

The objective of our women's movement is above all to improve our destiny in our everyday lives in this society. If we seize our rights as women, we will achieve rights as extensive as those of other creatures of God, and thus we can all hold in high esteem our proper status together as a people and the proper status of our country.

That is the main objective of our movement. What will we have to do at this time in order to achieve our objective? In my opinion, I think this is the way:

In the first place we must know what our obligations are as women. Holding in high esteem, respecting and valuing our responsibilities, as well as carrying out and taking responsibility for our obligations, in line with current trends, that is in this way:

We must change our skills and abilities as well as the traditions of women in line with current trends in social life, which demands constantly higher standards. It is appropriate, because it is a general necessity according to the times. In short, now we women need to have energy, take action and make an effort to achieve a life that is appropriate and fitting according to social conditions. If we allow ourselves to continue to be left behind, without paying attention to the situation around us which is progressing ever more rapidly, it is clear that we will become increasingly backward, increasingly old-fashioned and of no value. It is this lack of value that causes us women to not be respected, and that causes those we live with not to respect our rights.

What is the use of us being commanded by God to live in this world, if we have no value, have no rights, because we can't achieve anything, we cannot flow with the wave of the world which has been determined by the Almighty?

So that we can be valued as a group who have been placed on this earth according to God's command, so that we can follow life in the current of a perfect wave, with our rights being recognised and being treated with respect, what must we do?

Nothing other than, as women, making ourselves valued, understanding our value and respecting ourselves. Only then will we be valued as we deserve. We must have the energy to seize the moment.

What must we do now, so that we will immediately be valued, understand our own value and be respected by those with whom we have social intercourse?

I have already mentioned that first we women must know our obligations as women. What those obligations are I do not need to explain further here, because we are all women. So we must be aware (convinced) that our obligations as women are a very important factor in social intercourse. We must know that without us women, our world cannot be complete.

Without us the world cannot survive, and without our progress, the world cannot advance. We must be aware of this and truly understand it. Therefore the better we undertake our obligations, the better we are at carrying out our obligations, the more perfect social intercourse in society will be. We must really be convinced of that.

The reason why, until now, we have become devalued in social relations, is just because some of us women are unable to carry out our obligations, while others do not understand the value of the work they do to fulfill their obligations, with the result that they lack self-esteem. Because of this ignorance of our own value, we cannot respect ourselves, and that is the reason why others do not respect us; we are not given our rights, but instead we are just regarded as useless objects, just instruments of pleasure.

Are we women really that stupid? Do we dislike work or are we incapable of work? O sisters, take a look at our everyday tasks, how heavy is the burden of our duties, and how hard we work each day, so that we can fulfill our responsibilities.

Of course, the results of our work depend on our skills and abilities, while fulfilling needs also depends on our understanding and abilities (or lack of them) to do our work to fulfill our needs. For this reason, as I said earlier:

'We women must improve ourselves so that we can truly fulfill public needs according to the current trends at this time'. Work, exert ourselves, use our intelligence, use our strength, and speak in public to discuss what must be changed because it is no longer appropriate and suited to the level of progress of women. Throw away old habits which can no longer be used, and adapt to new conditions. We must compete to try out new knowledge and discard outdated traditions which are no longer appropriate in today's situation. We must live by meeting common needs, parallel with the needs of our life companions, that is men. And we must act so that the world of men feels its need for us, so that men feel they cannot be complete without us, and therefore they must acknowledge the rights and value of women in our life together.

One of the outdated things which is no longer appropriate in today's society, and which should have been improved long ago, is the matter of:

Marriage and divorce regulations

In our world something still happens today which, it is clear, increasingly acts to lower the status of women. The matter is marriage and divorce regulations, and now I wish to discuss this a little in this Congress in order to bring it to the attention of the general public.

Marriage means a relationship between a man and a woman for living together, and managing together all their needs and requirements which relate to that life. Husband and wife must each fulfill their respective responsibilities to the best of their ability, so that their life together is good and complete.

In this life together, men have their own rights and responsibilities, as should women too. And with our rights and responsibilities together, we should work together.

However, the majority of cases are not like that. Wives must fulfill absolutely all their responsibilities, but all of their rights are controlled by husbands. This becomes evident when a woman is to be married. If a man likes a woman, that man then requests permission to marry from her parents or her guardian. The woman who is sought is not asked whether or not she would prefer to marry A or B, but is merely informed, in general, a few days before she is to be wed. And whether she wants to or not, she must be wed.

The right to refuse, the right to express one's feelings, and especially the right to choose a husband, just as a man chooses his wife—women possess none of these rights. Whether or not the man is bad, whether he is successful or not, whether we like him or not, so long as he likes us and our guardians agree, we are forced to accept, without any consideration as to whether we are not yet adult, even though we are the ones who must live with the consequences.

And again afterwards, our situation depends on our husband. Whether we like it or not, we must obey. If we do not obey, or if he becomes bored, we are forced to leave, we are thrown away, kicked, shoved aside like something of no value whatsoever. Even if we scream to the high heavens, we can't do anything about it. All of this is widely accepted as men's rights. In all of this it is as if we women are merely instruments, like 'direct objects', because in this case we only have rights to the passive voice—to be the object of verbs.

Until today, in the matter of 'women and divorce', women have very few rights at all or any independence. Our right is only the right to be wed, the right to be chosen for marriage, and also the right to be divorced. Such is our fate.

Only one or two of us have been given a partial right to speak in this matter, that is those who have been asked by their parents or guardian beforehand, whether or not they would like to be married. Even though this kind of passive right is still rare, I rejoice in it, because for me this is a sign that times are gradually changing. The desire for times to change has affected us slightly, even though it is only a few that have been affected by it. That is, it only concerns women who have obtained some education or those women who are fortunate to have parents or guardians who wish to act in line with changing times. Therefore the more we are of value because we are educated, and the more we have guardians who are intellectual, even just a little, then slowly but surely the situation will change of its own accord.

My conclusion is as follows:

If we are of value, we will certainly be valued, and gradually the general public will acknowledge and give us our rights. For example, as I said before, the occurrence of forced marriages will decline, because our voices will be considered worth being listened to and heeded, so that people will be forced not to make fools of us or to sell us like cheap goods.

Even though it is still rare, people have been forced to begin to acknowledge our rights. The only reason for this is because of suitable education, and people are then forced to feel that we must be in a situation that is in line with the trend of our times.

Looking at these situations, I hope that we can begin to realise that what is important is *education*.

Education for our daughters and grand-daughters which is appropriate, suitable, and in harmony with the current situation and the level of progress in today's society, that is what we need to promote now.

In the case of marriage, there have now been some changes for the better, even though they are few, for which I rejoice, and I pray that it will not be like this in the future, but it is to be hoped that the situation will improve further, so that it truly does not disadvantage us women, as human beings who are conscious of their rights.

Changing the bad situation in which we find ourselves is probably not too difficult, especially if we women already share an understanding that we also are members of the Islamic faith, who think and feel and have souls, and are not passive objects that are only permitted to be used like instruments.

In my opinion, the only way is as I have explained before:

We women must strive to improve our skills to fulfill our obligations, and then we will possess self-knowledge, self-confidence, and self-esteem, that is:

a understand oneself;
b believe in oneself, and
c understand the value of oneself.

It is this which will then cause women:

a to be understood;
b to be believed in, and
c to be valued, so that we become respected and have rights. In this way, we can show that without using us, people will find they need us; and that without us, others will truly feel the need for us, and finally it will not be easy to divorce us, because it will not be so easy to marry us, because of the high value attached to us.

The status of women

(Speech of Njonja Siti Moendjiah, central executive member of the 'Aisjiah section of Moehammadijah in Yogyakarta, at the open meeting of the Indonesian Women's Conference in Yogyakarta on the ....).[16]

May greetings and joy from the Prophet Moehammad (peace be upon him) be with you ladies and gentlemen and with all our supporters.

Firstly I would like to introduce myself. My name is Siti Moendjiah, a member of the central executive of the 'Aisjiah section of Moehammadijah in Yogya. I hope that after this introduction we can speak freely.

Now I will begin to discuss my topic, as is recorded in agenda item no. 4, on behalf of the board of 'Aisjiah.

Respected Madam Chairman,

I express many thanks for your generosity in giving me the chance to speak, and to the participants I thank you very much for your willingness to listen.

Today, my happiness is immeasurable, and because of that I give eternal praise to God Almighty. With the existence of this movement, our nation of Indonesian women have become aware and have begun to awake from their sound sleep, as if a loud voice sounds in their ears, and indeed it is time that we women began to progress rapidly from now on, because the sun has risen and shines on us very brightly. The women arise, lest they are left behind in the struggle for progress. From this awareness arises the difficult effort to hold this conference today.

Today is the first day of our Indonesian women's conference, for those who have summoned up the courage to leave their husbands, children, relatives, homes, work and other things, expressly to attend this meeting which will indicate a number of our common needs. For myself, this is a matter of great importance, especially because with the existence of this conference I can meet many new people.

As our first effort, our congress still has some weaknesses, because our preparations were still insufficient.

For some time now, we in 'Aisjiah were constantly wondering whether we women of Indonesia could hold a friendly get-together to discuss problems that are pertinent to us all. Today those hopes have been fulfilled, and because of that we give endless thanks to Allah and pray that this movement can continue and achieve much. May it be freed from obstructions and obstacles, and freed from all disturbances that would cause us to fail!

We are full of hope that you ladies, delegates from various associations that are already well-organised or have nice regulations, are surely prepared for whatever initiatives we take, so that we women can raise our status compared to now, and that we can fulfill all of our responsibilities related to women's rights. You ladies must surely feel fully equipped for this because you have packed up and left your own homes.

My speech is an opinion that I am serving up to you all, in the hope that in listening to it, you don't treat it like something that is strange, but rather that you consider it as if it were your own speech, as I would with you.

Remember, normally whoever has high and fine ideals can achieve them with perseverance; in short be patient, trust in God and be diligent. To achieve this certain things are required:

We must strengthen the ranks of our sisterhood. Actually, because the devil knows we are very close in our comradeship, therefore of course he will try to divide us, and because of that we must avoid at all costs becoming split up by his disturbances. In order to avoid this we must:

a be diligent in making efforts to find solutions without being choosey about the field of knowledge: we should consider many models and be broadminded.

b Work with patience; that means working tirelessly and with intelligence and care.

We must work at everything seriously and wisely. An effort to carry out a job, if it is without conviction, wisdom and purity of intention, cannot be expected to succeed, even more so if it is only carried out as we feel like it and in a simplified way.

The motto of the world nowadays seems to be 'suffer and work', like planting rice deeply. Indeed, we have not yet reached the point of enjoying ourselves, resting and reflecting on life. Sisters, wait a while with patience: if we really work towards all our goals without tiring, soon we will pluck the fruits of our labours.

Congress, honourable ladies and gentlemen,

In my opinion, the notion of high status is divided into three parts:

1 good character;
2 much knowledge; and
3 good behaviour.

Perhaps if we all inspect our world history books then we can understand what status we women have so far achieved. Most people believe that we women are just servants of God rather than ordinary humans, so that we are seen as mere animals. As such it is proper that we women must obey and faithfully do whatever we are ordered to do by men.

In the past in Japan, women were strictly forbidden to serve God, and also prevented from carrying out holy tasks, so their religion forbad it. In China it was also like that; in fact women were also prevented from entering temples. In India, too, it was pretty much the same. In the Hindu religion it is stated that our sex are not pure; they were strictly forbidden to discuss the details of the holy book, even if they were brave enough to hold one. This means that whatever image they worshipped was instantly destroyed.

In Arab countries there were many more insults and degradations—that is, before the Islamic religion appeared on this earth. We women were regarded as lower than domesticated animals; daughters born of their mothers' wombs were killed by them because they were seen to be useless and to increase the demand for food. Indeed women did not have the same power as men, and besides, at that time the Arabs were fond of killing, and of violating other people's rights and they were very cruel.

Fifty years before the Islamic religion was born there was a question that got a lot of attention: Do women also have souls? When Christians held a conference in Maccon, one of the bishops asked: Are women part of the human race? People then began to discuss this question, and a majority of the participants of the meeting decided that in fact women were also included in the human race.

A person who claimed himself to be holy in ——— [17] once spoke of women as Satan's tool (The Organ of the Devil). A scorpion that wants to bite. The way in for Satan, and the path that leads to sin (The Gate of the Devil and the Road to Iniquity).[18]

> A snake which spreads poison, and a terrifying dragon.
> An instrument from the Devil, come to take our souls.

We are most fortunate that men of lofty intellects have given us such advice, that is: St Bernard; St Anthony; St Bonaventure; St Jerome; St Gregory the Great; and St Cyprian.

The custom of marriage exists in Europe, described thus by the honourable Professor Holland: that the advantage of marriage is to unite a man and a woman, and to form a strong bond of harmony between them. In this partnership, the one with greater rights is the man; his wife does not have the right to sell or do anything with property or goods, or have the power to make a will or make a contract on her own.

Laws that determine that wives do not have any rights are generally valid in England. Mr Hepworth states that: The laws that we are accustomed to place wives under the authority of their husbands. Because of this, even though a woman is young, pure, pretty and very rich, it is possible that she may still fall into the clutches of a cruel husband.

These situations all originated from the teachings of Western leaders. When this happened women felt the heavy burden they had to bear through life, because of oppression, unfair treatment, humiliation and so on, also they did not have rights to control their inheritance, therefore their hearts rose up with the desire to demand the rights of 'women's status'.

Those women believed that their rights were degraded due to their ignorance. And so now we move towards progress, searching for knowledge through schooling, and believing that indeed women have the exact same rights as men.

Thus women are achieving their demand for knowledge, and indeed there are many very clever women these days because they received schooling. However it is just a pity that they cannot use their knowledge appropriately; instead they exceed its limits. This situation may have been caused by difficulties in their lives, so they got a weapon for negotiating with.

The progress of women recently has gone beyond women's natural destiny, out of keeping with their feminine characteristics. As part of their progress they now work in all sorts of places: in factories; as train drivers; in aeroplanes and so on; in fact some have become wrestling and boxing champions who have crossed the oceans to meet their match. Thus of course their bodies appear strong and their muscles bulge. 'Meeting their match' just means earning money.

Their progress is not only like that. Now there is a new model, that is: haircuts exactly like men; and also many wear clothes like men's. In short, therefore, women generally think progress means not being outdone by men, in any matter, so that their feminine aspects are no longer visible!

Sisters,

Is such a situation appropriate for women's progress, especially for our race and nation of Indonesian women??? This is my first observation, and secondly I come to a discussion of divorce.

Respected congress delegates,

It is very difficult to discuss divorce, and why it occurs so often. One cause is: that men and women are separated; at marriage they have never seen each other, and when the time comes for them to be wed they are not consulted, but instead they are forced into marriage by their parents or guardians. Probably this causes them to strive for free relations between men and women, using any means to achieve their goal, because they think that with 'free social intercourse' surely the man and woman will clearly be able to see each other's faces, also their behaviour is surely not hidden, so that it is possible to marry without the risk of divorce.

Unimpeded, they follow their lust, and create bathing places where men and women are free to gather and bathe together wearing very liberated clothing which Westerners call a bathing costume. And what about the clothes they wear from day-to-day? Oh, indeed they have clothes of every possible design. Frequently the fashion changes to something that clashes with their femininity. Clothes openly hug their body, with low necklines and high hems, and sleeves are no longer a matter of modesty, in fact they are completely dispensed with.

This is what you ladies, especially our leaders in Indonesia, should take care to prevent spreading in our homeland of Indonesia.

The Europeans think that in such a way it is possible to prevent their husbands from divorcing them.

The newspaper *Natal Advertiser* in America, published on 16 April 1926 contained census statistics provided by Rt Rev LWT Manning, the Bishop of New York, explaining that now in the United States for every seven marriages there is one divorce. In Tokyo there is a divorce in every five marriages. In Texas there is a divorce in every 3.9 marriages and one in every 2.6 in Oregon. In the city of Nevada in one year, there were 800 marriages and 1000 divorces. The newspaper *Daily Express*, published on 27 November 1926, carried statistics published by the Department of Commerce (the office which controls trade and commerce), stating that in America, for every 13 married couples, there are two facing the courts with requests for divorce.

Such is the story of what has happened to Western women.

Situations such as these appear a heavy responsibility for women, especially for Indonesian leaders, and must be closely observed, and we must not neglect our responsibilities.

It has an important and invaluable meaning, women of the Indonesian women's congress, that through this congress surely such situations can be avoided.

We hope that Allah will assist us to achieve the Congress' aim and goals, so that in the future our people, women, will experience a glorious and high status. Amen.

In fact our nation already has its own refined traditions and behaviour, which probably are unmatched by Westerners and other peoples. However because we are influenced by the ways of the world which people consider attractive, beautiful, and full of sparkle and shine and so on, special and triumphant, so our nation is in decline. Yes…whoever finds themselves on the losing side is sure to be considered totally bad, lowly and unprepossessing.

It is not our intention to imply that all of the European people's progress should become a negative example for us; no indeed it includes some elements which are appropriate for us to follow. We must choose which elements are good and suitable for us, and which elements are inappropriate, all of which we must evaluate coolly, calmly and thoughtfully. Western progress demands knowledge, and this is one aspect of progress we, the women of Indonesia, must by all means imitate. If there is an aim which has not yet been achieved, we should not stop, but continue to strive until we achieve it, and as soon as we reach it we should carry it out appropriately. This is the attitude that will raise the status of our nation! For us, the women of Indonesia, this is not the way it has happened; in fact it is the opposite which is apparent, and only the less valuable things have been imitated, like those I mentioned before.

We have great hopes, and may this become a guide for our nation to progress, searching for knowledge everywhere, not afraid of working hard, daring to take on a noble objective, even though it may take years to achieve, working solidly towards a profit without being afraid of making a loss. This is what we must pay attention to, so that with a strong commitment our nation becomes one that does not have a low status and is not impoverished.

We have not yet heard that many of our Indonesian people have become Professors; the highest levels that they have reached in this century are Mr, Dr and Ir,[19] and if our people trade they fear they will make a loss. Can we become great if our people harbour such fears? This is a question for the men.

Congress, respected ladies and gentlemen,

Now I want to talk about opinions in the Islamic environment. In doing so, I am not pressuring you to adopt the Islamic religion, because that is certainly up to your own wishes.

In Islamic law it is explained that women and men are different. This difference is not based on men having higher status and women lower status, right?

Islamic women and men both have the right to progress and improve themselves, and indeed what is meant by progress and improvement is determined according to the authority of their respective limits.

We know that women were placed on the Earth with a different nature than men. For example: men possess physical strength, so that they can carry out all sorts of heavy work; however this is not the case for women, whose bodies have only a little physical strength. And so on and so forth. Indeed women have their own responsibilities, tasks that cannot be carried out by men, that is:

a   pregnancy;
b   childbirth; and
c   breastfeeding, caring for and raising children.

It is not a failing then if women cannot do men's work, and conversely a man is not criticised if he can't carry out a women's responsibility. These are our respective rights that cannot be denied.

It's like the tale of 'The bird and the tiger': the tiger can bite and swallow its prey with great strength, but it can't fly. Conversely, the bird is not capable of biting and swallowing, but it is most skilled at flying. Certainly neither can be shamed by the other.

It is already clear that the burden of duty for women lies in being responsible for the happiness of life together. This is indeed heavy, and if this burden is added to, isn't that what is called persecution and self-humiliation? Think about this carefully.

A writer once said: Women are the flowers of the world. Flowers that are remarkable and beautiful should be placed in a vase in a beautiful spot on a table that is nice and polished; it is not appropriate that such flowers should be placed in any old place, where even a beautiful bouquet will not be appreciated.

Now it so happens that the responsibilities of women and men will demand knowledge and voluntary work for society: their rights are the same in this.

Their rights are not reduced in any way, especially with respect to their religious duties.

Those women and men who do not yet fully understand the details of the Islamic religion may be asked the following question: What is the reason that Islam allows a man to take another wife, and that the power to divorce is held by the man? Isn't this a form of discrimination against women?

If anyone is wondering this, then in return I ask them the following question: Are the good deeds and respect for a woman who is toyed with, to be compared with those of a married woman?

Sisters,

I hope that no one has misunderstood what I said in my presentation. I did not at all intend to promote polygamy, nor to encourage men to take more than one wife. Women voluntarily accept polygamy. Because that question arises from a number of accusations not actually against our religion of Islam, it is said that Islam lowers women's status because Islam allows polygamy, and because the right to divorce is held by men.

That women do not hold the right of divorce is appropriate. In general, women are in a hurry to do whatever they wish, lacking in patience and endurance, weak, easily offended, and so on. Not a few women have opposed their husbands and requested divorce over little things. Luckily it is the men, who are patient and have strength of character, who have the right to pronounce divorce. If not, surely divorces would occur each month, and if women held that right to pronounce divorce they would surely get divorced each week. From the point of view of women, the bad thing is that because women are weak-minded, and because they are hasty to get what they want, they will then regret what they have done. Men hold the right to pronounce divorce, that means indeed divorce or the woman is in the man's hands. He may do whatever he likes that is allowed by religious law, and indeed Allah is not pleased to see a man who is hasty to pronounce divorce on his wife. Men should be careful and wise in discharging divorce, so that it does not become a reason for something which is very important in impeding them from living together as man and wife. Conversely, for women, supposing they consider that their life together as husband and wife does not bring benefit and happiness, then there is nothing to prevent the woman requesting divorce from her husband, and her husband should grant it.

Sisters,

I have proclaimed this speech as loudly as I could for you, especially for the leaders of our nation, Indonesian women who wish to change the world of women so that it becomes 'Noble and Eminent'. We need to carefully examine every problem and be able to weigh up by ourselves what is good and bad. My explanation was very brief; to give it all would not be appropriate at this conference, only just enough is necessary to become a consideration for the efficient conduct of our Congress of Indonesian Women.

So I conclude my speech, asking your forgiveness if I omitted something or if my words were displeasing.

Wassalamoe 'alaikoem warochmatoellohi wabarokatoeh.[20]

Child marriage

By Sdr Moegaroemah (Poetri Indonesia)

Respected delegates,

The issue of child marriage is a most important matter for us Indonesians, because there is still so much child marriage in Indonesia.

I was very happy to read the book about child marriage written by Dr Soetomo.[21] In this book Dr Soetomo explains his views about child marriage and there he mentions that often members of Moehammadijah, PSI, and SI make speeches about or discuss child marriage. Dr Soetomo himself has also already made a speech on the matter at the Moehammadijah congress last year. Therefore it is obvious that those organisations are paying much attention to the issue of child marriage. Indeed sisters, it is an issue to which we must pay great attention.

If today I explain my opinion about child marriage, I am just repeating what is often said, because as I said before speeches have often been made on this issue. However, such speeches and discussions have not produced much result, and we have not yet tasted their sweet fruits, and because of that today I intend to invite you all as sisters to oppose child marriage together, because it threatens our welfare and security. I do not dare discuss the opinions of physicians or religious experts on child marriage, but what I offer this esteemed meeting is my own opinion.

Often with a heavy heart I see girl pupils aged just 11 or 12 years taken out of school because they are to be married. So with tears in her eyes, the child leaves the school building. There, over a number of years, the child has happily mixed with teachers and friends. Now that child is forced to marry a man whom she has never met before, probably a man who is much older or a boy who is still under-age. Neither of these situations is good. In the first case, where a girl who is under-age marries a man who is much older than herself, then the young girl cannot understand the thought processes of her husband who has already developed higher thinking skills. Because of this it is impossible that the couple, one of whom cannot understand the thinking of the other, can create a household or family that is happy and secure.

Because the girl is still young and ignorant, then the husband has the responsibility to educate her. However sisters, will that education be complete?

'No' I answer, because that man is rarely at home, because he must earn a livelihood. And even when he is in the house, can a man educate his wife in household matters or other responsibilities of wives?

Let's take the second case. If the boy also is still under-age, he then lacks knowledge, but because he has taken a wife, it is his responsibility to guide his wife. Can he fulfill his responsibilities, while he himself is still acquiring knowledge?

I answer 'No' again.

What will happen to a child bride who is forced to become a housewife? How can she run a household and fulfill the responsibilities of a married woman, because she herself is still young and has not gained much knowledge?

Not long afterwards, that girl will become a mother. For the female species, to become a mother is one of Allah's greatest blessings but, sisters, I have also often seen a child bride become a mother, and dislike her child because while she herself still wants to play, now she is forced to look after her child.

Even if that young mother wants to look after her child, do you think, sisters, that a mother who still has a child's thoughts, which are not yet fully developed, can look after, educate and guide her child adequately? How can our nation develop and compare with other developed nations, if its children have not experienced proper education and guidance? Remember, sisters, that a country cannot develop if its inhabitants do not have good education and leadership.

In my opinion, the best education is education which is begun before a baby is born, as was discussed by RA Soekonto. Can an under-age mother fulfill this important and difficult responsibility?

Most people also say 'Ah, that's easy: every girl, even those who are still under-age, if she is forced to run a household or look after her child, certainly she can do so, because that has been her responsibility and work'. It's true, sisters, that certainly has been our work and responsibility, but how can we do our work or fulfill our responsibility properly if we do not yet have knowledge?

Give girls a complete education before they undertake their life's journey, because they are the proper educators of children.

The issue of child marriage is of the greatest importance and one to which we must pay a great deal of attention.

In addition to the lack of knowledge of under-age children in the matter of raising and educating children, should child marriage be recognised as legitimate marriage? A legitimate marriage is a marriage in which both parties agree. So it cannot be forced. In my opinion, a child under the age of 15 does not really understand what it means to be married and also cannot state whether or not she likes her prospective husband.

It is also a condition, as mentioned, that the two people who wish to marry must agree. This requirement is also made by the religious officer; that is, when he marries a couple, he asks both the bride and the groom whether they both want to marry.

Usually both the bride and the groom must also state that they consent, but in the majority of cases these words are said without meaning because they are uttered out of fear of their parents. Therefore, their statement of consent should not be believed, because the majority of children that are married off don't understand anything. All of a sudden they are married off by their parents, therefore the bride and groom are merely tools in the hands of their parents.

I believe that I do not need to mention the negative effects of child marriage to our sisters who are already well-educated, because I believe that they already understand everything, and I also believe that they do not want to commit that evil.

However, sisters, there are those who do not yet comprehend the negative effects of child marriage, that is our sisters from the lower class who live in the *kampung*s.

They are proud if their daughter who is still a child has been married, especially if the son-in-law is rich or of high rank; even if that son-in-law is already old, it is considered that fortunately he is still young. Therefore they disregard the well-being of their daughter and their future grandchildren.

Those who marry off their child just because they want the wealth or status of their son-in-law can be said to be selling their daughter.

I often see with my own eyes a girl child who is married off to a husband she does not like. She is then scolded and hit by her parents. Then does that not add to the suffering of the child-wife? If the mother is always unhappy, will it later be a good thing when she becomes pregnant?

Sisters, let us unite against this terrible traditional practice of our people.

Those of you sisters who are leaders who often mix with the common people, for example those of you whose husbands or parents are civil servants, nurses and teachers, also religious teachers, as well as school teachers—we can reach the people. Because of that, we can explain the negative effects of child marriage to our sisters who do not yet understand the situation.

We must not just be silent. We who already understand the evil of child marriage, we have a responsibility to explain this evil as clearly as possible.

Before I close my speech, I wish to address the organising committee, because this matter was not included in the proposed resolutions. For that reason, I hope that in the closed session the matter of child marriage will be examined and discussed by the committee and delegates, because in my opinion child marriage is a very important problem and we must fight against it with all our strength. If the committee and the delegates discuss this issue and come to an agreement, I hope that the committee and the delegates will request religious councils in all regions to prohibit child marriage as quickly as possible.

In conclusion, I appeal to you all, let us as sisters work together to oppose child marriage with all our strength and help our sisters who are still in darkness.

Let us bring them to a place of openness and safety.

It is now time that we who understand should walk ahead and light up the dark paths in order to improve and develop our nation.

The responsibilities and aspirations of Indonesia's daughters

(By Sdr Siti Soendari)

Daughters of Indonesia! Beloved mothers! Noble women!

Before I begin my discussion, I feel that I should first explain why I am not speaking in Dutch or in Javanese. I do not mean to denigrate those languages, or to devalue them in any way. Not in the least. But those of you who attended the Youth Congress in Jakarta which was held several months ago, or those who have read the decisions of that meeting, must certainly recall its outcomes. They were the desire to be one nation, the people of Indonesia, the desire for one homeland, the land of Indonesia, and the desire to uphold a language of unity, the Indonesian language. And because of this I, as a daughter of Indonesia, born on this beautiful island of Java, am brave enough to use the Indonesian language in this public forum. Is not our conference an Indonesian conference, created by Indonesian women and intended for all Indonesian women and girls, as well as for the homeland and the nation?

Mothers of Indonesia!

Women and glorious Indonesia

Before we discuss the responsibilities and ambitions of Indonesian women, we must first thoroughly examine our ambition, that is our ambition to properly develop the Indonesian nation. For this reason, I hope that you will think deeply about its greatness and glory, so that this becomes embedded in all your hearts. Don't allow the greatness of Indonesia to be just a dream or a fantasy, because a dream can never be real. Whether or not this ambition is achieved depends on us.

If I ask: Can Indonesia become great and glorious? The answer is: certainly, if the Indonesian people themselves become great and noble. Because every one of the nation's achievements depends on the sons and daughters of that nation, therefore we must first develop a feeling of honour and pride in the heart of every citizen. As this meeting is only for women, I am therefore forced to confine my discussion just to the greatness or glory of women. We all know that from early times Indonesia has produced some famous women, women whose names are known throughout the world, both in the past and the present. Furthermore all the men of renown could not have been born other than of a mother who is also noble. It is fitting that we remember all these outstanding women, and let us ask that their generosity, dedication and blessing descend and protect this meeting so that our work can be successful. Let us bear in mind the faces of all these exalted women so that we can discuss only what is necessary and true, and not bring amongst us any matters that are trivial or insignificant.

A woman is only noble in body and soul if there is dedication in her heart, dedication in all the work that she performs, so that it exceeds her obligations. For this reason we have come to this meeting, not wishing to describe the gifts or awards that we expect to receive; we have come here to discuss what our responsibilities are, responsibilities that will allow the greatness of Indonesia to emerge in the world.

The very first responsibility of women is to work together so that this homeland of ours becomes a happy land, a land of good fortune. Happiness and prosperity will only emerge if all the islands and peoples of Indonesia feel that they are one, and become united, and if that unity is regulated properly.

Prosperity will only emerge if the children of a united Indonesia trust one another, and are not fragmented or harbour suspicion in their hearts. Let us live in an Indonesian solidarity that is as firm as it can be, because this is the best path to defend our land and our nation. Can we not hear voices everywhere saying:

United we stand,
Divided we fall.

The land of Indonesia will not be constantly happy if we are left to work individually, each left to her own devices as to how to defend our land. Furthermore we should appreciate what others have done, and not tear down what they have built.

I have repeatedly hoped that you consider the greatness of our homeland. As such, let your thoughts go up into the sky and look down on the land of Indonesia as a united homeland. In my view, Indonesia is a vast field of flowers, each of the islands spread out like a garden bed, a place to grow a certain type of flower. Consider the garden of Indonesia as a garden of flowers that has been carefully created. Remember also that the garden will not be perfectly safe if what grows are only jasmine flowers. At the very least other flowers like frangipani, ylang-ylang, rose and pandanus also have many uses for us. The lesson is: it is not only the islands of Java and Sumatra that are useful to us, but also the islands of Borneo or the Celebes and the other islands. Do we not wish to make a bouquet of fragrant flowers and offer it up to our respective gods? The point is that before Indonesia becomes united and knows how to forge its organisations into a strong union, we must first think out this unity as maturely as possible. This unity should be as realistic as possible, and not just a dream or a fantasy. Consider the garden of Indonesia full of beautiful flowers. Looking at this beauty will lead to the desire to safeguard this goodness. There are two paths open to us, which we should follow both now and later. The first one is to increase the virtue of Indonesia so that it becomes increasingly beautiful. The second is to discard everything that is not good or eliminate any influence that may destroy the beauty. What's more there are many things that seemed good in the past that are no longer suited to the needs of the era, so they are now unbecoming to the eye. These should be changed and improved or even replaced. I apologise that in this discussion I only briefly touch upon several matters. The time and place do not permit a wider discussion, so it may be that some aspects are insufficient or less than clear.

Equality of men and women

Throughout the world women are struggling to attain equality with men. This situation has largely come about because we now know the value of ourselves and of our work. In Indonesia too, people value this equality as deeply and widely as possible. Our land will not prosper if only half the Indonesian nation progresses and receives attention, while the other half is left behind in a chasm of ignorance. It is very dangerous if these thoughts don't go right to the heart of each Indonesian child, because for many reasons this wrong will re-emerge in the people of today and even more so in the people of tomorrow. It is not only the matter of progress for the two sexes that we must sincerely consider, but even more importantly the matter of their respective responsibilities in other spheres. The issue of the relationship between men and women is not just a matter of asking for rights, but is largely a desire to fulfill our obligations. If we women know our responsibilities, if wives don't forget their obligations as wives, if daughters know their obligations as daughters, only then will the true rights of women emerge. This is because these rights rest on an acknowledgement by women themselves, and hinge on clear responsibilities for men and women. Only then will we achieve equality as I defined it before. In reality these responsibilities are meant not merely to worry us or tie us down, but also to remind us of the difficult responsibilities of men. If we say that women must look after the health of their bodies, then that also means that men are not to ignore this. What will be the result if only women are pure and clean, and if men don't know what is meant by those words? Our work will certainly be in vain. So if we want to make the whole of the Indonesian nation healthy, we must work together and together focus on or reject everything that divides us, and ask what can harm us if we women know our obligations. We hope that men will respect those obligations and not forbid them arbitrarily. For a long time you men have been the kings in society and sometimes also in our households. But from this time on, you must know the boundaries of our respective obligations. It is not at all acceptable if Indonesian men in this era of equality still want to just show off their authority; it is not acceptable if men want to just show off their masculinity and strength. We women are also aware of our gender and our obligations. Apart from the fact that we should know where the boundaries of our obligations are, it is appropriate if we ask that we may help achieve our ambitions. If we say that for health's sake it is not good to smoke, to use opium, to gamble and so on, this advice must be viewed as if coming from one's mother, and must not be contravened or ignored. Women's advice is advice full of feeling, and comes out of love, like their love for a child. In short, if all the flowers growing in the garden of Indonesia want their fragrance to waft sweetly in the heat of the day, and to be carried everywhere, we must, in partnership with men, be valued as women who know their responsibilities. And we should be helped, as mothers are helped by their children who are full of love and compassion for the ones who bore them.

So with the word equality we women promise with all our ability to work as hard as possible so that we fulfill our obligations in a world in which we deserve to take part. Firstly that is the world known as the household; there we will work standing beside men, like a king with his consort, like people who value one another; hand in hand. When we come together like that we should each know our responsibilities, and not let one hold the power, so that the other one cannot fulfill their duties. Apart from looking after the household, it is up to us to educate our children as best we can, that is deliberately and in a style that is suitable for the child and for the society in which they will take part.

In addition to the responsibilities of the household we also have a responsibility as women in a second world, that is the world of society outside the home.

From the time that Indonesian women displayed their abilities, and showed that they can also work properly like men, the number of women working or standing on their own has also increased, as in Western nations. Because of this and because of our nation's progress in other areas, new customs have emerged, customs pertaining to appropriate behaviour of men towards women and vice-versa.

In the past, when we left our households we intuitively felt a need to be careful, and it was this instinct that enabled us to ward off the danger which occasionally threatened us. But just because of this fear of danger we cannot turn back to the era when women were confined to their homes; we can no longer allow young women to be confined within the walls of a room in which no light enters. Certainly the home is very much a woman's world, but we mustn't let ourselves be excluded from public life, because women must also participate in it. This is already the wish of the world, so don't let Indonesia be left behind, and then be forced to follow suit. Certainly men and women already feel it is time to open new doors, doors that were previously closed. But we women must be proud to work and expend our labour as women, because if it is not this way the world will surely become unbalanced. So in our equality we must know our responsibilities, our responsibilities in the household which give rise to our rights in the household and our responsibilities in public life which give rise to our rights in public life. That is the desire of Indonesian women in their efforts to achieve equality.

Honourable Congress, beloved women,

If we look once again at Indonesia, it appears as a garden full of flowers of many colours. In this beautiful garden the daughters and mothers of Indonesia can be seen playing, but paying careful attention to the joys and woes of the Indonesian nation. We know the fate and the fortune of this nation that we shall defend.

Don't let our relationship with the nation and homeland of Indonesia be less than that of men; on the contrary it is more than proper if the love of we women is far deeper, wider and more noble than the sentiments of men. Deeper, because our love is above all within the household for our families and husbands. This love is something extremely precious and cannot be described in words, especially if we think about the love contained in our deepest hearts and how good it would be to spread it around to those we care about. If the households of Indonesia's children are to prosper, and marriages are to be harmonious and peaceful, the real light of love should enter our homes. It is the housewife who is its centre, and she is the one who extends a pure and clear radiance, to make those who are fatigued feel fresh, and those who are thirsty no longer feel that thirst. Every word of a wife and all her actions should project love, because if the gleaming lamp no longer beams out its light, then everything around it will become dark. A household or marriage that is not based on affection and love is like a night without a moon: it becomes unthinkably dark. The barely-visible light of the stars is the only hope of the mother who is almost in despair, so that her heart is unhappy and ultimately destroys the household and the marriage. Indeed this is often the case in our land of Indonesia. There are some homes that remain permanently closed, closed because there is no light of love, so that night is their destiny. There are some marriages in Indonesia not based on love and affection, so that the beautiful marital bond becomes something that is awkward and dismal. Here is not the place to explain why it has become so, why some households and marriages are not happy, harmonious and lasting. There are those who say the seeds of love cannot grow healthily because of poverty, ignorance or other things, so that the love that was once contained in the heart disappears.

But there are also women amongst us who feel that our love is not appreciated by men and is just trifled with like a child's toy. You men hope that our love will nurture a household and hold the marriage together. But that expectation should not be directed toward women only; for a long time we have seen with our own eyes, and felt with a wife's intuition, that men have forgotten their obligations in the matter of love. The destruction of households and the collapse of marriages are repeatedly and often caused by men. For this reason, if we are to establish happy households and fine marriages, then everything that is unjust should be thrown out and replaced by something of high calibre. Remember well that the Indonesian nation will never become noble and great if our households are merely houses and our marriages are merely meetings between two human beings. If Indonesia is to become a nation esteemed throughout the world, we must establish households which are full of the light of love. Marriage must be bound by mutual love and not be based on jealousy, ignorance or things of that nature. Polygamy, child marriage, forced marriage, or divorce and separation that is declared all at once[22]—these things are now truly difficult to defend if we are to describe marriage in its best light. In short, the more stable our households, the stronger the Indonesian nation will be. The happier and more secure the marriages of Indonesia's children, the happier and more harmonious the Indonesian nation. So a household full of love is of major significance, just as marriage founded on love is invaluable for our nation.

A mother's responsibilities

I have deliberately put forward this matter, because it is connected with a nobler obligation, that is the role of a mother as the educator of her children and the educator of our nation. If we really think about it, there is no other work in this world as weighty as this; yet it is also the work which we consider and feel to be the most noble.

From the time children are born, to the time they grow bigger and can run around, they are daily under the gaze of their mother. In addition, how their character and behaviour develops is also largely the responsibility of the mother, so that a mother's teaching influences the lifelong education of her child. For a long time a large proportion of Indonesian children were not consciously educated or obtained a bare minimum of education; however from now on we must we pay attention to this. As mothers we face a very difficult problem, difficult because education now is founded on deep knowledge and subtle feelings. On the matter of education, while in general it has not yet been perfectly resolved, we as women cannot say 'I don't know how to educate my child'! It is our obligation to provide an education for our children in the best possible way, and to apply our love as deeply as we can. Only then have we given service to the world, and our hearts can be happy only when we see our children have been educated well, so that they are of good character and praiseworthy behaviour, and know how to shine in society. A mother like that is very fortunate and a nation of mothers like that is a happy nation, deserving of a noble position.

Then there is the third obligation which is also connected to love, that is helping our children and husbands in their work, both in terms of daily life, and additionally in the matter of serving the nation and homeland.

Was not Dewi Koenti the one that all the five brothers (Pendowo) came home to, not only for fun, but even more so if there was a war? It was Dewi Koenti who gave advice to Arjoena and Werkoedoro. It was Dewi Koenti who raised Srikandi and Soembodro.[23] How great the Indonesian nation would be if all of us could become Dewi Koenti, with patient hearts, readily giving advice and all our duties balanced with love and affection. If Dewi Koenti entered the households of Indonesia, then surely our men and our children would work actively, both for their own needs and also in defending the nation and homeland. Only then could Indonesia be considered to be making real, successful development. Until now Dewi Koenti has kept silent, but if she were to awake and come down into the hearts of Indonesian women, the world would certainly become happier and closer to the goal for which we are striving. This is a brief outline of our responsibilities in the household, as wives and as mothers.

There is no need to elaborate or describe this any further. You, the audience, and I, the speaker, are women, and hence we can feel deeply everything that I have said. My task is only to awaken that feeling in your hearts. As long as we are mothers, then there will always be a mother's feelings in our breasts. I appeal to you: stir up those feelings, because your obligations can only be fulfilled if driven by feelings from your deepest heart. If our calling is carried out with pure love, then certainly our duties will become more refined and noble. And if we carry out our responsibilities as we should, only then will mothers give service as mothers, serving our nation and our homeland.

Noble Indonesian girls, beloved mothers!

Education at home and at school

In the matter of education, one of a mother's responsibilities is to pay attention to the will and spirit of her children. New knowledge in psychology and educational science has shown that each child has his or her own will and talents. For a long time children, both in Indonesia and elsewhere, have been considered as objects which may be shaped or educated in whichever way we please, so that whatever a child becomes depends upon the wishes of his or her parents. This viewpoint has been expressed by experts over and over again, and many children have suffered because of it.

According to the new style of education, when children are being educated one must sincerely pay attention to their own desires and talents. Education is definitely not a way of shaping a child according to the wishes of his or her parents. Education is one road for the parents to discover how their child's talents can be awakened, so that the child will be useful to society, and also be happy and prosperous in life.

In order for education to be successful, a child's talents should be first understood by the teacher. The mother has the power and duty to do this, because it is she who is the most appropriate one to discover the desires and destiny of her child.

If we study the lives of some people who are famous or important in society, it is clear that in large part this fame is caused by their talent being allowed to flourish in their early years when their ambitions began to emerge. So this is one of a mother's great responsibilities; but if a mother already knows the desires and talents of her children, albeit only in the smallest way, the work of education will be easier and more successful.

I deliberately raised this issue, because there are currently many women in our nation who equate education with schooling. This is only partly true. Responsible education does not take place at school, but rather under the gaze of a mother and father in the environment of the child's home. School is at most only to supplement home education, because education of the soul and body are most certainly connected with education of the brain.

It is psychological education that is the more important and the part which must take place in the home and not at school. On the other hand education of the brain largely, indeed almost entirely, now takes place at school and not in the home. The smarter Indonesian women become, and the more extensive their education, then certainly pupils in primary school will increasingly be able to gain help from their mothers and fathers. Until now, school and home have been separated, with almost no connection; and so too education of the brain and education of the soul have also been kept apart, when they should be deliberately integrated. So if Indonesian children are to be educated properly, the school and home should be properly connected. Teachers in school and mothers at home should know their area of educational responsibility, and how to carry this out so that children can fulfill their desires and talents.

If this advice is truly heeded and can be put into practice, only then will we create people who are important for Indonesia, and our hopes for our children will grow. Something precious is often found in children who are educated by their mothers, and often God shines his light upon them also. Yet if they are not educated well, that child will become just an ordinary person. For this reason a mother should be truly careful in terms of her child's education. She should not prioritise her own wishes, but rather the wishes of her child. If education of this kind takes place, and if there are also other favourable influences, with the blessing of God Indonesian children who are raised in their mothers' loving care will become people who are noble and of good character like those we know in history. At the very least children like this will give great service for the land of Indonesia and for the nation.

Daughters of Indonesia! Beloved mothers, Noble women!

In conclusion, let us go together into the garden of Indonesia that we described earlier. In the midst of the colourful flowers and the beautiful natural environment, we women stand as the mothers of the Indonesian nation. Our obligations to the nation will only succeed if we understand our own responsibilities. We often hear statements like 'What power do women have? Their character is weak and they have little strength'. This statement cannot be considered true because it contains a complete lie; moreover if a woman herself acknowledges it to be true, it is a sign of not believing in herself. Throw out such thoughts, and replace them with a different way of thinking. Women are not the weak ones, but rather their responsibilities differ from those of men. Both have their work, and both must strive to fulfill their obligations; men at most can only help us women carry out our obligations, but they can do no more than that. On the other hand men, too, should know their obligations, and can in no way force us, their wives, to carry these out. For as long as this situation is not achieved, the Indonesian nation will remain in a state of darkness and humiliation. If our homeland is to be noble and esteemed, let us, the sons and daughters, men and women, work together for what should be achieved, each fulfilling our respective obligations and commitments.

Truly we women must work hard, because in this land of Indonesia there is much that requires our work. Previously we discussed how women have a heavy responsibility for our nation and homeland, for our husbands and for society. All of this is in fact very serious and very noble, but can only be done if in our hearts a subtle feeling grows, a feeling of our feminine responsibility for our influence. Firstly we should obtain independence in its widest meaning, and stand firm in our own right. For too long Indonesian women have been dependent on others, in their childhood depending on their mother and father, and after they are grown depending on their husband, and there is also no shortage of other examples. Women now ask for education that will lead to independence and freedom in society. Our education must take this into account, so that we don't become just marriage fodder.

In marriage, too, don't let us be like people who have lost their independence and are fearful of divorce or separation. In marriage we women ask that our independence not be snatched away and our love not be ignored. The loss of women's independence in marriage and the loss of love as its basis ruins the household and slows down the progress of our nation; not to mention its dangerous impact on the education of our children who will become the nation of the future.

Let us, women of Indonesia, also renounce ignorance, so that we can know our responsibilities. Let us demand the skills needed by women, so that we can appreciate the true meaning of a mother's obligation. For a long time men have been trying to resolve problems connected with Indonesian public life, but now let us clearly show that those problems can be dealt with perfectly if the women of the nation are called in to help.

Don't let us be left behind waiting for an invitation, while we know our responsibilities. But first we must make the commitment that we want to work and have goals to achieve. If that is so, only then will the land of Indonesia have noble mothers who know their responsibilities and their rights.

Beloved wives, Indonesia's noble daughters, women of Indonesia!

My discussion is almost over. In this short speech I have only briefly put forward the ambitions and obligations of mothers. There is much more that could have been said because, if we really think about it, the significance of being a mother and wife is very profound. In this meeting there is no room to discuss everything, because there is not enough time and it is also difficult to do so. In conclusion, I will just reiterate the matter of motherhood, because our noblest obligation, and the one that is given solely to us, is that of motherhood. Although there is much other suitable work that can be done together with our husbands or in the public arena, for us the greatest obligation and calling is that of being a mother. It is only we who can feel and carry out these responsibilities, because that is the order of God Almighty. It is only we who can become so close to our children, because a mother's relationship with her child is so intimate it cannot be entered into by anyone else. A mother's bond with her child is a bond formed of a mother's love for her child and vice-versa. From the time it is in the womb until it is born into this everlasting world, the child is an extension of the mother's spirit. From when they are young until they are fully grown, children are sheltered under their mother's protection, under an umbrella of education and love. From adulthood until they return to the earth, the tie between a mother and child is never broken; in fact it becomes stronger because an educated child really knows the service given by his or her mother.

Yes, even when both mother and child are long gone, the bond between them remains. For this reason, respected assembly of mothers, let us work purposefully for our children and not forget our responsibilities as mothers, so that our children will later be able to say: 'This is the grave of my mother whom I so loved and who devoted herself to her children'.

Let us educate our children with dedication and with love and affection, so that people will later be able to say: 'This is the grave of a child who dedicated herself to her nation and homeland, thanks to the education she received from her mother'!

Let us, mothers and daughters of Indonesia, carry out our obligations as mothers and daughters of Indonesia, so that other nations and our own nation in the future can say: 'This is a noble nation thanks to the mothers and daughters of Indonesia who knew their responsibilities as mothers and daughters'.

Daughters and wives of Indonesia!

In our hands, girls and women of Indonesia, we hold the fate of how great the Indonesian nation and how distinguished our homeland will be, because that is certainly the will of God Almighty. So we have been handed a great responsibility and obligation.

This work is hard for those who are not aware of their obligations, but noble for those who are. This work is light if we know a mother's responsibilities, because within these responsibilities are the ambitions passed on by God Almighty. Mothers who embrace these ambitions will be happy, and households with mothers like this will be peaceful and prosperous. Only then will our land of Indonesia be happy and of good fortune, just as the Indonesian homeland should be.

These are the obligations of a mother, in my humble opinion.

What is women's path now and what will it be?

(Excerpts from the speech of Sdr Tien Sastrowirjo)

Respected meeting, when I heard that in Yogyakarta an Indonesian Women's Conference was to be held, I felt proud and really wanted to attend, as there has to be a great advantage in a congress of this type for the women of Indonesia, especially as this is the first time a congress of this type has been held here. With this great benefit for us in mind, I intended to contribute my observations to this congress as well as I could. From the time I first heard about the congress I endeavoured to search out material connected with women's responsibilities and women's role in society. My contribution is as follows:

I   Firstly, I beseech God Almighty that this first Indonesian Women's Congress be very fruitful for Indonesia and for its people. And furthermore, that it can capture the interest of all Indonesian women so that they realise their duties. They have to take care of children, and of the household, to know the sweetness and bitterness of being a mother and wife, and in general to be the best friend possible to men. Men at this time are doing their utmost, expending their energies to win independence for our homeland. And so we must support our men, as this has become our duty.

II In addition, I ask that the congress be held not only in the city of Yogyakarta, but also in other locations to arouse the interest of the locals in the city in which the congress is taking place.

I sincerely hope this congress can achieve all it sets out to do.

I open my speech with this question: 'What is women's path at this time, and how will it change with the developments of the new era?'

To answer this I will divide the timeframe into two sections; the past and the future.

From what I have heard, each of the women's groups in the various places have given a response to that question, although only in part. I believe this congress also will answer it in its own way in due course, because that response cannot be made without due consideration. My own speech will also address this question, although only in part.

In order to increase our knowledge, I shall investigate the conditions for women in countries outside Indonesia, and look at what women have achieved in those countries.

In Western nations (Europe and America) women have already gained a large number of freedoms, almost the same as men. However they feel this is not yet valid, and not enough; and therefore they are still striving to not be controlled by men. Who must implement legal regulations? Women and men. Hence the laws must also be made by women and men. The pursuit of freedom has often caused a commotion. And this commotion hasn't only happened once or twice, but often it has been very intense and caused problems for the government. Think back to the events in England.[24] If we view it from an Eastern perspective that kind of freedom is quite improper. Is this the tradition of women? Is it a good thing if women are put in jail for causing a disturbance and rebelling against the police? Although all of this shows the extent of their desire, we cannot agree with their methods.

Now to Turkey: here we can say that the progress of Turkish women, although it has been hindered by the reactions of some conservatives, is already what we could wish it should be, almost the same as in Western countries.

In Afghanistan women have also recently obtained freedom. Marriage regulations have been made stricter. Men and women compete to study.

In China women have also gained a degree of leeway. Outdated traditions have been eliminated. Girls' feet are no longer bound. All of this shows that the modernisation of Chinese women is advancing.

In Japan, women already have a great deal of freedom, to the point that they can serve as an example for us of how to raise our children, how to teach our children to love their nation and their homeland. In my view, we must truly take note of all these things.

What is women's situation now in Indonesia? We must first discuss this matter before we can go on. I will go over what, in my view, is making our journey difficult. One example is the reaction of the conservatives, with offensive remarks and the like.

I need to analyse them now so that in the future we won't hear these kinds of statements. Remarks like: 'You women, what can you do?'; 'Men are the one's who make great strides, but women just make a fuss about their clothes'; 'No matter what else women can do, they must still work in the kitchen'; 'If women can cook, then that's enough'. All of these comments show that men really don't like working together with us, and that they don't want us to progress, to go to senior high school and so on.

On the other hand I wish to ask: 'Is it true that the nobility of our nation, the renown of our homeland is all because we women are just good at cooking? From the times of our ancestors we have always been good at cooking'.

There is one more statement which I shall analyse here, one that I heard as I was about to leave for this congress: 'Just women holding a congress alone, what on earth will you discuss there! No more than grumbling about your in-laws, and whingeing to your neighbours about the size of your husband's wage and so on'.

I only thought about this statement, I did not reply. We people of today are modern people. We no longer need to think about those sort of things, because we don't have time to go around bragging, to outdo each other's income and so on. Instead we are focused on our responsibilities, how we can support our men in striving for the dignity of our nation and the freedom of our homeland.

If we really think about it, our obligations as women are also very weighty. We must carry out half of the world's work, but if we ask for freedom, ask for a bit of flexibility, the general public, the conservatives do not agree. They say: 'Women in all cases must obey men, must follow their orders because only men can earn money. Because of that we can say: 'Women will follow their husbands to heaven'.[25]

In this way the reactionaries belittle us, do not value our work, and take no account whatsoever of our difficulties. Thankfully statements like these are only uttered by people who are behind the times, because if modern people also felt this way how difficult it would be. Now I wish to outline our difficulties so that they may be appreciated.

It is true that men are the ones who earn wealth; however that wealth is then handed over to us women:

1   It is we who then endeavour to make ends meet. If there is not enough we then join in working where and how we can. And do we receive a wage? We are like unpaid administrators.

2   If we are in the kitchen, cooking food, going to the market, washing dishes, are we paid? We are unpaid chefs.

3   We don't earn money if we wash clothes, clean the house and sew clothes: this servant is unpaid.

4   When we have children, we are very anxious indeed for fear that we may die. When we are pregnant who is it that is troubled and sick for nine months? For all of this we are also not given a wage.

5   We look after, suckle, support and teach our children, and for all this work we don't even receive a cent.

6 If there is someone who is sick at home, who is it that becomes an unpaid nurse? While our husband or children are sick we cannot sleep or eat from worry. Although we are exhausted, sleepy and worried, in the morning we will not forget our responsibilities. Do we get paid?

Hence our work in the home is not renumerated. If it were to be given a monetary value, about how much would that add up to?

If the weighty obligations of women were valued for their high level of skill, this would certainly benefit us. Women's skills that should be esteemed are as follows:

1 Home management.

2 Infant care.

3 Raising and teaching children.

4 Knowledge of the nation.

5 Knowledge of morals and etiquette.

6 General knowledge.

7 Women's needs.

These seven areas must be truly noted to properly carry out a woman's responsibilities. If all women had this knowledge, the likely results and advantages would be as follows.

1 If we manage a household with skill we can be comfortable, healthy and can save money. If the majority of women are like this, our nation can become healthy and prosperous.

2 If we raise our children with skill, they will not fall sick. The population of our nation will increase, and eventually our nation will be great and stable.

3 By raising and educating children with skill, the children will ultimately become people who are clever, brave and wise, with a love for their nation and homeland. So in short, our nation will become noble, strong and stable.

4 If we study about nations and cultures we can understand the reality and the history of our own nation or of others; we can understand their traditions, strengths, customs and so on. This is all so we can form good relations with other nations. And by paying attention to our own nationalism, our nation will ultimately become one that is cultivated and clever.

5 Knowledge of morals and etiquette. We must choose traditions that add to the esteem of our nation, and eliminate traditions that are lowly and cause

us to slide backwards. All of this must be carried out with sincerity, though we must be very careful not to abandon our national identity.

6 General knowledge of various kinds such as about world trends, world history, alliances, friendships among nations and so on is all needed to increase our own knowledge, so that we need not be surprised when we hear about these things.

7 Women's needs must be heeded for the sake of our own economy and wealth.

If all these ideas are put into practice, ultimately our nation will become great, strong, stable, courageous, clever, progressive and more. Every nation will want to befriend us, become our ally, so that our homeland will be renowned. To this end women desire to work together with men, to taste the bitterness together and also to share the sweetness together; good fortune as well as misfortune should be borne together.

Now I shall examine, from where will we obtain this lofty knowledge that our people will agree to? From instruction; although unfortunately there are not yet many schools that teach this sort of knowledge.

Can those who disagree with our actions, after hearing our desires, still say, 'women don't need schooling'? It would be most unfortunate, particularly for their children, if they remain reactionary. Their children will certainly not be taught anything, and finally our very nation will bear the consequences.

My above explanation exposed the desires of the conservatives, people who do not value our work, people who view women as lowly creatures useful only for the pleasure of men, as playthings, created and decreed by the goodness of Allah for the needs of men. An attitude as demeaning as this is very odd in this current era. Are both men and women not decreed and created by Allah? We are all the creatures of Allah; and as such we may not discriminate between men and women. We may not raise the status of men over the status of women. Whoever still thinks like this, be they men or women, young or old, will drag our nation backwards. They do not understand the needs of our nation, do not understand the difficulties, the miseries of the nation, difficulties and miseries caused by those wanting status for themselves, wanting to take over and do as they please. Who understands the needs of our nation? We do, men and women, don't we? As such we women also must bear a heavy responsibility. Hence we must have freedom so that we can work together.

We ask for freedom because we wish to revere our nation. If we are not given this flexibility, how then is our nation to progress? And how then can we work together for our nation?

We must strive for this freedom first. If we don't have it, we women cannot be known as the equals of men, rather women will still be regarded only as the objects of men's desire and pleasure.

The request for freedom, for flexibility, is a demand of the times, a spirit of the era which can no longer be impeded. Is the coconut seed not an example for us? Although its shell and fibres are very thick, the seedling can still get out and grow into a tall tree. And so we women will obtain a status as high as that.

Now I shall discuss the responsibilities of women while addressing the aim of my speech.

I Love

In my view we all, both men and women, young and old, should possess love: love for our nation; love for our homeland. This love should be planted in our inner selves, and we should remember it every day.

II Work

All work, whether it is necessary or not, whether it is big or small, should be carried out remembering the nation and homeland, should be viewed as a sacrifice for our nation and homeland. Then, ultimately our nation will be esteemed and attain high status.

III Women's responsibilities

A woman's responsibilities are to be loyal to her husband, to her nation and homeland, and to love her children. These things should become a woman's purpose because all work, all traditions, all manners stem from remembering and thinking about those things. If our thoughts are stable and strong, our work will be good, and ultimately the nation too will become great, stable and strong.

Before we seek out how to undertake that journey I shall first discuss the following matters:

I The issue of marriage

a In my view marriage should not be as it once was, that is based on the wishes of parents alone, because sometimes the marital age is still very young. Ultimately this can ruin fertility. Furthermore it is also not good if children are born to these young brides, as they can often get diseases and the majority usually die. Ultimately this brings ruin on the nation.

b Under-age marriage is not good. Both partners do not yet know how to manage a household, and ultimately will run into difficulties and fall into poverty as a result of this lack of understanding. If the majority of marriages are like this, ultimately the nation will also fall into poverty and ruination.

c Under-age marriage is also not good for children. The young parents do not yet know how to care for children. Those children tend to get sick, and the majority then die. So in short, it only compounds the difficulties and the misery.

Because these marriages are started before their time, many of them are unhappy and divorce is frequent. So these unnecessary marriages only serve to increase the number of divorcees. And if these divorcees remarry it may not last long because they have already been educated badly, educated to not love and not be loyal to their husbands.

II The issue of polygamy

Polygamy is a very bad thing because those involved will not find happiness as they feel insecure and often quarrel. This makes us all very sad, particularly if those involved are not well off. Although it is often said that there are women who are happy even though their husband has more than one wife, these are rare cases, and do not apply to everyone. Furthermore women who have this forced upon them by their husbands are not going to be happy, and ultimately it will be the nation itself which will experience the difficulties. For example, sons and daughters who are born of different mothers will usually not get along because starting from when they are young they are raised by their respective mothers not to get along with their half-siblings. When the parents die, they quarrel over their inheritance. The grandchildren consequently will not get along either. Is this good for us? Is this not 'divide and conquer'? So those who love their homeland and their nation, who respect the status of the nation, must eliminate polygamy, because it's clear that the impact of polygamy is very negative. Polygamy makes us anxious, and as a result of it people will not be able to love their homeland and their nation. It is not only overt polygamy that has such a big impact: covert polygamy (without the permission of the village head) is just the same. As such, the fallacious thoughts we have internalised, that men are first-rate, brave, like Arjoena if they have more than one wife, must be erased, eliminated. Why is it that only the negative traditions of Arjoena are being imitated? Why are Arjoena's lofty and noble characteristics like the love of his brothers, and love of his homeland to the point he was willing to die for it, not the ones being imitated?

These are the ones we must follow. In fact according to the book Mahabharata, Arjoena was not as lowly as he is seen in the Javanese view, but rather was an example for men.

Because the issue of marriage is so important for us all due to its great influence on us, our nation and our homeland, it must receive the attention of all modern people and modern society in general.

III Raising and teaching children

Raising and teaching children must be done with the utmost care and attention. It cannot just be done as one likes, because it is through our endeavours at raising and educating children that we create noble traditions, good manners, love for our nation and homeland and so on. We can achieve all this if we foster it in our inner hearts through the process of child raising. Therefore it is necessary to organise frequent meetings to discuss matters associated with raising children, where women and experts discuss these issues. We can compare the raising of children with a factory of desires, with its source being the Will of God. Our ancestors were well known as people with firm hearts, people of good character, with the traditions of noble soldiers. What has befallen us that we are now so lowly? All of this certainly has a reason, and this we shall find amongst our own people. If we are to improve the status of our nation, we must be diligent in investigating our ways and desires that are wrong or confused. Whatever causes us to regress, whatever brings us difficulties and lowliness must be eliminated. If our ancestors in olden times could be noble and of high standing, why cannot we be like that now? The world will not change if we do not. Hence if disgrace has befallen us we can assume that our path has not been the right one, very different from that of our ancestors. Very often people feel that their status is high because they are rich, noble and esteemed, yet despite this our nation is still not noble and not of high standing, because this applies only to individuals and not to the whole nation. As such it is very good that Mr Ki Hadjar Dewantoro, in October 1928, established a monthly newspaper *Wasito*, where we can discuss the issue of child-rearing. Hopefully this will not be limited to *Wasito* alone, so that in times to come other newspapers that discuss child-raising will also appear.

Children, both girls and boys, should be given the instruction necessary for them to take over from their parents. Consequently parents should regulate matters connected with child raising, education and the economy so that in the future ours will be a noble nation. Who should direct these children from when they are young? It's women, isn't it?

IV Traditions that are flawed must be eliminated, so as not to hold us back

Many of our nation's traditions need to be changed and corrected, while those that are flawed must be eliminated. Here I wish to put forward some of the more recent customs, for example:

1. Socialising between men and women. In times gone by women were not allowed to mix at all with men. Often they were confined to the home and not allowed out, as if they were put in jail. When they were married off, how would they know about household management, raising children, and infant care? Could circumstances like this possibly uplift the nation? Hence flawed traditions like this must be eradicated. It's true that the conservatives, the old-fashioned people are not going to agree with our actions, or with new changes, because they are not used to them, yet over time they will become accustomed and stop criticising us. When Queen Sri Baginda Amanoelah from Afghanistan travelled to various Western nations she knew each of their customs. While according to tradition, a tradition that hasn't changed for thousands of years, the women of Afghanistan must wear a veil, the Queen on her journey in Europe removed her veil and abandoned traditions that were no longer suited to the era. Because we wish to esteem our nation, Queen Sri Baginda Amanoelah should serve as an example for us. She paid no heed to the conservatives, and went on to get rid of the traditions that were no longer appropriate. Resolute of heart, she kept going. The queen worked for the principle of advancing her nation. To attain this lofty ideal she changed herself, so that she could become an example for other women. So too, we must also first change ourselves. Whatever is no longer suitable for the new era must be thrown out. We must really take note of the very noble journey of the late RA Kartini to achieve our aims.

2. Opium and alcohol. Because whatever is associated with the household is the responsibility of women, it is women then who should safeguard the welfare of their homes. Very often destruction that comes from within, from amongst ourselves, is ignored by the movement of today. It only focuses on external threats. This is inevitable because men do not work in the home; this is our duty and responsibility. We are the ones who should wage war on opium and alcohol because it is a disease of and from our nation itself. For example if we look after a tree and only tend to its leaves and trunk while its roots are diseased, that tree will not grow well. And so it is with our nation. I am

not going to discuss the dreadful effects of opium and alcohol: we all know about them. I just want to stress that customs as lowly as these will destroy our nation. Because the Indonesian Women's Congress aims to advance the nation, it should address the issue of alcohol and opium.

In North America (the United States of America), a country that is rich and stable, clever and not lacking in anything, alcohol may no longer be consumed, sold or made. The government made this noble decision based on the realisation that alcohol is a very bad thing. The government wished to protect its people, to prevent them from falling into misery or backwardness. In China opium has already been strictly outlawed because the Chinese government is convinced that opium is a great threat to its people. In Arabia smoking has also been banned by Sri Baginda Ibmoe Saoed. The Indonesian Women's Congress association also espouses the principle of eliminating smoking.

It is charming that nowadays women are imitating men and also drinking and smoking! From where did men acquire the custom of drinking alcohol? From the influence of foreign countries. Because alcohol has a very bad influence, the Indonesian Women's Congress should request the government to warn its civil servants of the Indonesian nation not to drink alcohol while on duty. Conversely, a Dutch official should also not be offended if he is not given alcohol when calling on the home of a native official. This warning should have the same character as the official circular, according to which a junior civil servant should squat down and pay respect to his superiors. This respect is not compelled, but because the government suggests it, it is carried out. This would also be the case with the ban on alcohol. If the government were to make laws accordingly, then certainly native civil servants would no longer drink.

3 Love. Teaching about the love in our hearts is a woman's responsibility. Here I wish to discuss the process of how we can cultivate this love in our hearts and souls. The Indonesian people can be divided into three groups: 1. the common people; 2. the *prijaji*; and 3. the nobility. Recently another group has emerged, that is an educated class (the intellectuals), whose members originate from all three groups, united by their education. In times gone by the common people were very supportive of their leaders, while the leaders also liked to help out the people, so that the relationship between those two groups was very good. Yet over time that relationship has weakened, and increasingly the common people have moved closer to the intellectuals. The people love the intellectuals because they believe that the intellectuals can help them, that they will achieve a better life as a result of the help of the

educated people. However this relationship is still not perfect, not on the part of the people, but rather on the side of the educated themselves because they are not used to it. If these two groups can be true allies, ultimately they will be strong and stable. For that reason intellectuals must act with sincerity, must be able to be trusted, because the people have started to closely scrutinise the behaviour of these intellectuals. All of their actions become examples; consequently the intellectuals must be very careful. They must be sincere, noble, kind and just. It is my wish that all women intellectuals should befriend ordinary women. They will surely be happy and feel a love for us, and ultimately we will be strong and stable.

V   What should the women of Indonesia do?

If we look around, for example to Japan, China, India, Arabia, Afghanistan, Turkey and Europe, it is not acceptable for us to be left behind by the women of those countries.

Our homeland, Indonesia, is very beautiful. There is nothing it lacks. Our land is fertile, its minerals are plentiful, its forests are vast, its rivers are grand, and its oceans are very fine. If we look at a map, we can see that Indonesia is surrounded by beautiful sea. Do we not often hear the Dutch expression 'A band of emeralds that girdles the equator'? Our population is very large. So why is it that the people still live like this, and why is it that women haven't even thought about it, and are left behind by the women of other countries? It is a great shame that there are not yet many educated women.

And so we must work to raise our status. The work and the responsibilities of the Indonesian Women's Congress are great, for example:

I   The Indonesian Women's Congress should strive so that all women and men obtain suitable education.

II   It should help to improve our lives.

III It must help to eliminate improper behaviour; that is behaviour that will destroy the nation.

IV   It must improve the situation of women.

V   It must change customs and rules in order to achieve a better life.

Now the time has come for women to improve themselves. A new era has arrived. The old and outdated era must be put behind us.

According to the law of nature, everything must change. So why do we still cling to things that should have been discarded? Is this not going against the law of nature? In the end we will be the ones who bear the consequences. The old rules were made by using power, and force, and were based on fear. For example:

I   Tradition. This is also based on fear. It must be followed, it must be feared, things must be done this way and not differently.

II Teaching. Teaching has also been based on fear. Students must obey their teacher, and must not argue. Eventually their spirit fades away.

III Spiritual knowledge. This is also based on obeying. You may not think, or feel, only obey. Ultimately we cannot think or feel for ourselves.

IV Women must obey their husbands. It is said that a woman's husband is her Lord. And we all must obey them.

So here it is very clear that those old rules are based on fear, submission and power. Everyone must just obey them. This is very different from the new rules demanded by the spirit of the times, which are based on *love*. In the past we just had to be afraid, whereas now we must think first, must consider things; we cannot believe so quickly, and cannot just obey. In the past parents hoped that their children would have status, a big salary, a good reputation and so on. Now they only hope that their children will love their nation and their homeland, so that they will become useful to the homeland. In the past parents waited for their love to be reciprocated by their children, now they only hope that their children will esteem their nation. Look at events in Japan. Pay attention to what has happened in that country.

In the current era we may not just blindly believe, we cannot automatically obey, and we cannot just operate out of fear. We must trust in ourselves and have our own feelings and our own thoughts. All these are the demands of the era, the spirit of the times that propels us forward, and can no longer be held back. For this reason, parents must be very careful not to obstruct it, but rather to assist it.

In closing, I would like to put forward the following suggestions:

I   The Indonesian Women's Congress should request the government for all schools to be opened to girls.

II The Indonesian Women's Congress should request the government to increase the number of schools for girls only.

III The Indonesian Women's Congress should request the government that women may hold the same positions as men, and ask that women may become members of the various councils (municipal, provincial and regency councils and the People's Council).

I would like to thank the organisers of this congress.

Peace be with you,

T.

Women's responsibilities in the home

By the delegate of Wanito Oetomo, RA Soekonto

Point I	Women should be diligent.
Point II	Women should be efficient in all their work.
Point III	Women should be clean.
Point IV	Women should be patient, but not slack.
Point V	Women should be sincere.
Point VI	Women should be just.
Point VII	Women should be frugal.
Point VIII	Women should be cautious.
Point IX	Women should be careful.
Point X	Women should be polite.
Point XI	Women should be firm.
Point XII	Women should carry out all their duties skilfully.

Point I

Women should be diligent. This means that all household tasks should be done expeditiously. For example, you should get up earlier than the others. You should then clean the house and wash yourself. If you are married, make drinks and breakfast for your husband and the children. After that, organise the requirements for making lunch and dinner, such as shopping, cooking and so on. If you have small children you will have even more work to do.

Point II

Women should be efficient in their work, and not procrastinate, so that you can finish quickly because there is so much work to be done in the home.

Point III

Women should be clean. It is not just good, but also essential to be clean in order to safeguard the health of the household. A lack of cleanliness may sow the seeds of disease. Cleanliness involves, for example, women knowing how to clean the yard and the drains. Don't let there be too many plants in the yard, don't let it get slippery and don't let water collect in pools because they become places for mosquitoes to lay eggs, which can bring malaria. The drains should be cleaned and sprayed with chlorine or limestone water. The same goes for the toilet. The toilet hole should be covered over if it is not a flush toilet. It needs to be covered so that flies do not gather there, because flies can bring various stomach diseases. And this becomes a concern if flies attack our food. The bathroom should be cleaned every day. If there are fruit peels or skins from fish they should be thrown out because they attract flies. In addition, the furniture should be cleaned every day. Don't let there be flies and ants in the house. The plaster should be washed with chlorine at least once a week. If it is a house without plaster, limestone water will be sufficient. The roof should also be kept clean so that there are no mice. Don't let dirt accumulate in piles in the corners or spaces between things because that can encourage mice nests. Mice spread the bubonic plague. The kitchen utensils should be clean. When washing, you should use hot water. Food that has already been cooked should be covered so flies do not attack it. Mortar and pestles should be washed. As for washing clothes, washing should be done with hot water and soap. After they are dry they should be pressed. Apart from making them look nice, it kills the germs. The pillow and mattress should be frequently dried out, and don't allow the mosquito net to become dirty.

With regard to drinking water, it should be boiled. Fruit should be washed before it is eaten. If you are about to eat, you should wash your hands first so they are clean.

Point IV

Women should be patient: this means don't worry about things that are trivial.

Point V

Women should be sincere in character: this means don't be envious, rather be strong.

Point VI

Women should be just, that is: spread the household provisions evenly, and resolve any difficulties within the household.

Point VII

Women should be able to economise, be able to hold on to money. Even if you only buy a little, make it last. Don't let your possessions get lost or broken.

Point VIII[26]

Be alert: this means women should be attentive, should be conscious of what they are doing inside and outside the home. Don't entrust matters to others. Be conscious of your possessions. If you are going to sleep, check the doors and windows yourself.

Point IX

Be careful: this means that you should look after all your possessions carefully, and if you are serving your husband, do it properly.

Point X

This means that women must be polite. Women should protect themselves so they are not humiliated, should understand the wishes of people in their household and must be able to keep secrets.

Point XI

Women should be of firm character. This means that women should have a sense of shame, and not degrade themselves, not lie, not try to make others love them, not be a burden on others and not impinge on others' rights.

Point XII

Women should be intelligent. Intelligence comes in many forms. Women should learn general knowledge because they become their children's teachers at home.

Mothers

By Djami (Darmo Laksmi)

Sisters, as was suggested by sister Siti Moendjiah, we women do not have the same lives, same nature or the same fate as men, because our obligations are different from the obligations of men. Sister Siti Moendjiah has already described what our life was like in the past, always being belittled by our brothers.

When I was young, if my older brother wanted to go fishing and I held his rod just for a while he got very mad. 'Hey don't do that!' he'd say. 'Don't or else I won't get any fish'.

When a child is born into a family the father and mother ask God that their child may be a boy.

If it happens that destiny dictates the child to be a girl, you must understand, sisters, how disappointed the mother and father are. The child who should have been greeted with jubilant hearts instead causes a wrinkle in the foreheads of her parents. 'What a pity, what a pity it's a girl and not a boy!'

From the time we are young we women have been criticised and insulted by men, and by society in actual fact.

When we sit pondering, thinking about the fate of women, our tears fall. A feeling of uncertainty arises. The question arises, what is the use of us being born into this world? Are we to become the toys or the servants of men all our lives?

However let us investigate how things have been in the past, are now in the present and shall be in the future. No one will be famous for his intellect or knowledge whose mother or wife is not also very knowledgeable and wise. And who becomes famous? Not the mother or wife, only the sons or husbands. That is a sign that we women live merely to sacrifice ourselves. It seems we reach perfection with the size and number of our sacrifices. We will not be conceited if we walk around dripping with jewellery. We will not be joyful if we eat delicious food. It is only our children whom we think of every day. For a mother who has not long been separated from her child, either because her child has gone overseas to study, or has even died, if she is served delicious food her feelings of distress will only rise up again. Even the most delicious food will cause her distress. Attending a gathering or an entertaining performance of something like *keroncong*[27] or gamelan will just break that mother's heart. The world in all its glory no longer means a thing to this mother. It is only her child that she sees, and who is in her heart. How can her heart be joyous when, if her child were still alive, they could be happy together?

The depth of a mother's love for her children cannot be compared to other kinds of love. The love between a brother and sister, a servant and her friend, a wife and her husband are nowhere near as great as the love between mother and child. The bond of her heart to that of her child's is the only pure love, a love that is selfless. It sacrifices so deeply and is so noble in character.

A mother who has just given birth does not eat whatever she likes. In Javanese culture she may only eat rice and vegetables. But the mother does not mind this bland food, for she is motivated by love. She never complains if there are performances that she cannot attend. She gladly stays at home, her face beaming. Entertainment, all kinds of sounds and the songs of the whole universe are all found in her child.

Whilst a mother is carrying her child, how many discomforts must she endure? Just imagine, for nine months, almost a year, a mother must live in waiting. Wherever she sits, wherever she goes, there is something that is uncomfortable and she can't just laugh it off. The one she is guarding and looking after only feels her heart, so it mustn't be caught up in impure feelings. The time she is carrying her child is the most difficult time, because it is the very start of the mother's education of her child. It is clear to us that we don't start teaching our child at the age of 5 or 6, but earlier, from the time the child is still in the womb. While a child is in the cradle, feelings around him or her, be they happiness, sadness, positive desires and also those which are impure, will all appear in the heart and thoughts of that child, like a picture that has been photographed. Those feelings will be stamped in the thoughts of the child and cannot be changed, although the picture is not yet developed. While the child is living off the mother's milk, the mother must be careful with her food. Whatever she eats will also go in to the body of her child. So it may be said that the mother and child have one body. All of the food is mixed into the mother's milk. A mother's feelings and love will be carried through her milk into the soul of the child.

I have known a servant for two years now, from when she was 17. So now she is 19 years old. She has never liked or wanted to eat meat. If she is forced to, because of people teasing her, she becomes sick and will throw up.

Her adoptive mother once told me that she took in the girl when she was only 36 days old. The child was given cow's milk. She was almost too healthy, 'not like normal children', said her adoptive mother. 'She drank two or three bottles of milk a day'. So the feeling of not wanting to eat beef was deeply embedded in her. Eating the meat of the kind of animal that gave her its milk made her feel uncomfortable. Her mother is all animals. It is clear to us that mother's milk becomes a tether of love to our children. In Europe many pretty women and women of nobility don't want to breast-feed their children because they are afraid it will detract from their beauty. Is a similar situation occurring in Indonesia or in Java? All of you may know better than I. Traditions like these sever the ties of feeling and love between a mother and her child. If later the child's love for his mother wanes, I hope they don't regret it: it really does happen. In a book by Lady Emily Lutyens, there is a discussion of what a mother should do while she is pregnant. The book states that when she is 2 or 3 months pregnant the mother should start drawing. At 4 months she must sharpen her thoughts, and so on. So one can endeavour to teach the child when pregnancy begins. It has also been pre-ordained by God that we women as mothers have a large amount of control and rights over our children, and this has been set down by our nature. It is clear that the relationship between fathers and their children is only arbitrarily strengthened by society and is not based on nature. If we just submit to them, just go along with their wishes, this belittles our nature and trivialises the destiny God has given us. It is as it should be that we mothers or prospective mothers fight for that right. And we will not just win, but we will carry out the Will of God with full conviction.

One responsibility of women

By Mrs SZ Goenawan (Roekoen Wanodijo)

Respected gathering! Before I begin, please give me permission because I wish to make a short speech.

Examining the historical scriptures of the ancient times, it appears to me that the names of women are only ever mentioned if they demonstrate the characteristics and behaviour of men, such as becoming heroes, being in authority or holding the throne of a kingdom. Have a look at Srikandi in the *wayang* stories, and Praboe Kenjo in the legends of the Majapahit kingdom.

And truly we women should acknowledge that the two examples mentioned above do not illustrate our responsibilities, according to our natural role. We women have our own responsibilities that are important and by no means trivial to the history of the world and humanity. Together with men, women too have contributed to the history of the world, although our deeds for humanity take a different form. Women can be meritorious as mothers, children, wives and friends.

Nevertheless, the world always pushes the names of women into the background and they are regarded as if they are unimportant. In actual fact this is not so: women have also made great contributions to history, yet these contributions seem always to be hidden away or not revealed. History only writes about that which is visible to the eye, and as such the historians cannot be condemned as the important contributions of women are always hidden or shut up in the home.

Whatever the case, the heroic yet unrecognised deeds of women, by the Will of God Almighty, will eventually manage to shine their light upon the world. And over time these will become models for improving the world and humanity.

In terms of being wives, you will certainly not deny that women are very important and meaningful mainstays for their husbands.

Many people have said that a marriage is one example of a life path. After marriage, a man will rapidly continue his pursuit of fortune, or will do the opposite…and these two paths are partly determined by the actions of women. To be more specific, women have a big influence over their husbands: they either hinder them or help them. In general, a marriage will be fortunate if the wife can act perfectly in fulfilling her obligations.

Sisters, I am not going to talk about where women have gone wrong; instead I will just tell the story of a model case where a woman has been most meritorious in helping her husband, because there are many famous men who have acknowledged that their noble purpose could not have been achieved without the help of their wives.

I will use the example of an English woman named Gladstone. She married in 1839, and from that time on Mrs Gladstone was always by her husband's side until the day he died. Mr Gladstone was a well-known statesman, and his wife always assisted him. This lady always organised the household and was always very careful so that nothing in the household affairs could get in the way of her husband's work, or disrupt his concentration. She always helped her husband in the nationalist movement and when he gave a speech in the parliament, she would certainly attend. She organised even the smallest details if her husband had to travel, and paid attention to every aspect of his work. In short, she preferred to do everything she was capable of, herself. In 1898 Mr Gladstone passed away and from that time on Mrs Gladstone had no other desire apart from waiting for the moment that she, too, could close her eyes and be by the side of her husband once again.

The point of this story is that although she was only a wife who did not go beyond those boundaries, assuredly a wife can also act so that she becomes admired by the world and can advance her country and her nation, that is by always helping her husband, because it is often said by men themselves that they get their noble thoughts from their wives, so they are only like spokespeople propounding those thoughts to the world.

Respected Sisters,

Earlier I took the example of a Western woman named Mrs Gladstone. It is not that I don't realise that there are also many people in Eastern nations worthy of being used as examples, but I deliberately took a Western example because it appears that now is the era for the western wind to blow eastward, and the East, on the other hand, is awaiting its arrival. More specifically the East is currently making reforms to lift the status of its people, and putting its house in order, in line with the times.

Therefore I strongly agree that in the world of Indonesian women also there must be change. But I do not agree that Indonesian women will change their character to become imitations of Western women, because we are not obliged to espouse everything from the West. We must be careful about this because not everything that is good for the West will be equally good for the East, and in Eastern civilisation there are still many valuable things that we should respect. For that reason we must hold firm to the essentials of our civilisation, although some small changes may be required here and there.

Some people say that Indonesia will be developed when we become like Western women, yet there are many features that we cannot adopt. Products that have a good trademark are not certain to be genuine or really good. Be aware of this, sisters!

Women's status in communal life

By the delegate from Wanito Oetomo, Mrs Djojoadigoeno

We often hear complaints from young women about their status in comparison to that of men. The status of men and women should be equal. The desire for this has been discussed and written about, often with anger and harsh words.

Nevertheless, women and men have been destined to live together. Their lives must be made as happy as possible, so this conflict serves no purpose. Both women and men should cooperate to achieve a perfect harmony and eliminate the causes of conflict.

Eastern women largely look to the example of Western women. And for this reason we must thoroughly examine the Western situation.

And so what is the situation of Eastern women? It is very different from that of men. Yet this difference doesn't necessarily have anything to do with status. This difference stems from work. Heavy, physical work is done by men, and light work is done by women.

For example, managing the household is women's responsibility even though it is not easy. And looking after children also forms a part of women's responsibility, and this is work that is important and very difficult. So too, men have many important and difficult responsibilities. So although their work differs, in terms of their importance they are the same.

In Java the work of running the nation is largely the responsibility of men, yet in the Bugis and Makassarese cultures women also have the right and responsibility to run the state. There, women can also become queens.

In Europe also women just recently won the right to become representatives of the people and to vote for their representative in the parliament.

The complaints of Eastern women are not about becoming this or that, but rather to do with married life, because men have the right to take more than one wife and to divorce their wives at will.

The conditions of married life for Western women can be said to be the same as for men. Neither men nor women may have more than one spouse. Rights concerned with raising children and dividing inheritance are the same, and the grounds for divorce are the same, such as indecent behaviour and mistreatment.

In this situation it is clear that the rights are the same, yet there is still a discrepancy in the control of property. After marriage the wealth and possessions of the wife belong to the couple. However the wife may not use them as she wishes, only the husband has this right. Before marriage they can promise to manage their own possessions and not share them, but the wife still may not dispose of her own possessions without the permission of her husband. So rights to property here are better than those of Western women because we have the same rights as men on this issue. A wife may dispose of her assets as she likes, and if the couple divorce, the goods they received upon marriage are divided evenly. And now for the matter of inheritance.

According to Islamic law, women only receive half of the inheritance that men receive, however according to old traditional law it should be the same. And in terms of the rights to custody of the children, here women and men are also in the same position.

In marriage, girls and boys have the same rights. If a girl does not wish to be married off to a man she doesn't like, she may refuse. On the other hand, if an adult daughter wants to marry someone who her guardian does not agree to, she can take her case to a legal guardian, usually the village chief, except for cases where the girl's status is higher than the boy's.

The custom is for a girl who is to be married to be inspected first by the prospective husband or in-laws, in spite of the fact that her parents are certain that she would not want to follow their wishes. Girls in times gone by trusted in their parents and expected that the opinions of their parents would always be for the best. It is a different story with girls of today, who may be considered educated or intellectual. They don't want their marriage to be dominated by their parents, but rather to be in accordance with their own desires and the direction of their hearts. In the past if people were looking for a daughter-in-law they used their own judgements and standards. But now children who want to get married don't want to use the standards of their parents, but rather their own standards. Consequently there are many misunderstandings between parents and children about this. Therefore parents should take a wider and more open-minded view about their daughters who are to be married, because marriage is the most important relationship there is, and it is the child who will feel its fortune or misfortune, its misery or happiness, not the parents.

In marriage, the groom represents himself while the bride is given away by her guardian. This situation is often likened to 'bride price and purchase'. There are many people who think that the bride is bound to, and purchased by, her husband. This is very wrong. It is her promise that is bound and not her person. And the purchase money is not money to buy the bride, but rather money with which to celebrate the marriage. And the guardian is the girl's representative at the time she marries.

The issue of having more than one wife

According to Islamic law, men may have more than one wife; in fact they may have up to four. This wounds our hearts as women, lowers our status, and can also bring all manner of difficulties. Therefore it is no surprise that women are striving to eliminate this wretched condition, as are several women's organisations like the Minangkabau Mothers' Organisation and the Pasoendan Wives' Organisation. In Turkey having more than one wife has been prohibited through state laws. Although in Java polygamy is not frequently practised, it is still something we need to address.

How is it that our Islamic population came to be polygamous? Before there was Islam, the Arabs viewed their wives as possessions, and men could take as many wives as they pleased. Our Prophet defended the status of women, making them human. He set a limit on the number of wives a man could take, and this could not exceed four. The responsibility of that man was also increased. For example: a husband must be just to his wives and look after them all to the best of his ability. However it is rare that a person can fulfill this obligation. Hence the wishes of our Prophet concerning the issue of polygamy are quite clear. Do we not know that those who are polygamous can rarely fulfill their obligations? On the issue of polygamy, the Islamic religion decreed the law that states: 'If I take another wife it should be with the permission of my first wife'. But that passage is not heeded in Indonesia. Let us strive so that passage is truly heeded in our land.

The issue of divorce

This also signals how low the status of women is in our nation. A man can pronounce his divorce using the Islamic divorce law, and he need produce no reason for his desire to do so. On the other hand a woman must state her reason, and divorce for a woman is very difficult.

a   She must be able to prove that her husband cannot take care of her or provide a living for her.

b   If the marriage came about through dishonest means, like lying or was conducted by someone who falsely claimed to be a religious celebrant, or by pretending to be of noble lineage and so on.

c   If the husband has a disturbing disease like leprosy or mental illness and so on.

The second way is *khulak*, that is the wife buys the divorce from her husband by returning her bride price. However if the husband does not agree, the divorce will not occur.

In any case, there is no need to discuss this right in any depth because:

Firstly, this kind of divorce is considered as forbidden.

Secondly, in this Javanese society of ours there is something that facilitates women divorcing their husbands, namely, by divorce according to the *ratu* or *bumi* agreement. After marriage, a bridegroom should grant a divorce: 'If I desert my wife for 7 months on land or one year by sea, or if I cannot provide a home or food and clothing for her, I will pronounce a divorce on my marriage'.

Such is the situation of the women in Java, if this viewpoint is considered carefully with the experts. However in the practice of everyday life there is still much that is problematic. It is about time that husbands and wives discussed everything together, as there is no difference between men and women. However, if a couple's first child is a girl this is lamented, signalling that male children are valued more than female children. That is not fair, is it? And furthermore if a male acts in an unseemly way, no one talks of it, no matter how bad his behaviour may be. Yet if a girl's behaviour is even slightly out of place she becomes a topic of gossip. For this reason we must teach and point out to our sons that the rules for girls' and boys' behaviour are the same, as are their responsibilities.

A woman who can provide for herself doesn't need to worry if her husband leaves her. Whereas a woman who is dependent on her husband for her livelihood is very fearful of him and worries about being abandoned, because she will have difficulty or even may not be able to make her own living. So the importance of women having life skills is obvious. If any difficulties or obstacles arise, they can then provide for themselves and avoid other miseries. It is my opinion that the majority of women have no ambition and don't want to divorce for money reasons, and will endure poverty because it is as if they are overwhelmed and have no wish for luxury. For that reason, educated women should guide those sisters so that their desire for nobility grows and that they can have self-esteem.

In conclusion, it is my opinion that:

1. The status of women is almost the same as the status of men; however there are one or two matters that lower and degrade the status of women.
2. The status of Islamic Javanese women compared with the status of women from Western nations in a marriage is as follows:
   a. In terms of property rights, Eastern women are in a superior position.
   b. In the matter of choosing a spouse, Western women are in a better position than we who have limited freedom to choose and can still be forced to endure polygamy.

The status of women in Europe

(By Mrs Ali Sastroamidjojo)

Respected Assembly,

Sisters!

Today I shall discuss the status and position of European women in daily life. My opinion on this is not taken from the books or texts of experts in the field, but rather it is based on my personal observations from when I lived in Europe. So what I will say is only my own impression. It has become commonplace for European women to be held up as an example for women who want to achieve progress and independence, because it is well known that women in Europe have achieved great progress and a large degree of independence. Much news and many books are devoted to this issue.

Is there anyone who has not yet heard that women in Europe have rights that may be said to be the same as those of men? In short, until now we have considered the standing and position of women in Europe to be perfect, and something we should try to imitate. And yet sisters, as time goes by we learn more about this. For example, under Western laws on property women have fewer rights than Indonesian women. So in this matter we need not imitate European women. The progress and independence of Western women is indeed impressive. From what I have seen, I would say that the progress made by Western women is fit to serve as an example for us. Many jobs are performed by women. And this not only includes traditional women's work, but also work that was previously done by men. It is no longer surprising to see women as taxi drivers or tram conductors over there. In fact there are also some women who have become police and fire fighters. In years gone by in Europe journalists caused a stir with a rumour that in France there was going to be an army for women, so that women too would be forced to become soldiers. This kind of progress is excessive.

Apart from that, there are also many highly-educated Western women. Many have become doctors, lawyers, engineers and so on. In the art world many more women are famous.

Women's freedom depends on that progress. Yet I feel that the freedom of Western women is not something that Eastern women should imitate. From what I saw, that freedom is excessive, particularly in big cities like Paris and London. There it seems that chastity, which has always been a basic principle for women, has disappeared, or if it remains at all, there is very little of it. Westerners say that this was brought on by the Great War of 1914–1918.

Marriage and divorce as they occur in the West are often held up as examples by women seeking to change our rights in these matters. This is because many think that marriage under Western law is already ideal, yet I think this is not true. Probably the mistake lies in the fact that those who hold up Western law as a model for us don't understand enough about our own laws.

From what I have seen and heard from European women who know about this matter, Western marriage is not perfect and should not be imitated. Currently Europe is being flooded with books and brochures on the issue of marriage. These are written by men and women, experts and lay persons alike, by religious people, by doctors, lawyers and so on. Everyone is writing his or her own opinion about how marriage can be improved. Hence this goes to prove that in Western nations marriage is not yet ideal.

And of course there is no need for me to say that imitating something that is imperfect is both unwise and unnecessary.

This is also the case with the matter of divorce. Many people think that Western style divorce is difficult to obtain. This is because in Western law it has been established that divorce cannot happen at any time or at will. However a crisis on this issue has recently developed in the West. There the bond between a man and woman is viewed as being not free enough, not flexible enough. It is seen as something forced. The strange thing is that Western rights in the matter of divorce have been made into an example, yet the people who have these rights are already bored with them.

In my opinion, it would be better to study our own rights first, and when we fully understand them, we can modernise them, that is, adjust them to the needs of the current era.

This is also the case with the women's movement in the West. Remembering that the progress of Western women is only a recent phenomenon, we can see that the women's movement is certainly strong. This is the movement known as feminism.

However after its goals were achieved the movement then retreated. In fact now one can say it is almost non-existent.

The women's movement is very advanced in England. You ladies probably already know about that, as the English women called 'suffragettes' are very well-known. The country that is weakest in terms of its women's movement is France. Probably the women in this country are the most devoted to their femininity. This means that French women do not want to organise. This may be due to their vanity, as French women really love to wear fine and beautiful clothes. Nevertheless, sisters, don't think that French women can only wear nice clothes. That is not the case. It has become common to equate French women with Parisiennes, whereas these two are in fact very different.

While Parisian women are renowned for behaving badly and for their questionable lifestyle, French women more generally are highly esteemed as skilful household managers.[28]

Dutch women are famous for their diligence and cleanliness in looking after their possessions and their homes. Every day they polish their home and the things in it until they shine. Although they don't take such trouble with their own bodies, they strongly believe that as long as their home and their possessions are clean and tidy they will be happy. So in summary, the status and position of Western women is as follows:

1. Their progress is great and fitting to serve as an example for us.
2. Their freedoms are also great, but they can only be used as an example if they are adjusted to our situation and our Eastern character.
3. Western women have only achieved progress and freedom, in my opinion, through their own effort. This means working as hard as they could for their desires and convictions.

This is a just brief statement of my opinion.

In conclusion I appeal to you, my sisters, women of Indonesia:

Sisters, daughters of Indonesia, we too need to achieve such progress and freedom. But remember, this can only be achieved through work supported by our awareness and conviction. Remember too that we also have our own culture, so when we strive for progress, we must take this into consideration. Our progress and independence must be adjusted to our life circumstances.

The speech of Siti Marjam

(Delegate from Girls' Committee of Jong Java, Jakarta)

Noble sisters!

In opening I would like to say a big thank-you to the Congress organisers, who have seen fit to give me time to discuss my views on the matter of social work, which can and should be carried out by us women. By social work I mean work that is useful for the public, for example helping with the work of teaching, and supporting the establishment and financing of polyclinics. The largest area of social work is the work of a mother, who educates her children so that they become useful people who can carry out their responsibilities in society. However, I will not elaborate on this point because it has already been covered by other speakers. What I do want to talk about are the small public tasks we can carry out. I cannot express how happy I am to see our sisterhood of women demonstrating and proclaiming their skills and courage here today. And I hope for nothing else than that this Indonesian women's movement will continue, so that in times to come women can lift their status and rise above their suffering. It is the progress of women that will also lead to the progress of our homeland. Because women who are progressive, who understand the needs of their children, husbands and their homeland, women are not always living in misery, are the ones who can join in to develop our homeland. Yet the majority of women in our nation still suffer from misery and degradation. Those of us who have had education to open up our work and our world do not have a very difficult life, and do not feel the burden of living in this world. On the other hand, women in the *kampung*s and in the villages, who are still in darkness, how hard they must struggle to find every spoonful of rice so their children do not go hungry. Most of the children from these *kampung*s and villages live in misery from the time they are born. From the time the mother falls pregnant to the time she bears her child and from then on, she is forced to work hard and unceasingly. Most of these mothers have to work outside the home, in the rice fields, at the market or as wage labourers. Their young and fragile children cannot be properly looked after like this, and are often taken here and there to their mother's work. The situation is even worse if these children are not acknowledged by their fathers. These mothers sometimes don't have the money to buy clothes for their children, or even to buy the food that they need to grow strong. We also know about the conditions in which children are brought up in the *kampung*s. How dirty the place and clothes are, both of the mother and the child, how they are torn and not looked after. Even when there is someone to look after them, the care is minimal and there is no indication that they know about health issues. What's more, very rarely do you find a villager who has a child with the help from a doctor or midwife. They always use the help of a *doekoen*. And how much knowledge does a *doekoen* have about matters of hygiene?

So why is it that these people rarely ask for help from a doctor or midwife? Do they not trust them? Are they afraid of them? I asked this question of Miss Marie Thomas, the first female doctor from STOVIA.[29] She told me this story about her work:

> Previously I worked in Cirebon, only helped by one midwife for the whole of Cirebon city. One night I received a telephone call from the district chief of a village, saying that a woman had asked for my help. I immediately departed that night, and when I arrived in the district I went to the house of the woman who had called me. Her house was deep in the *kampung*. The woman's condition was quite normal, there was nothing difficult or strange about it. Nevertheless, I didn't regret for a minute that I had been called out so far; instead I felt very happy because I could see that the people from that village already had the trust, the courage and the sense to ask a civil servant for help in finding a doctor.
>
> When I worked in Cirebon, people from that village often asked for my help via the civil service. And in this way the civil service could be regarded as a bridge if the villagers want to call a doctor.

Reading the above conversation of Dr M Thomas, it is obvious that even people from the villages had started to believe in doctors, provided that there was someone to give them advice and guide them.

Now we will continue our discussion about children in hardship. Children who are not looked after well certainly will not live for long. For this reason there are many children in Java who die before they reach one year old. Unfortunately I cannot state exactly how many die in that first year.

So now let us discuss the matter of the children who do survive.

Sisters, you would have certainly often noticed children aged between 7 and 12 years old helping their parents with their work. Especially in villages where the majority of children when they reach 8, go along with their parents to the market to sell, or work in the rice fields, in the coffee plantations or in the factories. I wish to question this a little: is it a good thing or is it an obligation that children who are only 7–12 years old should work? Would it not be better if those children were sent to school, and if their parents didn't want to give permission, that they be forced to do so by law? These days it is difficult for people to find work if they cannot read or write. Although their mothers and fathers cannot read and write, the children need not follow their parents' example. Some of you are certainly thinking, 'If everyone was good at reading and writing, then certainly there would be no one left to do manual work like hoeing, woodwork, stonemasonry and so on'. No sisters, it would not go that far. That view is truly wrong. Workers in foreign lands (the Netherlands, England, Germany, Australia) already value manual labour. And as such they already have representation in their national government. Farmers in the Netherlands already run their own union that is strong and peaceful, and has established a co-operative. There their manual labour is truly valued.

The above example just shows that mental and manual work must be combined and carried out simultaneously, especially in schools. So if I appeal for those laws to be made, it is only because I am thinking of the needs of the village children who in the future will become the heart and soul of our homeland. And the future health of those children who are made to go to school will certainly be better off than that of those children who from the time they were young have been working in the rice fields or carrying heavy goods to the market. Therefore, laws must be passed as quickly as possible if we are to uplift our ranks and the heart and soul of our homeland.

If children must work hard from the time they are young, in the future they will not be healthy, and in childhood they will miss out on the pleasures of childhood. Furthermore people who cannot read or write may be vilified for their ignorance and easy duped by other people. And so sisters, although our nation is still backward, it need not be trampled on by other nations. Let us arise and work, so that our children are not treated as their parents were, and let us enact compulsory education, so that the life of our nation can progress. This is my opinion about the matters of compulsory education and child labour. There is no need for me to talk about how children who are forced to work feel when they see their friends happily going to school. That feeling alone is sufficient reason for the existence of compulsory schooling for Indonesian children. This concerns children who do not go to school. On the other hand, among those children who do go to school, there are still many who undergo hardship. If I am not mistaken, I have never heard of a woman who has become a member of a school commission. If this is really true, it is very regrettable, because women who often mix with pupils surely can say: 'This child is not being looked after at home, and that child is not well', etc. A hope that I have long held is that each Native School Commission has a female member so that she can inform and show her colleagues and the families about the needs of poor children. Until now female teachers have been the only ones to pay attention to the world of schooling. People who are not teachers rarely pay attention to or know about this kind of work. For example, if there is an HIS[30] or another type of school where many of the pupils are girls, and cooking and handicrafts are taught, would it not be better if a member of the school commission there was a woman?

And what would be even better still, is if that school commission could establish a clothing trust for poor children, which could be supported by the residents of that city. This trust would be of great benefit to disadvantaged people who send their children to school. Another task connected with schooling is the children's health resort organisation. The work of the children's health resort is to set up a house in a spot that is cool and could be used as a sanitorium for school children who are sick and often fall ill. The children are sent to stay there and are well looked after until they become fit and healthy again. Several regions have already established children's health resort organisations, such as Semarang, Solo, Yogyakarta and others. There is no need for me to state just how big a service the children's health resort provides. In short, it would be wonderful if administration of the school clothing trust, the school commissions and the children's health resort also had female staff members.

At the beginning I talked about the situation of women in the villages or in the *kampung*s. So how can those women who must work from morning to night clean and look after their own homes and their children? Those children certainly live by their own means, and most of what they do is not good and disturbs the lives of other people, and when they are grown up they remain like this. Is this not the responsibility of the mother? Yet, how else can it be? Only when the mother has been properly taught how to raise children and manage the home, and also when she doesn't need to work for a living, only then can the above situation change. For people who work, there must be a limit. And so too, women in the *kampung*s and in the villages must be given a limit to their work, even though they don't know about the existence of the 8-hour workday and the like. Although those women have not yet asked for a time limit on their work, for the sake of justice we must endeavour so that women in the villages are not overburdened by work.

There is one key factor for women, and that is education. There is no need for me to state that education for women and girls has been advanced and given attention by the government and private groups for around 25 years. In every place a Kartini school or central school was supposed to be established where girls could study household management. In 1926 in Batavia there was only one Kartini school and one central school. That central school only had 3 classes. Because the Kartini school had been there for a long time, it had many pupils. In the central school for girls, the pupils came from class II schools, or were graduates of the village primary schools. In Batavia there were about 15 village schools and around 10 class II schools. However the central school was not very popular. In the three classes there were about 100 students. Probably someone among you will say: 'Isn't 100 pupils enough for three classes?' That is true, but if we think about it, if there was only one central school in Batavia, it is not right that there should be only 100 pupils. For this reason the government central school was then amalgamated with the Kartini school. The school building was used by the class II school which started at class II. That school was entirely for female students. At that time there was also an organisation which established a school like that. In the early years those two schools took in 150 students for class I. One year later, that is in 1928, the two organisations established another school in the Mr Cornelis area.[31] There were about 200 children wanting to go into class I. Now, let's think about it, doesn't our nation already understand the benefits of education for girls? Because our nation is an Eastern nation, we do not agree with the co-education system. This means that we do not agree that girls and boys should go to school together. The signs are mentioned above, and there are also others, those being the hundreds who wish to study at girls' normal schools, girls' teachers colleges, Van Deventer Schools[32] or Frobel teachers colleges;[33] however there are not enough places, so many are refused. Nowadays these feelings about co-education are often forgotten by men. We see this when schools are established: they are mainly HIS or Link-Schools. The needs of girls are not considered, and for that reason there are no female pupils. And so, let us strive so that the needs of women may be truly considered. There is also another matter that is not right in my opinion. For boys there are trade schools, farming schools, nursing schools and teacher-training schools, if they have graduated from class II schools. But for girls? There are only teacher-training schools and nursing colleges. And what's more, the nursing colleges often accept students from HIS. Let us say, for example, that in each Regency there are 5 class II schools and a central school. So each year these six schools produce 20 female graduates. Throughout the whole of Java, if there are 60 Regencies, then each year there are approximately 1200 female students who complete class II school. If half of them, that is 600 children, wish to continue their schooling at teacher-training school or nursing college, of which there are less than 10, then surely only a fraction will be accepted. And they can't go to any other schools. So of the 1200 children, only approximately 300 will be able to continue their education. Is it not time for us to endeavour to find alternate schools, such as lower technical schools and trade schools, so that these girls can continue their studies? The more schools there are for girls in each field, the more properly-behaved women there will be, because if girls attend a training school from a young age, then they will prefer to work than to behave improperly. If we look closely, are still many shortcomings in the sphere of education for girls. Furthermore we must also pay attention to the educational needs of village girls. Have a look around. There are several foreign organisations, like Protestant and Catholic missions, who are busy working for our village girls. But what are we doing? Do we want to be left behind in this work? We must also join in to uplift the status of our own people. We don't need to wait for handouts, or wait until the government provides us with schools. Rather we should be helping to lighten the government's work and establishing schools ourselves.

In conclusion, if the Indonesian Women's Association wishes to carry out social work, the following things should be considered:

1. The establishment of a clothing trust for poor school children.
2. The establishment of an assistance fund for babies and their mothers in the villages.
3. The establishment of children's health resorts.
4. The promulgation of an act to eliminate child labour, so that it is replaced by compulsory schooling. We can also view compulsory schooling as a barrier to child marriage.
5. The establishment of service bureau to help women who are looking for work.
6. The establishment of courses to educate village girls in matters of hygiene, and child-raising.

Even more importantly we can establish trade schools for girls.

The end

A picture of women in the household

Summary of the speech by Soetojo-Nimpoeno (Wanito Sedjati Bandung)

In the past, a girl had to just stay at home and was not allowed out until she was married, then she went to her husband's home. For the first year, her life was perfectly delightful because her husband made her comfortable and granted her every wish. However after a while the wife was left at home alone because her husband had to go to the political organisation, or to anything called 'political', which required that his wife was not allowed to come along. He said he wanted to invite her, but that only men came to the assembly, and his wife would not understand what was being discussed. Yet this was just an excuse. This is one situation in the life of a wife. Certainly not all cases are like this, however there are many that are not far removed. What has caused this situation? Let us look at what is fair, so that we can improve things.

In my opinion there are many causes:

In terms of intelligence there are many differences and variations. Men are easily bored and as far as they can, they try to speed up what they do, like shopping, going on a trip and in small matters also; they don't want to do it properly. And we all know that if something bad happens, it cannot be repaired, because men have the weapon of divorce. But women are like buffaloes unwilling to use their horns. Such is the difficult lot of us women.

Here in Indonesia we do not yet have laws to assist women who have been divorced by their husbands. Because of this, women just accept everything. Anything unpleasant we just endure quietly so that we will not be divorced by our husbands.

The difference in knowledge is not only about schooling, but also general intelligence, like knowledge of books, arts, politics and other matters.

To obtain general knowledge there is no need to study: reading books will have great results. When reading the newspaper don't just read the advertisements and skim past the important articles.

Although our work and responsibilities in the home take our full attention and are given as much time as possible, don't forget about general knowledge.

Remember sisters, now we are living in a new era, an era when women and men should have equal status, knowledge and rights. We must focus on the rights of women.

Then the delegate of Perserikatan Wanito Moeljo in Yogyakarta made a speech as follows[34]

Wassalamoe 'alaikoem warochmatoellohi wabarokatoeh.

Respected Congress!

Before I, as the delegate from WM, explain what I feel is necessary, I would firstly like to extend many thanks to the chairwoman who has given me this opportunity. I also extend my greetings and best wishes to the committee, to all the delegates and to all of you attending this esteemed conference.

Respected Congress!

We are all the daughters of Indonesia. We have different principles and different paths, but we have the same intention in gathering together today to become united. We, who today have started to demand our goals, need to consolidate this unity, and to make this possible this congress should be carried out fairly so that those of us with different principles can feel relaxed and comfortable. We also need to give as much freedom as possible for all of us to become one, so that we can express our beliefs. Because it has often been shown that if people's beliefs are antagonised, or at the least repressed, the results will not be good.

Respected Congress!

We are heading toward the field of organisation. We, who today have just organised this gathering, will not fail to unite our forces tomorrow morning. Although there may still be a feeling of disappointment at this conference today because we haven't been able to organise any concrete action, our less-than-ideal situation is sure to improve in the future, just as long as we carry on in earnest.

Respected Congress!

Our nation of Indonesia has 50,000,000 people, and half of that number, 25,000,000, are women. And in truth, the people who manage the Indonesian nation are our half. As such, if we who constitute this half are good, then certainly the Indonesian nation will become great, and the opposite is also true.

Respected Congress!

In order to improve ourselves, so we can then improve the Indonesian nation, we should at all costs follow two paths: those are the paths of teaching and education. In the matter of teaching we must keep in mind the needs of our situation. That is to say, that we should not just follow the teachings that already exist, because the current teachings are made and determined principally to suit the interests of another group. In other words they are not perfectly suited to our situation and our interests. There is also the matter of education in its wider meaning, and in short we must teach virtue, and eliminate low morals which only worsen our situation.

Respected Congress!

There are many people who have taught all manner of things to their children, but most of this teaching is forgotten after the children are separated from their teachers. It is clear that earlier lessons can be absorbed into the foundation of later education. Most learned people would say, and their statements are entirely true, that a strong basis in which to plant the seeds of virtue is faith, and this faith can be found in religion. For that reason, we really must promote religion. Those of us who are Moslem, must promote all things Islamic, and those who are Christian must also do the same and so on for the other religions. Because without this, our efforts to teach virtue will certainly be in vain.[35]

Respected Congress!

This is enough of a summary of what I feel is this congress needs to consider. Hopefully the PPPI (Association of Indonesian Women) will make stipulations about what needs to be done in terms of the teaching and education of Indonesian girls. And I think it would be a great thing if all the organisations of Indonesian women could together organise a people's university headed by the PPPI.

Respected Congress!

After what I have just put forward, I need to raise one more thought, that is the matter of change. Throughout the world, apart from a small part, there has been a flood of new changes. Each nation has worked diligently to improve its destiny. Remembering this, we must also make plans for change, so our sorry situation will shortly improve. Those of us who will bring about these changes need to go down to the level of the common people: we must mix with them, and not only work in elite circles.

The coming of such change is very important for women. The world always likes reforms, and if we don't improve our situation we will be opposed by the world, and opposed by nature itself: we will be kept at the bottom and left behind. Don't believe that our interests will be achieved by using old-fashioned methods alone, don't! It is impossible to improve if there is no change.

Respected Congress!

Which changes must we undertake? The answer to this question is very complex, and cannot be answered briefly. But it is already clear which ones.

We ask that we may also use the legitimate new ways that are being used in all the developed nations, so long as they work for us. All of the outdated things that hinder our interests, after being considered maturely, must be left behind. In fact we should throw them out so that they don't impede or slow down our development.

Respected Congress!

My explanation has been long enough, so it's best that I finish with this conclusion:

1. We should promote teaching for the girls of Indonesia.
2. We should spread the teaching of virtue for them, remembering that this education must have a strong base, that is the belief in religion. So we should also promote religion.
3. We should make plans for the changes and improvements that they need, and not be afraid to ignore those authorities that are no longer appropriate.

I apologise to the congress if my speech was lacking in any way.

Wassalamoe 'alaikoem warochmatoellohi wabarokatoeh

The unity of humanity

The Speech of Siti Hajinah at the Indonesian Women's Congress, the first in the closing public session.

(Brief outline)

Inaugural Congress, Respected Women!

There is no doubt that one's body is divided into various parts, for example the foot, hand, head, nose, eyes and so on, which are different shapes, in different locations and have different functions. Despite this, they are united with no quarrels.

The life of humankind should also become as one, in solidarity, united as the human body is, even though people come from different civilisations and have different languages: there are small ones and big ones, fat ones and thin ones, black-skinned ones and white-skinned ones, good ones...and so on. So too, they come from different places: there are those who live in Java, Sumatra, China, Arabia, America, Germany, Africa and so on. Their work also differs: there are farmers, stonemasons, carpenters, traders, teachers, doctors, masters, engineers, professors, etc.

Sisters, we know that the life of a human is not the same as the life of an animal. We can say that animals do not need friends, homes, clothes, nice food and the like, whereas humans cannot live on their own; but rather they really need friends, a home, clothes, and our food also must be cooked first for it to taste nice. When we are young, we need people to bathe us, to support us, give us food and so on. Once we have grown up we want to find knowledge or skills, and need people to teach us. When we are old we want a house, which in turn requires a carpenter, stonemason, plumber and so on. If we get sick, we depend on a doctor and people to give us medicine. In short, from the time we are in our mother's womb to the time we die, human beings always need friends.

Another illustration that humans cannot survive on their own can be seen by examining the resources of the various islands. On the island of Java many teakwood trees grow, yet in Arabia there are none. The soil of Sumatra contains gold and silver, while in China there isn't any. In China there are animals that can be used to make silk, yet Africa has none of these.

More detailed explanations of the differences between one place and another can be found in the many books available, so there is no need to repeat and analyse them here.

Thus, tens of thousands of similar people go in search of work to foreign lands, trading their goods, etc.

Given the above explanation, it is clear that the life of human beings must involve socialisation, contact, peace, solidarity and unity.

There is no doubt that peace and unity are things that all people will certainly acknowledge as worthy. Certainly unity is a means by which we can achieve great goals, and it is also a means for people to find happiness, prosperity, pleasure and so on.

Sisters, you know that life cannot be comfortable if it is not conducted in peace, because peace can move heavy burdens, bring closer or strengthen solidarity, deepen love and more. So people who are not peaceful are certain to fall easily into enmity, quarrelling, separation, and eventually will cause hatred, slander and other things like this.

Here I will give a few examples of the advantages of peace and unity:

1. Water, after it freezes and becomes ice, is not easily broken.
2. Soil, if gathered up into one piece, does not disintegrate if it is tamped down; a house built with it cannot collapse, and something planted in it can't be knocked over.
3. Traders, if they form a company, become greater, and their wares become famous.
4. Peaceful assemblies or organisations can scare their enemies because they are difficult to split up or oppose.
5. Because the Moehammadijah organisation is peaceful, it has been able to set up dozens of schools that always do well, and as time goes by are increasingly popular.

Because humans have different jobs, and find themselves in different situations, their feelings, knowledge and desires will also certainly differ. However these difference can be accommodated.

Sisters, truly there is only one path that can bring unity, the path that we should follow, and that is by finding out about the knowledge of others, mixing with them, showing solidarity, communicating. And so we must organise groups or associations where we can discuss the things we need to undertake together, help each other and be mindful of one another. Everything that is done must be discussed beforehand, slowly and without stubbornness. Patience must become our basis and we must dispense with despair.

There is considerable joy in my heart, because the women of the East Indies have already moved toward progress. Many have set up associations; moreover there are endeavours to unite these associations, hence the Indonesian Women's Congress, so that we can discuss together the needs, responsibilities and progress of Indonesian women in general, and also forge ties between the women of Indonesia.

This is all for my speech. In conclusion I appeal to you all: Sisters, let us together strengthen our solidarity.

I pray that Allah gives guidance to us all and multiplies the benefit of this noble Indonesian Women's Congress, for the glory and the unity of our nation; so that we shall all prosper.

The propriety of women[36]

The speech of Nji Hadjar Dewantoro, translated from Javanese

In this Congress I will provide just an outline of the most important things about feminine propriety; and as such my speech will be brief, but will cover the heart of the matter.

What is it that I refer to as propriety? It includes excellent behaviour, traditions that are refined, orderly and harmonious, including rhythmic body movement.

So why are we talking in this meeting about the way we move our bodies, as if it is something we consider important? You should know that all one's external actions are certainly connected to one's inner life. People of refined character will certainly also be refined in their physical presence. Conversely, people who are orderly in their behaviour, will certainly be orderly in their inner life.

It seems that the relationship between body and spirit in human life is an interdependent one. For example people who aim to have a refined character can be sure that their physical life will follow, and become refined also. The opposite also holds true: that is, people who strive for refinement in their actions, are sure to develop a refined character.

On this matter, we can take an example from the teachings of Islam. In my opinion, Muslims' true belief in and submission to *dalil*[37] and the *Hadiths*[38] comes from the strength of the Islamic law. If the standard Islamic laws were not enforced, prohibitions on things that should be avoided or are forbidden would not be strongly compelled, and over time the beauty of religion for the people would slowly fade. Muslims may not hold the Koran if they are not clean (having completed ritual washing), and the meaning of this is none other than to value and respect the holy book. All of the religious regulations aim to teach people to fear religious teachings and also to foster strength of spirit.

Although in practice people may say that physical things mean nothing, yet those who have never lived by the rules will not be truly aware of their essence. There is much truth in the religious teaching that states: a law that is not based on the truth is empty; a truth that is not attached to a law is void.

We can also see this amongst Catholics. The strength of the Catholic people's belief in their religion clearly comes from the firmness of their religious doctrine.

Teachings emphasising rules of behaviour refer not only to religion, but are also valid for communal life in general. For example the rules about kneeling and respectful greeting in the life of the Javanese kingdoms aim to teach people to fear and respect the king. In general society it is also no different: all rules of etiquette intend only to teach people to value their fellow human beings.

In the etiquette of Javanese culture, the rules for respecting others are strongly emphasised, to the point that they are divided into several categories. For example there is physical etiquette, spiritual etiquette, behaviour, actions, morals etc, governing both behaviour and also language, for example there are the language levels of *kromo*, *ngoko*, *antiboso* and so on.

These rules of propriety differ from religious regulations in their meaning, which is to respect other people, and also to be used as an educational tool. If a person who is loyal to the king wishes to pass on this loyalty to others, yet his or her teaching is not accompanied by teaching the custom of kneeling and respectful greetings, or if the person who is being instructed never meets the king, then obviously the teaching will be in vain.

Let us go back to the aspects of etiquette. In actual fact civil behaviour is one way to respect others; yet by doing this there is another who is being valued and that is oneself. Thus the aim of propriety is threefold, that is:

- First: to teach refined behaviour, so that there is order in life and this can contribute to public decorum.
- Second: to aim for order and refinement in our physical lives which will teach order and refinement of the spirit.
- Third: because practising propriety will teach us to value ourselves, over time our self-esteem will increase.

In terms of the decorum of women, there are yet other meanings and benefits. We should always remember that we women were born into this world to serve as the mothers of future generations. Human beings would not be able to carry out their obligation to reproduce if not for us women in our roles as mothers. Consequently, no nation can be prosperous and happy if they do not value the lives of women.

On the other hand we women should understand and be aware of several secrets in our lives. We should, for example, investigate why women from whatever era and from whatever nation are esteemed as the source of virtue and salvation, yet on the other hand are often seen as pits of degradation and misery. Also why is it that for as long as humans have ruled over this world, women have been considered as the most beautiful and valuable things, to the point that battles and great wars have broken out? Yet on the other hand often women are considered as worthless creatures.

It seems that the cause of the above situation is because we women (due to the nature of our bodies) are always a source of attraction for men. And this attraction can produce two different results: that is, it can arouse feelings of purity or it can arouse passionate desire which is bad and evil, to the point that it is like animal lust.

We should understand this situation, and cannot deny it, because it is a reality in the life of every nation. This matter is related to our nature as human beings, that men and women pair up in order to have children.

Our responsibility as women in this situation is none other than to be on guard, and to be aware of the nature of human beings according to the Will of God, and maintain orderliness. We must endeavour to subdue and control the passions of men. This is not only necessary, but it is indeed the destiny of women as mothers.

Regulations already exist about the order and harmony of male–female relationships (the marriage law); however, written laws cannot be perfect. There is a perfect law, that is the one written in our hearts: that is the rule we live by.

Our own conscience is the truest scale upon which to weigh up what is good and what is evil. In addition that inner law takes various forms, which become our safety barrier. This safety barrier is none other than our civility. We may make the following comparison: the rules in our heart (human wisdom) are the law or truth; then there is our civility which is the rule book.

In my understanding the destruction of proper behaviour will serve to destroy purity. The destruction of purity will destroy our salvation.

For us women it is clear that anyone who discards proper behaviour will lose their self-esteem and will be easily disgraced by men, because women like that arouse masculine feelings, that is men's lust which can sometimes be quite bestial.

Proper behaviour…it is here we see the difference between animals and humans; civility…this is what all religions teach as a safety barrier.

We women must respect ourselves as women and value the human need to procreate; together we must promote proper decorum for the sake of women, and also for the salvation of humanity and the world.

Notes

1. The title Sdr, an abbreviation of *saudara*, meaning friend, comrade or sister, is used in this report as an honorific. An alternative used is *njonja* (Mrs). St, an abbreviation for Siti, is often used in the text as a polite designate that the person referred to is a woman.
2. The name of this organisation is variously spelt in the report of the congress.
3. Towns contained largely unregulated areas called *kampung*s where most Indonesians lived.
4. This refers to the five vices starting with M: *madon* (womanising); *madat* (taking opium, drugs); *maling* (theft, money corruption); *main* (gambling); and *mabok* (drunkenness).
5. This refers to the kind of divorce sought by the wife from the Penghoeloe when the husband is unwilling to grant it.
6. RA Soekonto.
7. This refers to a request from the organisation Vereeniging voor Vrouwenkiesrecht established by Dutch women to obtain the vote for women in the Indies (see Blackburn 2004).
8. RA Soekonto, in the speech already listed.
9. See the Welcome Song already quoted.
10. It was common at Indonesian women's associations' public gatherings to display and sell their products, like *batik*.
11. Note that this meeting was held on Christmas Day, which may have meant that some people were free to attend because, like Sunday, it was a public holiday. It is also interesting that no concessions were made in this respect to the Christian organisations represented at the congress.
12. One guilder, the colonial currency.
13. Number 4 is omitted in the original.
14. This was the national advisory body established by the colonial authorities in 1918. It had very little power and at this time most of its members were non-Indonesian and appointed by the Governor-General, while others were indirectly elected by municipal councils with very restricted constituencies. Nevertheless it represented an important gathering for the discussion of matters of national importance.
15. The original contained no date.
16. The date is left blank in the original.
17. The original contains a blank here.
18. The two phrases in parenthesis are in English in the original.
19. Mr is the Dutch title of a holder of a law degree, while Ir denotes the holder of an engineering degree.
20. Arabic phrase used for a closing blessing which invokes the peace, mercy and divine blessing of Allah upon the listeners.

21 Dr Soetomo, a prominent nationalist, had just published *Perkawinan dan Perkawinan Anak-Anak* (*Marriage and child marriage*) (1928). For a discussion of the book and of the topic of child marriage in Indonesia, see Blackburn and Bessell (1997).
22 This refers to the fact that according to Islamic law, a husband can divorce his wife by declaring 'I divorce thee' three times. On the last pronouncement the divorce comes into effect, but he can space out the declarations so that the wife receives a warning and divorce can be averted.
23 The reference is to the Mahabharata, the Hindu epic story of the battle of the Pandawa and Kurawa brothers which is the basis of the popular *wayang* or shadow-puppet plays in Java. Dewi Koenti, Srikandi and Soembodro are some of the few heroines in the drama.
24 The speaker is referring to the tactics of the suffragettes who demonstrated against the refusal to give women the vote.
25 This is half of a Javanese saying that claims that women must follow their husbands to either heaven or hell.
26 One point is repeated in the original, resulting in 13 points instead of 12. It has been corrected here.
27 A popular song form in the colonial period deriving from Portuguese times.
28 The original here has a parenthesis in Dutch, reminding the speaker to refer to the custom of eating out in Paris as evidence that housewives are not so good.
29 School Tot Opleiding Van Inlandsche Artsen—School for the Training of Native Doctors.
30 Hollands-Inlandsche School, primary school for 'Natives' in which teaching was in Dutch.
31 A suburb of Jakarta now known as Jatinegara.
32 Schools in which Javanese women were trained as school teachers.
33 Colleges for training kindergarten teachers.
34 No name was given for the speaker.
35 The conference report notes in parenthesis here that at this point in her speech the speaker was stopped by the chairwoman because she mentioned the name of religion, and she continued on as below.
36 The title is also given in old Javanese script.
37 The Arabic word for Islamic argumentation.
38 Refers to the collection of the traditions relating to the sayings and deeds of the Prophet Muhammad.

Congresnummer

Congres Perempoean Indonesia
Jang Pertama

22–25 December 1928

Di

Mataram

circulaire

Dengan hormat!
Mataram, tt Tjap Pos.

    Bersama-sama ini kami dengan kegirangan hati memberi tahoe kepada Toean[2] djikalau pada boelan Mei 1929 soedah diterbitkan Madjallah jang pertama oleh: *'Perikatan Perempoean Indonesia'* jaitoe soeatu badan permoefakatan, jang hampir segala perhimpoenan perempoean di Indonesia sini soedah masoek mendjadi anggauta. Dari sebab *'Isteri'* tida akan diterbitkan oentoek anggauta[2] perhimpoenan sahadja, akan tetapi oentoek sekalian isteri[2] dan Toean[2] diseloeroeh Indonesia, soedah tentoe nomor jang pertama dan jang akan boeat propaganda itoe diterbitkan sebanjak-banjaknja dan akan ditaboerkan kemana-mana.

    Maka dari itoe, bolehlah jang terseboet diatas itoe mendjadi lantaran Toean[2] sekalian mendjadi Lengganan madjalah itoe,

    Dan advertentie dimoeatkan di 'Isteri', soedah tentoe mentjapai kehendaknja mentjoekoepkan.

Administratie 'Isteri'

di Djokjakarta.

Pendahoeloean

Dengan sangat kegirangan hati kami, kami memberi bertahoe kepada pembatja² jang termoelia, bahwa Congres Perempoean Indonesia jang pertama pada boelan 22/25 December 1928 itoe diperhatikan betoel² oleh sekalian Isteri dan perkoempoelan² Isteri, dari mana-mana tempat.

Dan pada waktoe banjaklah pidato² dioeraikan, jang bergoena bagi bangsa sekalian isteri, seperti jang kami moeatkan di Congresnummer ini.

Dari itoe kami soedah menjaksikan, bahwa kehendakan isteri Indonesia akan mendjalankan koewadjibannja soedah diperhatikannja betoel² dengan kejakinan dan kepertjajaän akan sampoernanja.

Lain dari pada itoe kami menjilahkan kepada kaoem isteri memperhatikan apa jang terseboet di pidato² ini, dan marilah bersama-sama mendjalankan koewadjiban kami, memperbaiki doenia kita isteri, soepaja lekas terkaboel kehendakan kami.

Pengoeroes

PROGRAMMA

CONGRES PEREMPOEAN INDONESIA

pada boelan December 1928, moelai tanggal 22/23–25
Bertempat di Djojodipoeran (mataram)

I Malam Minggoe 22/23 Dec 1928

1 Receptie moelai poekoel 7–8.30

Agenda:

Panembrama.

Pernjanjian-kanak-kanak.

Tableau-tableau.

    a   Dewi Sinta membakar diri.

    b   Srikandi.

    c   Perikatan Isteri Indonesia.

2 9–11 Pertemoean antara oetoesan-oetoesan, tamoe^2, anggauta-anggauta Hoofd-Comite dan Sub-subnja, (tiap-tiap oetoesan haroes mengoeraikan azas perkoempoelannja sendiri-sendiri).

II Minggoe pagi 23 Dec 1928

8.30–12 Perkoempoelan oemoem.

Agenda:

1 Panembrama oleh kanak-kanak dari Siswa Praja.

2 Hal keterangan azas Congres oleh Sdr St. Soekaptinah (CPI).

3 Deradjat dan harga diri perempoean Djawa, oleh oetoesan dari Poetri Boedi Sedjati (Soerab).

4 Deradjat perempoean, oleh Sdr St. Moendji'ah ('A).

5 Adab perempoean, oleh Nji Adjar Dewantara.

6 Hal perkawinan dan pertjeraian, oleh oetoesan dari PBS (Soerab).

7 Perkawinan kanak-kanak, oleh Sdr Moega Roemah.

III Malam Senen 23-24 Dec 1928

Persidangan tertoetoep moelai poekoel 8 oentoek oetoesan-oetoesan, anggauta-anggauta Hoofd-Comite dan sub-subnja.

N.B.

a Djika perloe boléh dirobah.

b Perkoempoelan oemoem hanja *oemoem* bagi kaoem *perempoean*.

c Berhoeboeng dengan banjaknja pembitjaraän hari congres kami tambahi satoe hari lagi dari waktoe jang terseboet di soerat persilahan.

IV Senen pagi 24 Dec 1928

8.30–12 Perkoempoelan oemoem.

Agenda:

1 Koewadjiban dan ideaal perempoean Indonesia, oleh Sdr St. Soendari.

2 Bagaimanakah djalan kaoem perempoean pada waktoe ini dan bagaimanakah kelak? oleh Sdr Tien-Sastrowirjo.

3 Orang perempoean dan maatschappij, oleh Sdr Moersandi (WK).

4 Pemelihara'an kanak-kanak, oleh oetoesan dari Wanito Oetomo.

5 Salah satoe wadjibnja orang perempoean, oleh oetoesan dari Roekoen-wanodijo (Welt).

V Malam Selasa 24–25 Dec 1928

Persidangan tertoetoep moelai poekoel 8.

VI Selasa pagi 25 Dec 1928

8.30–12 Perkoempoelan oemoem.

Agenda:

1 Pekerdjaan sociaal, oleh Sdr St. Marjam.

2 Hal gambarnja seorang isteri njonjah roemah, oleh oetoesan dari Wanito Sedjati. (Band).

3 Hal kemadjoean kaoem perempoean dan lain-lainnja, oleh oetoesan dari Wanito Moeljo.

4 Persatoean manoesia, oleh Sdr St. Hajinah ('A.).

Voorstel-voorstel

I   Dari Hoofd-comité

1. Soepaja CPI mendjadi soeatoe badan permoefakatan oentoek segala perk. Perempoean Ind. Hal djalannja seperti perkoempoelan biasa.
2. Soepaja badan permoefakatan itoe mengeloewarkan Soerat Chabar, diboewat bergaoelan antara Pengoeroes dan anggauta-anggauta. Maka pendirian redactie menoeroet tempat kediaman Pengoeroes.
3. Soepaja mendirikan soeatoe studiefonds oentoek kanak-kanak perempoean jang akan melandjoetkan kasekolahan Tengahan dan Tinggi, tetapi ta'dapat menanggoeng ongkosnja.
4. Soepaja memberi motie kapada pemerintah besar, jang termoeat permintaän soepaja pemerintah besar dengan selekas-lekasnja memoetoeskan fonds djanda dan kanak-kanak jatim Indonesia (Weduwen en weezenfonds serta onderstand diberikan selamanja.

II   Dari Roekoen Wanodijo Welt

1. Soepaja CPI terdjadi persatoean dari semoea kaoem isteri di Indonesia.
2. Setelah mengoeraikan azas-azas sendiri, maka dalam permoesjawaratan besar itoe, hendaklah dilarang akan membintjangkan Igama.

III Dari Panti Kerido Wanito Pekalongan

1. Soepaja CPI mengadakan soeatoe madjelis, jang mempertalikan, persaudaraän dan tolong mempertolongkan semoea perhimpoenan poetri jang soedi bergaoelan dengan madjelis itoe. Maka madjelis itoe dinamai 'Madjelis Perikatan Poetri Indonesia'.
2. Mengeloearkan soerat kabar seperti correspondentie. Maka hal ongkos-ongkosnja ditanggoeng oleh perhimpoenan-perhimpoenan bersama-sama.

IV Dari JIB.

1. Soepaja CPI membikin motie oentoek raad Igama tentang mengentjangkan hak perempoean jang soedah terseboet di Igama Islam.
2. Bolehlah CPI mendirikan bebadan atau mengadakan cursus, jang mempeladjari hal hygiëne, agar soepaja anggauta-anggautanja atau moerid-moeridnja dapat mempeladjari ke-kampoeng-kampoeng atau desa-desa poela.

V Dari Natdatoel fataät

1 Oleh karena itoe kaoem perempoean beloem dapatlah soeatoe papan pendidik kanak-kanak perempoean, kami memperloekan sekali djika C. P. I. mendirikan papan itoe. Maka berhoeboeng dengan ini kita voorstel soepaja kanak-kanak perempoean dimasoekkan Padvinsterij, dan lagi negeri manakah jang soedah mendapat perkoempoelan Perempoean Indonesia soepaja ichtijar akan berdirinja Padvinsterij itoe.

2 Soepaja ta'lek perkawinan ditambah lagi dengan jang terseboet dibawah ini:

    a Djika orang laki-laki mendjalankan M 5, maka soedah diperingatkan oleh isterinja tidak berhenti, soepaja toewan Penghoeloe dengan moedah-moedahan memberi idzin rafa' orang isteri itoe atau mendjatoehkan talaq jang kesatoe.

    b Kalau orang laki-laki akan mendjatoehkan talaq soepaja memberi tahoe kepada isterinja lebih dahoeloe, djangan samaoe-maoenja sahadja.

    (Soepados manawi tijang djaler bade megat ingkang estri poeniko dipoen watesa, sampoen ngantos djandji ingkang djaler nijat megat, ladjeng kadoemoegen kemawon).

    c Soepaja anaknja ditanggoeng oleh bapaknja, tidak diserahkan kepada mama'nja sahadja.

3 Soepaja pakaian kaoem perempoean diganti dengan rok sahadja, model kaoem pemoeda-pemoeda dahoeloe.

VI Dari HB Aisjijah

1 Soepaja Congres Perempoean Indonesia itoe mendjadi soeatoe bebadan perhimpoenan, jang lid-lidnja dari perkoempoelan-perkoempoelan perempoean se Hindia Timoer jang maoe dan setoedjoe.

2 Maksoed perhimpoenan ini:

    a mendjadi perantaraän persatoean antara perkoempoelan satoe dengan lainnja.

    b mendjadi hakim pemisah kalau ada perselisihan antara perkoempoelan satoe dengan lainnja.

    c menoendjoekkan djalan kemadjoean jang oetama lagi sempoerna, kepada perhimpoenan-perhimpoenan jang soedah mendjadi lid.

3 Perkoempoelan itoe, soepaja diadakan bestuur sedikit dikitnja 9 orang perempoean, bestuur mana dipilih dari perkoempoelan-perkoempoelan

perempoean se Hindia Timoer, jang semoefakat mendjadi lid perkoempoelan ini.

4   Ichtiarnja:
    a   tiap-tiap tahoen mengadakan Congres.
    b   mengeloearkan soerat kabar.
    c   lain-lain ichtijar jang sekira menjampaikan maksoed terseboet.

Wassalam

Hoofdcomite Congres Perempoean Indonesia di mataram.

Panembrama

Dinjanjikan pada pemboekaän congres. Soembangan dari comité congres. Lagoe

Kinanti Sekar Gending Srikastawa: Ladrang pelok Barang.

Terkarang oleh Sdr Soekaptinah.

Kanti pambagja rahajoe,
Kang panembrama poeniki.
Pangreh ing congres Wanito,
Saindenging tanah Hindi.
Kang dadijo poerwaning sedijo,
Angrembag donjaning ngestri.

Lampah kamadjengan oemoem,
Betah kawoela sakalir.
Wadjib oetameng Wanito,
Ing reh sagoenging prakawis.
Anoenggil donjo lan roso,
Poro wanito sa Hindi.

Sampoening kawoelo matoer,
Antjasing congres poeniki.
Njoewoen kabiantoe samijo,
Soedara pra estri Hindi.
Amrih goemolong sadojo,
Angesti maring oetami.

Woesana kawoela noewoen,
Pangestoe miwah pamoedji.
Tan pegat soen arso-arso,
Mrih widadaning doemadi.
Kaleksanan goenging sedijo,
Djinoeroeng sihing Hjang Widi.

Pemboeka'an Congres Perempoean Indonesia

Oleh Toean Pemoeka

Sebeloemnja memboeka congres ini, kami hendak menerangkan dengan ringkas, apakah maksoed dan toedjoeanja congres ini.

Moela-moela di perkoempoelan Wanito-Oetomo saban-saban ada oesoel dari perkoempoelan poetri dari kanan kiri, ja itoe mengadjak berkerdja bersama-sama. Akan tetapi tak-dapat menjampaikan, dari sebab banjak kerépotan. Tambah-tambah satoe waktoe ada pertanjakan dari perkoempoelan vrouwenkiesrecht apa perkoempoelan kita dapat mengirimkan oetoesan ka Honoloeloe ja itoe Passific congres. O, itoe djoega tak dapat sama sekali. Karena matjem-matjem sebab jang tak dapat menjampaikan.

Achirnja dari itoe kami bertiga ja itoe soedara Nji Adjar Dewantoro dan Soejatien dan saja sendiri, memikirkan djikalau begitoe kita poenja kaoem perempoean di Indonesia berasa misih koerang kapinteran dan koerang kemadjoean hal apa-apa sadja. Kita merasa sekali jang masih kita kaoem perempoean sanget ketinggalan dengan perempoean di mana² negeri, dan lain bangsa.

Betoelpoen di Indonesia sini soedah banjak perkoempoelan² poetri, akan tetapi bagai manakah dapatnja meremboeg nasib kami jang teramat soekar ini, djikalau satoe samalain perkoempoelan tak bertjampoer gaoel. Maka kami bertiga mentjari daja oepaja soepaja dapatlah kita semoea berkoempoel. Dari itoe saja bertiga lantas mempoenjai pikiran lebih baik kita mendirikan congres sadja. Akan tetapi soedah temtoe ta'dapat congres itoe akan djadi, djikalau tjoema tiga orang sadja jang akan bekerdja. Maka saja bertiga itoe waktoe lantas di bantoe oléh soedara Soenarjati sebagi djoeroe toelis. Saja berampat memoehoen kedatangannja soedara kaoem poetri di Djokja sini, dari poetri bangsa perkoempoelan maoepoen jang boekan.

Serta soedah tjoekoep semoea sadja menerangkan apa jang djadi maksoed kita. Dari itoe kaoem poetri jang terseboet di atas semoea moepakat, akan berdirinja congres ini, dan toean poetri mana soeka kasi bantoean setjoekoepnja dengan tidak takoet soesah pajah. Dari itoe di dalam satoe minggoe soedah berdiri comité congres ini, dan diberi nama 'Congres Perempoean Indonesia'. Toean poetri dari perkoempoelan mana nanti akan di terangkan oleh soedara Soekaptinah. Selain-dari itoe soedahlah ta' mengherankan bahwa berdirinja comité congres ini mendapat rintangan² jang bersipat kritiek. Ja itoe kritiek jang keloear dari fihak kaoem koeno (kolot) jang masih tjinta sekali kepada keada'an jang toea. Pendeknja jang masih soeka dengan adat isti-adat zaman jang saja tidak taoe lagi. Akan tetapi kritiek jang matjem begitoe saja semoea temtoe memboeta toeli, sebab soedah mendjadi kebiasaän, soedah terdjadi hoekoem alam, djikalau ada jang bernijat baik jang bangsa penggoda rentjana moestika berdaja oepaja, agar soepaja ta' terdjadinja jang berniat baik tadi. Demikianlah poela terdjadinja comite Congres Poetri Indonesia ini. Walaupoen soedah terang kepentinganja kaoem penggoda (atau kaoem kolot) masih merendahkan kaoem kita prempoean sadja.

Ja itoe maoenja: 'Kaoem isteri tak perloe bercongres-congresan'; 'Kaoem isteri di dapoer tempatnja'; 'Kaoem isteri tak perloe memikir hal pengidoepan'; sebab itoe hal wadjibnja kaoem laki-laki: ada lagi yang membilang.'

'Kaoem isteri Indonesia beloem mateng, beloem bisa berdamai hal perkoempoelan, demikianlah kata kaoem penggoda.' Akan tetapi orang jang ingin mentjapai toedjoeanja, haroes berani membantah kritiek di depan pembitjaraän dan depan tenaga. Jaitoe tenaga bekerdja dengan sedjoedjoernja hati. Pada dewasa ini soedah terliatlah kepentinganja pergerakan kaoem estri zaman kegelapan. Jalah zaman di dalem mana kaoem estri hanja dianggep baik boeat di dapoer sahadja, itoe soedah laloe. Djaman sekarang jang bisa di bandingkan zaman kemadjoean.

Oleh karena itoe zaman ini soedah waktoenja boeat mengangkat deradjatnja kaoem isteri, agar soepaja kita tida terpaksa doedoek di dapoer sadja.

Setemtoenja perkata'an saja ini tidak bermaksoed melepaskan poetri Indonesia ini dari dapoer. Akan tetapi ketjoeali didalem dapoer No.1 kita haroes toeroet memikirkan djoega, apa jang dipandang oleh kaoem lelaki. Sebab soedah djadi kajakinan kita, bahwa orang lelaki, dan orang perempoean itoe moesti berdjalan bersama-sama didalam bergaoelan pripengidoepan-oemoem. Artinja tidaklah perempoean mendjadi laki, akan tetapi perempoean hanja tinggal masih perempoean akan tetapi deradjatnja haroes disamakan dengan orang lelaki. Djangan sampai direndahkan waktoe zaman doeloe-kala (kolot).

Demikianlah toedjoean kami. Lain dari itoe masih banjaklah kaperloean poetri Indonesia jang perloe diperbaiki. Dari sebab itoe terlihatlah kepentingannja, mengoempoelkan perhimpoenan-perhimpoenan poetri dari seloeroeh Indonesia, boeat berdamai hal kaperloean-kaperloean jang tersebut tadi.

Kaperloean ini ta' perloe diseboetkan lagi sebab nanti akan dibitjarakan oleh oetoesan-oetoesan dari perhimpoenan[2] poetri jang berhadelir di congres ini.

Boeat penoetoep kami hendak mengoeraikan penghoermatan dan trima kasihnja hoofd-comité congres ini: pertama kepada RT Djodjodipoero, jang soedah termashoer kemoedahan hatinja kepada semoea perhimpoenan kebangsa'an kita, dan jang soedah memberi tempat boeat congres ini, kedoea kalinja hoofd-comité membilang seriboe banjak trima kasih kapada saudara² dan perkoempoelan² jang memberi darma oewang maoepoen perkakas² dan kekoeatan badan dan jang memberi tempat pemondokan tamoe boeat keperloean congres ini.

Lain tidak saja harep dan saja poedji bahoea congres ini akan selamat djalannja dan dapat memberi hasil kepada kita poetri Indonesia.

Dengan ini congres perempoean Indonesia jang pertama ini kita boeka.

Pemberitaän ringkas dari CPI jang diadakan di Mataram moelai tanggal 22/23 Dec–25 Dec 1928, bertempat di Djojodipoeran.

Pemberitaän ringkas dari CPI jang diadakan di Mataram moelai tanggal 22/23 Dec–25 Dec 1928, bertempat di Djojodipoeran

Pimpinan congres:

1 RA Soekonto, Voorzitster.
2 Sdr St Moendjiah, Vice-voorzitter.
3 Sdr St Soekaptinah, Secretaresse I.
4 Sdr Soenarjati, Secretaresse II.
5 Sdr RA Hardjodiningrat, Penningm I
6 Sdr RA Soejatien, Penningm II
7 Sdr Nji Adjar Dewantoro, Lid.
8 Sdr Drijowongso, Lid.
9 Sdr Moeridan, Lid.
10 Sdr Oemisalamah, Lid.
11 Sdr Djohanah, Lid.
12 Sdr Badijah-Moerjati, Lid.
13 Sdr Hajinah, Lid.
14 Sdr Ismoedijati, Lid.
15 Sdr RA Moersandi*, Lid.

* Karena halangan besar saudara ta' dapat dateng.

Pada hari malam Ahad tangal 22/23 Dec. 1928, sebagai permoela'an diadakan receptie oentoek kaoem perampoean dan kaoem laki² jang dipersilahkan oleh CPI Maka pertemoean ini koerang lebih dikoendjoengi oleh 1000 orang, diantara mana oetoesan² dari perhimpoenan perempoean:

1. Poetri Boedi Sedjati, Soerabaja; 2. Poetri Indonesia, Soerabaja; 3. Wanito Katholiek, Solo; 4. Roekoen Wanodijo, Jakatra; 5. Wanito Sedjati, Bandoeng; 6. Poetri Indonesia, Mataram; 7. Darmo Laksmi, Salatiga; 8. Boedi Rini, Malang; 9. Margining Kaoetaman, Kemajoran; 10. Karti Wara, Solo; 11. Boedi Wanito, Solo; 12. Wanito Katholiek, Mataram; 13. Jong-Java, Mataram; 14.

Jong-Java, Salatiga; 15. Jong Islamieten Bond, Jakatra; 16. Wanito Kentjono, Bandjarnegoro; 17. SIBI, Soerabaja; 18. Hoofdbestuur Aisijah; 19. Santjaja Rini, Solo; 20. Aisijah, Solo; 21. Wanito Oetomo, Mataram; 22. Wanito Moeljo, Mataram; 23. Taman-Siswo, Mataram; 24. Panti-Krido-Wanito, Pekalongan; 25. Jong Islamieten Bond, Mataram; 26. Jong-Java, Jakatra; 27. Jong Islamieten Bond, Tegal; 28. Natdatoel Fataät, Mataram; 29. Kesoemo Rini, Koedoes; 30. Oetoesan dari Sdr, Isteri Sumatra.

Dari perkoempoelan laki-laki:

1.Boedi Oetomo; 2. PNI (Hoofdb.); 3. CPPPBD; 4. PI (Hoofdb.); 5. PI (afd.); 6. PSI. (Mat.); 7. MKD; 8. JJ (Mat.); 9. Walfadjri (Hoofdb.); 10. PAPI Bat; 11. PJA; 12. PTI; 13. Jong Madoera; 14. Hoofdb. Mohammadijah; 15. JJ Bat; 16. JIB (Hoofdb.); 17. PAPIM; 18. PSD; 19. Sangkara Moeda; 20. INPO; 21. SIAP Oetoesan dari pers[2] dan pemerintah berhadelir djoega.

Djam 7 pertemoean moelai sebeloemnja diboeka maka kedatangan Toean[2] jang terseboet diatas dihormati dengan gamelan, jang boenjinja seakan-akan mengoempoelkan perasaän dan pikiran Toean[2] jang datang disitoe. Sesoedahnja toean Pemoeka memberi selamat dan mengoetjap terima kasih kepada toean Roemah, RM Djojodipoero, laloe mentjeriterakan hal babadnja pendirian congres. Sehabisnja pembicara'an Toean Pemoeka, maka penoelis dari CPI menerangkan hal azas congres jang berikoet:

1 Soepaja mendjadikan pertalian antara perkoempoelan perempoean Indonesia.

2 Soepaja kita bersama-sama membitjarakan hal kewadjiban.

3 Keboetoehan dan 4 Kemadjoean.

Setelah pidato selesai, maka beberapa gadis memberi panembromo.

Oetoesan-oetoesan dari perkoempoelan laki-laki diberi kesempatan boeat bitjara sedikit. Maka berganti-ganti oetoesan[2] jang terseboet memberi selamat dan mengatakan kegembira'an hati djoega oentoek kedjadian congres perempoean jang pertama.

Kira-kira poekoel 9 baharoe selesai. Sesoedahnja toean Pemoeka mengoetjap terima kasih kepada sekalian jang memberi selamat, maka kanak-kanak dari 'Kindertuin' Taman-Siswo bernjanji dengan bermain seperti mentjahari boenga. Sebeloem itoe moelai, seorang anak perempoean, jaitoe jang mendjadi wakil dari kanak-kanak itoe berkata kehadapan rapat, mengeloearkan kegembira'an hatinja, bahwa sekalian kaoem Iboe memperhatikan soenggoeh-soenggoeh tentang hal kewadjibannja seperti Iboe Indonesia.

Diam dan sengap mereka jang berhadelir semoea kelihatan mendengarkan dengan ingat-ingat pada perkata'an anak itoe. Tiada dengan pajah anak-anak bernjanji adalah sepoeloeh couplet.

Rioehlah tepok tangan seberhentinja pernjanjian itoe. Gamelan berboenji seolah-olah mendiamkan soeara jang ramai itoe. Maka tidak lama pertoendjoekan tableau-tableau berganti-ganti.

1 Dewi Sinto membakar diri.
2 Sri Kandi.
3 Mendjadi penoetoep jaitoe tableau Perikatan Isteri Indonesia.

Moela² scherm tertoetoep. Kedengaran beberapa gadis menjanji dengan njaring soearanja didalem bahasa Indonesia. Pada pemboeka'an scherm, maka berdirilah gadis-gadis sebanjak kalangan poelau Indonesia, berpakaian seperti orang perempoean dari tiap-tiap poelau-poelau itoe.

Heran semoea sekalian saudara jang melihat, kemoedian toean-toean jang berhadlir berteriak serta berkata: 'Hiep, hidoeplah persatoean Perempoean Indonesia' sampai beberapa kali.

Dengan selekas-lekasnja scherm ditoetoep lagi. Sesoedahnja penoelis dari CPI membatja telegram dari perhimpoenan dan saudara, jaitoe: 1. Kaoem Iboe Sumatra; 2. Kaoetaman Isteri Sumatra; 3. Wanito Oetomo Buitenzorg; 4. Hoofdb Madjelis Oelama; 5. Poetri Pemoeda Sumatra (Welt); 7. Pemoeda Sumatra, (Welt); 8. Nji Adjar Soerjodipoetro, (Bandoeng); 9. Toean Darmoatmodjo (Welt), jang semoea bermaksoed memberi selamat pada congres, maka toean pemoeka memberi terima kasih kepada ra'jat jang berhadlir. Laloe pertemoean ditoetoep. Sekalian saudara dikasih kesempatan melihat atau membeli tentoonstelling.

Akan tetapi oetoesan² dari perkoempoelan perempoean masih harus tinggal disitoe akan melandjoetkan keperloean.

Beloem lama berhenti djam 11 saudara poeteri-poeteri disoeroeh doedoek lagi. Maka Toean Pemoeka memboeka itoe persidangan. Berganti-ganti segala oetoesan menerangkan dengan pendek azasnja sendiri-sendiri.

Beroepa-roepa sekali toedjoean-toedjoean itoe, seperti adalah jang akan memadjoekan kunst, akan memadjoekan Igama Keristen, akan mengentjangkan hal roemah tangga, ada lagi jang akan mensiarkan agam Islam, akan menegoehkan perasaän kebangsaän dan lain-lainnja, pendeknja matjam matjam azas azas itoe semoea.

Djam 12 baharoe siap. Karena keperloean soedah tjoekoep dan lagi jang berhadlir kelihatan soedah lelah, maka sehabisnja tamoe-tamoe makan dan minoem perdjamoeannja, toean pemoeka memoedji selamat poelang dan selamat tidoer. Ramai dan keras boenji gamelan, sekarang seakan-akan mengoembatkan toean-toean jang terdapat disitoe.

Esaknja (hari Ahad) moelai pagi² hari hoedjan lebat, berangin riboet, seperti keada'an disanoebari kaoem perempoean, jang akan bergerak-gerak boeat mendjoendjoeng deradjat perempoean Indonesia, soepaja djanganlah tinggal djaoeh kebelakang dari pada kaoem perempoean bangsa lain, lagi poela, soepaja dapatlah menjokong kemadjoean kaoem laki-laki, poetera Indonesia.

Akan tetapi, meskipoen moesim sebegitoe, kedatangan kaoem perempoean seperti aliran soengai pada waktoe itoe djoega, sehingga baharoe djam 8.30 diroemah pendapa Djojodipoeran soedah ramai, koersi-koersi ta'kelihatan koersi lagi, tetapi badan manoesia. Soenggoeh hoedjan jang toeroen sepagi hari itoe jang menelapkan, bahwa sebetoelnja kaoem perempoean Indonesia djoega soedah tjinta pada pergerakan.

Makin lama makin terang. Djam 9 hoedjan berhenti. Tidak lama matahari terbit. Langitpoen mendjadi tjerah. Didalam pendapa, jang baharoe tadi gelap, sekarang terang poela, seperti moeka kami VI pengoeroes, karena kami gembira melihat rapat jang berhadlir.

Toean pemoeka memoekoel médja, sesoedahnja memberi selamat dan mengoetjap terima kasih, persidangan besar lantas diboeka, dimoelai dengan perminta'an, soepaja pidato-pidato djanganlah melanggar wet pemerintah dan lagi menjakitkan hati orang lain.

Oetoesan² dari perkoempoelan perempoean masih tetap seperti pada 22/23, serta pers dan wakil-wakil pemerintah terdapat djoega.

Beberapa gadis dari Siswoprojo (anak Aisijah) memadjoekan panembromo didalam bahasa Arab dan bahasa Indonesia, jang bermaksoed memberi selamat datang dan memoedji, maksoednja congres akan bikin persatoean perempoean Indonesia, soepaja tertjapai:

Maka sementara itoe pidato² moelai dan lagi jang berpidato pada hari itoe:

1 Penoelis dari CPI, menerangkan hal toedjoean congres.

2 Sdr RA Soedirman, (wakil dari PBS Soerabaja memberi lezing hal deradjat dan harga diri perempoean Djawa.

3 Sdr St Moendjiah, (Hoofdb. Aisijah) memberi pemandangan deradjat perempoean.

4 Nji Adjar Dewantara, tentang hal adat istiadat perempoean.

5   Sdr Moega Roemah, tentang hal 'Perkawinan kanak-kanak'.

Djam 12.30 persidangan ditoetoep.

Rapat oemoem pada hari Senèn tanggal 24 Dec keada'annja seperti pada hari Ahad djoega, ketjiwa jang mengoendjoengi lebih sedikit, tetapi djoega tidak koerang dari saudara 500 orang.

Jang memberi lezing:

1   Sdr St Soendari, tentang hal 'koewadjiban dan tjita-tjita poeteri Indonesia'.

2   Sdr Tien Sastrowirjo, hal djalan kaoem perempoean pada waktoe ini dan kelak.

3   Sdr Djami (Darmolaksmi), hal didikan dan pengasihan rawatan jang sempoerna oentoek baji moelai dikandoeng tiga boelan.

4   Sdr Djojodigoeno, (WO Mat.), hal merawat kanak² dan koewadjiban perempoean.

Djam 12.30 persidangan soedah laloe. Esoknja rapat oemoem jang ketiga pada hari Selasa 25 Dec jang datang lebih banjak, sehampir banjaknja pada hari Ahad.

Jang bitjara:

1   Penoelis CPI mempersilahkan poetoesan jang diambil oleh persidangan tertoetoep pada hari Ahad malem, dan Senèn malem.

2   Sdr Njonja Goenawan, hal salah satoe koewadjiban orang perempoean.

3   Sdr St Marjam, tentang hal pekerdja'an siciaal.

4   Njonja Soenjoto, (Wanito Sedjati Bandoeng), hal gambarnja njonja roemah.

5   Sdr Djohanah, hal keadilan.

6   Njonja Ali Sastroamidjojo, hal doedoeknja perempoean di Europa.

7   Sdr Soekati, menerangkan dengan pendek sekali hal 'kekoeatan jang misih ginaib'.

8   Sdr St Hajinah, tentang hal persatoean manoesia.

Lain dari pada itoe, misih ada saudara-saudara jang menjamboeng ringkas sekali hal pidato jang terseboet diatas.

Setelah soedah habis jang bitjara, toean pemoeka mengoelangi mengoetjapkan banjak terima kasih, memberi selamat poelang serta berdo'a, moedah-moedahan Congres ini betoel berhasil.

Pertemoean besar laloe ditoetoep dengan selamat.

Poetoesan-poetoesan

I Mendirikan badan permoefakatan, bernama Perikatan Perempoean Indonesia.

   a Hal organisatie seperti perkoempoelan biasa. Jaitoe dipimpin oléh pengoeroes harian, sedikit-dikitnja: Voorzitster, Secretaris, Penningm. dan 2 orang Commissaris.

   b Contributie sedikit-dikitnja f 1.–

   c Menerbitkan soerat kabar. Redactie menoeroet pendirian pengoeroes.

   d Tempat kedoedoekannja pengoeroes menoeroet banjaknja anggauta-anggauta, artinja jang terbanjak sendiri mempoenjai perkoempoelan jang soedah masoek dalam itoe badan mempoenjai hak pendirian pengoeroes PPI.

   e Boeat poetoesannja sekarang Mataram jalah jang mendjadi tempat pendirian pengoeroes.

   f Pengoeroes bagi sementara waktoe.

      1 RA Soekonto, (Voorzitster).

      2 Sdr Moegaroemah.

      3 Nji Adjar Dewantoro.

      4 Sdr St Moendjiah.

      5 Sdr St Soekaptinah.

      6 Sdr Soejatien.

Lain anggauta pengoeroes akan ditetapkan oleh pemoeka.

   g Jang soedah mendjadi anggauta PPI.

      1 WO Mataram.

      2 WK Mataram.

      3 Taman Siswo Mataram.

      4 Aisijah Mataram.

      5 b/g per JIB Mataram.

      6 b/g per PI Mataram.

      7 b/g per JIB Batavia.

8 b/g per JIB Tegal.

9 WK Solo.

10 Karti Woro Solo.

11 Aisijah Solo.

12 Panti Krido Wanito, Pekalongan.

13 Boedi Wanito, Solo.

14 Kesoemo Kini, Koedoes.

15 Darmo Laksmi, Salatiga.

16 Poetri Indonesia, Soerabaja.

17 Wanita Sedjati, Bandoeng.

18 Margining Kaoetaman, Kemajoran.

19 Roekoen Wanodijo, Batavia (Masoek sehabisnya Congres).

20 Poetri Boedi Sedjati, Soerabaia (Masoek sehabisnya Congres).

II Studiefonds

a PPI mendirikan badan ini, jalah akan menolong anak[2] perempoean jang ta'dapat menanggoeng ongkosnja beladjar.

b Badan ini dipisahkan dari badan PPI itoe.

III Memperkoeatkan didikan padvinsterij, tetapi tentang pakaiannja dan djalan lain ada terserah pada orangnja sendiri.

IV Menegah perkawinan kanak-kanak

a tiap-tiap anggauta haroes membikin propaganda tentang kedjelekennja itoe matjam perkawinan.

b Minta tolong kepada BB ambtenaar, soepaja menerangkan kepada ra'jat hal sematjam itoe.

V Mengirimkan motie kepada pemerintah.

a Soepaja fonds djanda dan anak jatim dengan selekas-lekasnja dipoetoeskan.

b Minta soepaja onderstand djanganlah ditjaboet.

c Minta soepaja sekolahan perempoean diperbanjak.

VI Mengirimkan motie kepada raad agama tiap-tiap ta'-lek haroes dikentjangkan, menoeroet apa jang soedah terseboet di igama Islam, dengan soerat.

Penoelis CPI

N.B. Tetapan pengoeroes sesoedahnja Congres.

1 RA Soekonto, (voorzitster).

2 RA Soejatien, (vice-voorz.).

3 Sdr St Soekaptinah, (secretaresse I).

4 Sdr Moega Roemah, (secretaresse II).

5 RA Hardodiningrat, (penningm.).

6 Nji Adjar Dewantoro, (comm.).

7 Sdr St Moendjiah, (comm.).

Aanggauta-anggauta redactie.

1 Sdr Nji Hadjar Dewantara.

2 Njonja Ali Sastroamidjojo.

3 Sdr Hajinah.

4 Sdr Ismoedijati.

5 Sdr Badijah.

6 Sdr Soenarjati.

I Motie

Tentang sekolah perempoean

Congres Perempoean Indonesia, berlangsoeng pada hari boelan 22 sampai 25 December 1928 di Mataram dikoendjoengi oleh oetoesan-oetoesan dari 29 perhimpoenan perempoean Indonesia:

a telah mendengarkan pembitjara'an[2] tentang hal pengadjaran oentoek anak-anak perempoean;

b menimbang, bahoea pada waktoe ini masih banjak orang-orang toea jang ta' soeka memasoekkan anaknja perempoean kedalam sekolah jang moeridnja perempoean dan laki-laki bertjampoer beladjarnja, sehingga dapat menjebabkan pada masa ini beloem banjak anak-anak perempoean bersekolah pada sekolah menengah dan sekolah tinggi:

Menetapkan:

1 minta kepada Pengoeroes 'Perikatan Perempoean Indonesia' akan memohonkan kepada Pemerintah akan tambahnja sekolah-sekolah perempoean;

2 memakloemkan motie ini kepada Volksraad dan Pers di seloeroeh Indonesia; dan setelah itoe meneroeskan pembitjara'an.

II Motie

Tentang taklek nikah

Congres Perempoean Indonesia, jang diadakan pada hari boelan 22 sampai 25 December 1928 di Jogjakarta, dikoendjoengi oleh oetoesan-oetoesan dari 29 perhimpoenan perempoean Indonesia;

a telah mendengarkan pembitjara'an tentang hal atoeran taklek dalam pernikahan Islam di Indonesia;

b mengetahoei, bahoea atoeran taklek jang terseboet itoe beloem diketahoei sedjelas-djelasnja oleh beberapa orang perempoean Indonesia, sehingga mereka itoe ta' mengarti benar akan wadjib dan haknja perempoean dalam perkawinan;

c menimbang bahoea soedah sepatoetnja, bilamana Pemerintah menegoehkan atoeran taklek itoe;

Menetapkan:

1. minta kepada Pengoeroes *'Perikatan Perempoean Indonesia'* soeka apalah kiranja memohonkan kepada Pemerintah akan mewadjibkan pada Raad Agama, akan memberikan soerat keterangan taklek kepada kedoea orang mempelai pada waktoe kedoeanja itoe dinikahkan;
2. mempermakloemkan motie ini kepada Volksraad dan Pers di seloeroeh Indonesia; dan setelah itoe meneroeskan pembitjara'an.

III Motie

Tentang modal-pertolongan oentoek djanda perempoean dan anak jatim

Congres Perempoean Indonesia, jang dilangsoengkan pada hari boelan 22 sampai 25 December 1928 di Mataram dikoendjoengi oleh oetoesan-oetoesan dari 29 perkoempoelan perempoean Indonesia;

a. telah mendengarkan pembitjara'an tentang hal nasib djanda perempoean dan anak-anak jatim dari pegawai negeri, nasib mana pada oemoemnja sangat hinanja, oleh karena pada waktoe itoe beloem ada atoeran jang tetap dari Pemerintah oentoek menolong djanda perempoean dan anak jatim terseboet dengan oeang onderstand.

b. menimbang, bahoea soedah selajaknja Pemerintah memperhatikan perikehidoepan keloearga dari pegawai-pegawainja, jang telah menjerahkan kekoeatannja pada Negeri;

Menetapkan:

1. minta kepada Pengoeroes 'Perikatan Perempoean Indonesia', soepaja mohon kepada Pemerintah akan segera mengadakan atoeran jang tetap dan adil tentang pertolongan oeang pada djanda perempoean dan anak jatim dari pegawai negeri, seperti termaksoed diatas;
2. mempermakloemkan motie ini kepada Volksraad dan Pers di seloeroeh Indonesia; dan setelahnja meneroeskan pembitjara'an.

Rantjangan-statuten

Dari badan permoefakatan 'Perikatan Perempoean Indonesia'

Fatsal ke I

Nama dan tempat-kedoedoekan

Badan permoefakatan bernama 'Perikatan Perempoean Indonesia' dengan singkatan: PPI dan berkedoedoekan di Jogjakarta atau ditempat lain, jang djadi kedoedoekan pengoeroesnja.

Fatsal ke II

Maksoed dan Ichtiarnja

1 PPI bermaksoed mendjadi pertalian antara segala perhimpoenan perempoean Indonesia dan memperbaiki nasib dan deradjar perempoean oemoemnja, teristimewa perempoean Indonesia, tiada dengan berazas sesoeatoe agama atau politiek.

2 Oentoek mentjapai maksoed itoe maka PPI akan:

a mentjahari dan menoendjoekkan djalan serta ichtiar-ichtiarnja malakoekan atau memadjoekan daja oepaja, oempamanja studiefonds terpendek memperboeatkan hal hal, jang oetama oentoek mentjapai maksoed itoe:

b mengadakan congres pada tiap-tiap taoen goena membintjangkan segala so'al perempoean, teristimewa so'al perempoean Indonesia;

c menerbitkan soerat-kabar, jang akan djadi balai soeara perempoean Indonesia oentoek membintjangkan perihal hak-hak dan kewadjiban, keperloean, kemadjoean dan segala pelbagai so'al jang berhoeboengan dengan kehidoepan dan penghidoepan perempoean oemoemnja, teristimewa perempoean Indonesia;

d mendjadi hakim-pemisah oentoek mendamaikan anggauta-angautanja jang berselisihan.

Fatsal ke III

Tentang hal anggauta

1. PPI hanja mempoenjai anggauta biasa.
2. Jang boleh diterima djadi anggauta jaitoe segala perhimpoenan, jang beranggauta dan ber-pengoeroes kaoem perempoean boemipoetera Indonesia.

Fatsal ke IV

Hal berhenti djadi anggauta

Tentang hal berhenti sebagai anggauta akan diatoer dalam Huishoudelijk Reglement.

Fatsal ke V

Hal pengoeroes

1. PPI dikemoedikan oleh pengoeroes, jang sedikitnja haroes berdiri dari lima orang anggauta, ja'ni voorzitster, vice-voorzitster, secretaresse, penningmeesteres dan commissaresse.
2. Tentang pemilihnja, berhentinja, atoearan soesoenannja diatoer dalam Huishoudelijk Reglement.
3. Di sesoeatoe tempat dimana terdapat djoemlah anggauta PPI jag terbanjak, berhaklah anggauta-anggauta disitoe minta berdirinja pengoeroes PPI ditempat itoe.

Fatsal ke VI

Hal pewakilan perhimpoenan

1. Pengoeroes djadi wakilnja perhimpoenan didalam dan diloear hoekoem.
2. Dalam perboeatan jang sjah dari PPI haroeslah ketoea djoeroe-soerat atau penggantinja bertenaga atau menandai soerat-soerat.

Fatsal ke VII

Hal oeroesan oeang

Oeang perhimpoenan terdapat dari ioeran tetap (contributie) dan dari segala pemberian derma.

Fatsal ke VIII

Huishoudelijk Reglement

1 Tentang keperloean lain-lain diatoer dalam Huishoudelijk Reglement, jang ta' boleh moeatkan fatsal-fatsal jang bertentangan dengan isi atau maksoed Statuten ini.

2 Dalam hal-hal, jang ta'termaktoeb dalam Statuten dan Huishoudelijk Reglement, maka pengoeroes berhak menetapkan sesoeatoe hal, asalkan sesoeai dengan maksoed Statuten dan Huishoudelijk Reglement.

Fatsal ke IX

Peroebahan Statuten dan perhapoesan

1 Oentoek merubah Statuten ini, haroeslah mendapat kemoefakatan dan poetoesan doea pertiga dari djoemlah anggauta jang menghadliri persidangan-taoenan atau persidangan loear-biasa.

2 Demikian djoega oentoek menetapkan atoeran-atoeran jang perloe diadakan, djikalau PPI akan dihapoeskan.

Rantjangan huishoudelijk reglement

Tentang hal anggauta

Fatsal ke 1

Penerima'an angauta

Perminta'an akan masuk djadi anggauta haroes disertai Statuten atau keterangan jang tjoekoep tentang azas-azas dari perhimpoenan jang akan mendjadi anggauta itoe.

Fatsal ke 2

Hal berhenti sebagai anggauta

a Berhenti sebagai anggauta boleh terdjadi: dari perminta'an sendiri;

b kalau dalam 3 boelan jang bertoeroet tidak membajar ioeran tetap, walaupoen soedah diperingatkan oleh pengoeroes.

c dari poetoesan pengoeroes, kalau beralasan kaadaan atau perboeatan dari sesoeatoe anggauta, jang mengetjewai atau bertentangan dengan azas PPI

d Atas poetoesan pengoeroes itoe, anggauta jang dikeloearkan boleh minta keadilan pad persidangan-anggauta.

Fatsal ke 3

Tentang hak-soeara

Tiap-tiap anggauta mempoenjai hak satoe soeara.

Fatsal ke 4

Pilihan dan soesoenan pengoeroes

1 Anggauta-anggauta pengoeroes dipilih dari dan oleh anggauta-anggauta pada persidangan-tahoenan.

2 Tentang soesoenan pendjabatnja hanja djabatan ketoea jang ditetapkan oleh persidangan itoe, sedangkan djabatan lain-lainnja ditetapkan oleh pengoeroes sendiri.

3 Pengoeroes hanja diangkat boeat satoe taoen lamanja, akan tetapi anggauta-anggautanja setelah meletakkan djabatannja sekoetika itoe boleh dipilih lagi.

4 Oentoek melengkapkan djoemlah anggautanja, maka pengoeroes boleh menambah anggauta sendiri sampai waktoe persidangan, dimana penambahan-anggauta itoe haroes disjahkan.

Fatsal ke 5

Kewadjiban voorzitster

1 Voorzitster wadjib menoentoen segala persidangan, baik dari pengoeroes, maoepoen dari anggauta, dan menanggoeng djawab atas segala perboeatan PPI

2 Wakil ketoea kalau perloe mendjadi penggantinja.

Fatsal ke 6

Kewadjiban secretaresse

1 Secretaresse berwadjib melakoekan pekerdja'an bersoeratan, memegang dan melengkapkan boekoe-anggauta, menjimpan archief dan mengatoer segala oeroesan oemoem dari badan pengoeroes.

2 Pada persidangan-taoenan ia wadjib mengoemoemkan verslag-taoenan tentang segala perboeatan dan keada'an dari badan permoefakatan didalam taoen jang baroe laloe.

Fatsal ke 7

Kewadjiban penningmeesteres

1 Penningmeesteres wadjib mendjaga ketertiban tentang penerima'an dan pengeloearan oeang perhimpoenan dan menoelisnja dalam boekoe-boekoe administratie sehari-harinja.

2   Pada persidangan taoenan ia haroes memboeat verslag-taoenan dengan disertai perhitoengan dan pengesjahan (rekening en verantwoording) oentoek keperloean terseboet Fatsal ke 11.

Fatsal ke 8

Kewadjiban commissaresse

Commissaresse sebagai anggauta oemoem dari pengoeroes wadjib mengamat-amati djalannja segala perboeatan perhimpoenan, menoeroet atoeran jang soedah ditetapkan dan wadjib memadjoekan segala ichtiar jang bergoena oentoek perhimpoenan.

Fatsal ke 9

Hal pengoeroes-harian

Voorzitster, secretaresse dan penningmeesteres atau pengganti-penggantinja, dalam segala oeroesan harian berdiri sebagai pengoeroes-harian dan berhak mengambil poetoesan-poetoesan, jang haroes dengan sigera diambilnja, dengan kewadjiban menanggoeng djawab terhadap pada pengoeroes jang lengkap tentang segala hal perboeatannja.

Tentang oeroesan oeang

Fatsal ke 10

Hal ioeran tetap

1   Tiap-tiap anggauta ditetapkan saban boelan membajar tetap sedikitnja f 1.– seboelannja.

2   Pengoeroes boleh mengidzinkan koerangnja dari djoemlah itoe, kalau dari pentjelidikannja dapat kejakinan, bahoea perloelah mengidzinkan koerangan itoe.

Fatsal ke 11

Hal perhitoengan pengesjahan

1 Pada tiap-tiap persidangan-taoenan maka persidangan itoe mengadakan koemisi-pemeriksa (verificatie-commissie) berdiri dari 3 orang anggauta, oentoek menjelidiki penerimaan dan pengeloearan oeang sebagai terseboet dalam Fatsal ke 7 HR.

2 Pendapatan penjelidikan itoe haroes dioemoemkan dalam persidangan-taoenan itoe oentoek disjahkan.

Fatsal ke 12

Kalau persidangan-taoenan telah mengesjahkan perhitoengan dan pengesjahan oeang itoe, maka penningmeesteres bebas dari segala tanggoengan.

Fatsal ke 13

Taoen jang dipakai sebagai taoen-perhimpoenan jaitoe taoen kalender Masèhi, jaitoe dari 1 Januari sampai 31 December.

Hal persidangan dan kongres

Fatsal ke 14

1 Sedikitnja setaoen sekali haroes diadakan persidangan anggauta; salah satoe dari pada persidangan-persidangan itoe dinamakan persidangan-taoenan.

2 Persidangan-taoenan haroes diadakan dengan kongres, jang boleh dikoendjoengi oleh orang-orang dari loear PPI dengan atoeran jang ditetapkan oleh pengoeroes.

3 Tiap-tiap taoen persidangan-taoenan menetapkan tempat kongres dalam taoen jang akan datang.

Fatsal ke 15

1 Dalam semoea persidangan maka segala poetoesan haroes dimoefakati oleh soeara terbanjak, terketjoeali kalau ada ketetapan lain.

2. Kalau soeara jang moefakat dan jang tiada ada sama djoemlahnja, maka voorstelnja dianggap tertolak.

3. Pengeloearan soeara tentang orang, haroes dilakoekan dengan soeara tertoelis jang dirahasiakan (geheime stemming).

Hal soerat kabar

Fatsal ke 16

Hal peroesaha'annja

1. Pengoeroes, atau badan lain atas perintah pengoeroes, boleh menerbitkan soerat kabar oentoek mendjadi tempat soeara PPI.

2. Atoeran tentang terbitnja haroes ditetapkan oleh pengoeroes, jang wadjib menanggoeng djawab, tentang peroesaha'an itoe.

3. Dalam oeroesan oeang maka peroesahan soerat kabar itoe berpisah dengan oeroesan oeang perhimpoenan.

Fatsal ke 17

Tentang hal redaksi

1. Redaksi soerat kabar diserahkan pada koemisi-redaksi jang sedikitnja haroes berdiri dari 3 anggauta, ketiganja haroes anggauta dari perhimpoenan jang telah masoek dalam perikatan PPI.

2. Salah seorang dari pada ketiga anggauta koemisi-redaksi itoe, haroes seorang wakil pengoeroes PPI.

3. Tentang segala hal, jang bersangkoetan dengan isi soerat kabar, maka pengoeroes dan koemisi redaksi haroes menanggoeng djawab.

Fatsal ke 18

Soerat kabar haroes diterbitkan di tempat kedoedoekan pengoeroes PPI.

Tentang perobahan

Fatsal ke 19

Segala perobahan atoeran dari Statuten dan Huishoudelijk Reglement berlaku dengan sjah, kalau sesoedahnja ditetapkan ada 4 minggoe telah laloe.

Fatsal ke 20

Tentang segala hal jang ta' termaktoeb dalam Huishoudelijk Reglement ini, maka pengoeroes berhak mengambil poetoesan, asalkan sesoeai dengan maksoed Statuten dan Huishoudelijk Reglement.

Fatsal ke 21

Huishoudelijk Reglement ini moelai berdjalan pad hari boelan ——

Pergerakan kaoem istri, perka–winan dan pertjeraian

Oleh Sdr RA Soedirman, (Poetri Boedi Sedjati).

Sebelumnja saja mengoeraikan begaimana akal-akal kita kaoem isteri dalam actie kita bergerak, soepaja kemoedian actie kita ini bisa dapat boeah jang sempoerna, maka hendaklah disini saja terangkan sedikit lebih doeloe, kemanakah toedjoean kita bergerak ini:

Toedjoean kita kaoem istri bergerak ini, teroetama jalah akan memperbaiki nasib kita dalam pergaoelan hidoep bersama (maatschappij) ini. Mereboethak-hakkita kaoem istri, akan bisa mempoenjai hak leloeasa sebagai lain machloek kodrat Toehan, sehingga dengan begitoe kita bersama-sama toeroet mendjoendjoeng deradjat kita bersama, mendjoendjoeng deradjat bangsa dan deradjat tanah air kita, dengan sebagaimana mestinja.

Itoelah teroetama toedjoean kita dalam pergerakan kita. Bagaimanakah djalannja sekarang hendak mendapat toedjoean kita itoe? Menoeroet pendapatan saja boeat itoe beginilah djalannja:

Lebih doeloe hendaklah kita kaoem isteri mengetahoei apa wadjib kita sebagai isteri. Mendjoendjoeng tinggi, menghormat dan menghargai wadjib kita itoe, serta bisa melakoekan dan menanggoeng akan koewadjiban ini, selaras dengan aliran djaman, jaitoe dengan djalan begini:

Mengoebah sendiri 'kepandaian' atau kebisa'an' serta adat 'istiadat' kita kaoem istri ini, tjotjok dengan aliran gelombang hidoep maatschappij jang makin lama makin tinggi tingkatnja ini. Tjotjok, sehingga mendjadi keboetoehan oemoem menoeroet djamannja. Pendek, hendaklah kita kaoem istri sekarang bertenaga, beractie dan berdaja oepaja akan bisa hidoep jang tjotjok dan pas dengan adanja maatschappij. Djikalau kita masih tinggal kebelakang, tidak soeka memperdoelikan keada'an kanan dan kiri, jang semangkin tinggi kemadjoeannja soedah tentoelah kita semangkin lama semangkin djoega ketinggalan dibelakang sadja, semangkin lama semangkin mendjadi kolot dan semangkin lama semangkin tidak ada harganja. 'Tidak ada harga' inilah teroetama jang mendjadi sebabnja kita tidak dihargai, dan tidak dihargai 'hak' kita oleh sesama kita berhidoep.

Apa goenanja kita dititahkan oleh Toehan hidoep didoenia, djikalau kita tiada berharga, tidak berhak soeatoe apa, karena kita tidak bisa apa-apa, tidak bisa ikoet gelombang doenia jang soedah di tetapkan oleh Jang Maha Koeasa mesti demikian djalannja itoe.

Soepaja berharga sebagaimana mestinja soeatoe oemmat jang Ditakdirkan hidoep didoenia selaras titah Toehan, soepaja bisa ikoet hidoep dialiran gelombang jang sempoerna, dengan diakoei 'haknja' serta soepaja dihargai orang, apakah jang haroes kita boeat?

Tidak lain, jaitoe kita kaoem isteri hendaklah memboeatdirikitasendiri sehingga berharga, mengerti pada harganja, dan menghargai diri sendiri; Baharoelah kita nanti lantas dapat harga semestinja. Kita sendiri jang haroes bertenaga mereboet ini.

Bagaimanakah sekarang kita haroes berboeat, soepaja diri kita kaoem isteri lantas berharga, tahoe harganja sendiri, dan soepaja lantas bisa dihargai oleh sesama kita dalam pergaoelan hidoep ini?

Tadi soedah kita katakan, bahwa lebih doeloe kita kaoem istri haroeslah taoe wadjib-wadjib kita sebagai istri itoe. Apakah wadjib-wadjib itoe tidak perloe saja terangkan lebih djaoeh lagi disini, sebab kita semoeanja kaoem istri. Lantas kita haroeslah sadar (jakin) bahwa koewadjiban istri itoe adalah soeatoe factor jang penting sekali dalam pergaoelan hidoep. Kita haroes tahoe, bahwa zonder kita, doenia tidak bisa sempoerna.

Zonder kita, doenia tidak bisa hidoep, dan zonder kemadjoean kita tidak akan doenia bisa madjoe. Itoelah kita haroes sadar (mengerti dengan kejakinan). Djadi semangkin baik kita melakoekan koewadjiban kita, semangkin tjakap kita istri melakoekan wadjib kita, semangkinlah sempoerna djoega pergaoelan hidoep kita dimaatschappij. Itoelah kita haroes jakin benar-benar.

Kita hingga tidak dapat harga dalam pergaoelan hidoep sekarang ini, tidak lain sebabnja karena kita kaoem istri ini jang sebagian memang tiada bisa melakoekan wadjibnja, sedang sebagian poela tidak mengarti harga pekerdja'an-pekerdja'an jang dilakoekan oentoek memenoehi wadjibnja sendiri itoe, sehingga tidak menghargai dirinja sendiri. Sebab 'tidak tahoe harganja' inilah, kita tidak bisa menghargai diri, dan itoelah sebabnja lantas kita tidakdihargai oleh lain fihak; tidak diberi hak, ketjoeali hanja dianggap sebagai soeatoe onnut element, soeatoe alat (perkakas) boeat kepelesiran belaka.

Apakah kita kaoem istri ini memang begitoe bodoh? tidak soek a bekerdja atau tidak bis a bekerdja? O, saudara-saudara, tengoklah sehari-harinja, bagaimana berat kita memikul kewadjiban kita, dan bagaimana berat kita melakoekan pekerdja'an kita tiap-tiap hari, akan dapat memenoehi wadjib kita itoe.

Soedah tentoelah, melakoekan sesoeatoe pekerdja'an itoe, boeahnja adalah tergantoeng dari kepandaiannja serta kebisaannja jang bekerdja, sedang mentjoekoepi keboetoehan itoelah djoega tergantoeng dari faham serta tjakap atau tidaknja kita mendjalankan pekerdja'an oentoek mentjoekoepi boetoeh tadi. Dari sebab itoe sebagaimana tadi soedah saja katakan:

'Kita kaoem istri haroeslah mamboeat tjakap diri kita sendiri boeat bisadengan soenggoeh-soenggoeh mentjoekoepi keboetoehanoemoem, menoeroet kehendak gelombang penghidoepan djamannja. 'Bekerdja berdaja oepaja, mentjari akal, bertenaga dan bersoeara mempertimbangkan dimoeka oemoem, apa jang haroes diberoebah keadaan jang soedah tidak tjotjok dan tidak selaras lagi dengan tingkatnja kemadjoean kaoem istri. Memboewang kebiasa'an kolot-kolot jang soedah tidak bisa dipakai (dipergoenakan) poela, dan memboeat tjotjoknja (aanpassen) diri dengan keada'an jang baharoe. Kita haroes belomba-lomba mengoedji pengetahoean baharoe, dan memboewang adat kolot jang soedah tidak pas lagi dengan keboetoe h a n pada ini masa. Kita haroes bisa hidoep mentjoekoepi keboetoehan oemoem jang sedjadjar dengan keada'annja teman kita hidoep, jaitoe kaoem lelaki, dan kita haroeslah berboeat soepaja didoenia lelaki terasa boetoehnja pada kita, sehingga mereka ini merasa tidak bisa sempoerna zonder kita dan lantas mengakoei hak dan harga kita kaoem istri didalam pergaoelan hidoep bersama ini.

Salah satoe dari barang koeno, jang soedah tidak tjotjok lagi dengan djaman sekarang ini, dan seharoesnja soedah lama diperbaikiitoe, jalah hal:

Atoeran perkawinan dan pertjeraian

Didoenia kaoem kita, jang masih berlakoe sehingga sekarang ini, halmana soedah ternjata semata-mata tidaklain hanja semangkin lama semangkin menoeroenkan deradjad kita kaoem istri belaka. Hal atoerannja: 'perkawinan dan pertjeraian' inilah dan sekarang hendak saja madjoekan sedikit dalam ini Congres akan soepaja mendjadi perhatian oemoem:

'Berkawinan' itoelah ertinja: 'berhoeboengan laki dan istri, boeat hidoep bersama-sama, dan mengatoer bersama-sama segenap keboetoehan dan keperloean, jang berhoeboengan dengan hidoep itoe. Laki dan istri masing-masing dengan menjoekoepi pada wadjibnja sendiri-sendiri sebisa-bisanja, jaitoe soepaja baik serta sempoernanja penghidoepan bersama sama itoe.

Dalam perhoeboengan hidoep ini lelaki mempoenjai wadjib dan hak sendiri, sedang begitoepoen djoega seharoesnja isterinja. Dan dengan wadjib dan hak kedoeanja bersama itoe, haroes kita bekerdja bersama-sama.

Tetapi inilah kebanjakan tidak begitoe. Koewadjiban jang djadi bagiannja perempoean, si-istri haroes memikoel sebetoel-betoelnja sedang hak-hak segenapnja teroetama hanja si-laki jang mengoeawasi. Hal ini oemoemnja soedah moelai terlihat pada waktoe kita istri akan dikawinkan. Kalau lelaki senang pada soeatoe istri, lelaki itoe lantas minta pada orang toewa atau wali kita kaoem istri. Istri jang dipinta ini tidak ditanja lebih-soeka atau tidaknja akan dikawin si A atau si B, tetapi hanja diberi tahoe sadja oemoemnja pada beberapa hari sebeloemnja dia dikawinkan, dan maoe atau tidak, di-kawin dia moesti.

Hak menolak, hak bersoeara menoeroet perasa'an sendiri, apalagi hak kawin sendiri sebagai lelaki memilih mana jang disoekainja, itoelah kaoem istri sekali kali tidak mempoenjai. Meskipoen itoe lelaki djelek, meskipoen dia tidak berhatsil, meskipoen dia tidak kita soekai, tetapi asal dia soedah soeka pada kita serta wali kita soedah accoord, moesti kita menoeroet djoega, dengan tidak dipandang jang kita masih beloem dewasa, dan bahwa toch kita jang kemoedian akan tanggoeng resiconja.

Begitoepoen djoega keada'an kita sesoedahnja kita ditangannja lelaki. Maoe atau tidak, kita haroes menoeroet soewaranja. Djikalau tidak begitoe atau dia soedah bosen, maoe atau tidak kita mesti pergi, diboewang, ditendang dan disingkirkan sebagai soeatoe barang jang ta' berharga. Bertereak setinggi langit, kita tidak bergoena. Itoelah semoea soedah oemoem mendjadi 'h a k-nja' lelaki. Atas hal ini kita istri semata-mata hanja sebagai perkakas belaka, sebagai 'lijdend voorwerp', karena dalam hal ini kita hanja poenja hak boeat 'di . . .' (wordt ge . . . . . .) sadja.

Hingga pada ini waktoe dalam so'al 'Peremboean dan Pertjeraian' ini kaoem istri sedikitpoen ta' ada mempoenjai 'hak' soeatoe apa, dan tidak poenja 'kemerdika'an' sedikitpoen. Hak kita dalam hal ini tjoema hak 'di-kawin', hak 'di-pilih boeat dinikah' dan . . . . . . 'hak di-tjerai' belaka. Begitoelah nasib kita.

Hanja satoe doea sadja diantara kita, jang dalam hal ini diberi hak bersoeara sedikit, jaitoe 'ditanja' lebih doeloe oleh orang toewa atau walinja, soeka atau tidak boeat 'di-kawinkan'. Walaupoen hak 'di . . . . . .' sebagai ini masih sedikit djoega berlakoe, saja merasa giranglah djoega, sebab inilah boeat saja soeatoe tanda jang djaman soedah beroebah sedikit-dikit. Kehendak peroebahan djaman soedah sedikit menimpa djoega pada kita, walaupoen jang tertimpa itoe hanja terpilih sadja. Jaitoe hanja mengenai pada kaoem kita jang sedikit soedah berpeladjaran dan dilakoekan oleh wali-wali kita jang sedikit atau banjak soedah soeka mengindahkan pada peroebahan djaman. Djadi semangkin kita sendiri berharga karena ada peladjaran, semangkin banjak poela wali-wali kita ada mempoenjai intellect, meskipoen sedikit djoega, intellect ini, lambat laoen dengan tentoe keada'an djoega akan beroebah sendiri.

Conclusie saja terhadap pada ini semoea tidak lain hanja begini:

Kalau kita ada harga, tentoelah kita dihargai, dan lama-lama tentoelah oemoem mengakoei dan memberi hak-hak pada kita. Misalnja sebagai saja katakan tadi, jaitoe: Adanja kawin paksa'an menjdjadi koerang, karena tidak sadja sebab soewara kita mendjadi dihargai boeat didengar, dan di-indahkan, sehingga orang lantas terpakasa tidak berani lagi mempermainkan pada kita, mendjoewal kita sebagai barang jang ta' berharga.

Meskipoen baroe sedikit, orang terpaksa soedah moelai mengakoei pad hak-hak kita. Sebabnja jaitoe hanja karena kita soedah ada peladjaran jang patoet dan orang lantas terpaksa berasa, bahwa kita haroes berkeada'an tjotjok dengan aliran djamannja.

Menilik keada'an-keada'an ini, saja harep soepaja kita moelai mengerti (sadar) bahwa sekarang in jang penting jalah ' *didikan*'.

Didikan pada perempoean dan pada anak tjoetjoe kita jang patoet, jang p a s, jang harmonisch dengan keada'an dan tingkat-tingkat kemadjoean djamannja ini, itoelah jang sekarang perloe kita madjoekan.

Dalam hal 'pekawinan' sekarang soedah ada peroebahan jang baik, walaupoen baharoe sedikit, hal mana ta' sedikit djoega mendjadikan gembiranja hati saja, dan saja poedji moedah-moedahan tidak demikian sadja selandjoetnja, tetapi moedah-moedahanlah baik dan sempoerna lagi, sehingga benar-benar ta' meroegikan lagi pada kita kaoem istri, sebagai manoesia jang soedah sedar pada 'haknja'.

Boeat mengoebah keada'an jang djelek begini ini barangkali tidak soesah, apalagi djikalau kita kaoem istri soedah sama mengerti, jang kita djoega soeatoe Oemmat-Islam jang berfikiran, berperasa'an, dan berdjiwa, dan boekan soeatoe perkakas jang hanja boleh di 'di . . . . . .' (wordt de . . . . . .) sebagai soeatoe alat sadja.

Menoeroet kejakinan saja boeat ini tidak ada lain djalannja hanja sebagaimana soedah saja terangkan tadi jaitoe beginilah:

'Kita kaoem istri, haroes-bertenaga akan mengisi kepandaian oentoek mentjoekoepi wadjibnja, dan sesoedahnja itoe lantas mempoenjai zelfkennis, zelfvertrouwen serta gevoel van eigenwaarde, jaitoe:

a mengetahoei diri sendiri;

b pertjaja pada diri sendiri, dan

c mengetahoei harganja sendiri.

Inilah sebabnja nanti kita kacem istri lantas:

a diketahoei dirinja;

b dipertjajai dirinja, dan

c diketahoei harganja; serta dihargai, sehingga kita mendjadi berharga, dan ber-hak, karena dengan begitoe kita lantas bisa menoendjoekkan bahwa tidak memakai kita, orang djadi 'boetoeh' pada kita, dan zónder kita: 'Orang benar-benar lantas 'merasa' boetoeh pada kita, dan achirnja tidak gampang orang mentjerai-tjeraikan kita, karena tidak gampang orang dapat 'mengawin' pada kita, sebab harga kita soedah mendjadi mahal itoe.

Deradjat perempoean

(Pidato Njonja Siti Moendjijah, anggauta pengoeroes besar Moehammadijah bagian 'Aisjijah Djokjakarta, pada sidang terboeka Congres Perempoean Indonesia di Mataram tanggal...........................).

Salam dan bahagia moedah-moedahan tetap pada djoendjoengan kita K. Nabi Moehammad s.a.w., kepada njonja-njonja dan toean-toean, dan kepada sekalian pengikoet-pengikoetnja.

Lebih dahoeloe saja mengenalkan diri bahwa saja Siti Moendjijah, salah seorang anggauta pengoeroes besar Moehammadijah b.g. 'Aisjijah di Djokja. Besar harapan saja bahwa dengan perkenalan ini dapatlah agaknja mendjadi langsoeng.

Kamoedian dari pada itoe maka sekarang moelailah saja membitjarakan beban saja seperti jang soedah termaktoeb dalam agenda No. 4, jalah atas opdrachtnja pengoeroes besar 'Aisjijah.

Njonja voorzitster jang terhormat,

Banjak trima kasih saja oetjapkan dengan penoeh-penoeh atas kemoerahan njonja, bahwa njonja soedah mengidzinkan pidato saja ini, dan kepada jang hadlir saja poen meminta banjak-banjak trima kasih atas perhatiannja mendengarkan.

Ini hari, kegembira'an hati saja tidak akan ternilai dengan apa poen djoea, sebab itoe tidak poetoes-poetoes saja bersjoekoer kehadlirat Toehan semesta 'Alam. Dengan adanja gerakan ini, maka moelai sadar dan bangoenlah bangsa kita perempoean Indonesia dari tidoernja jang njenjak; soeara jang berderoe-deroe senantiasa berhampiran dengan telinga merika, dan memang soedah wektoe kita kaoem perempoean moelai madjoe selangkan ke doea seteroesnja, sebab mata hari soedah terbit menjinari kita jang sangat soelaoe. Merika bangkit, kalau-kalau ketinggalan oentoek mentjapai kemadjoeannja. Dengan ini maka timboel doeka tjitanja dengan ichtiar sehingga dapat mengadakan Congres ini hari.

Ini hari, adalah jang pertama kali dari Congresnja kaoem kita perempoean Indonesia, jang oleh merika itoe soedah memberanikan diri meninggalkan soeaminja, anak, sanak saudara, roemah, pekerdja'an dan lain-lainnja, hanja oentoek mengoendjoengi ini rapat besar jang menoendingkan beberapa keperloean-keperloean oentoek hidoep bersama. Boeat diri saja, adalah ini soeatoe hal jang tida sedikit harganja, lebih-lebih dengan adanja in congres maka kenalan saja bertambah banjaklah djoemlahnja.

Boeat pertama kali, congres kita ini masih serba koetjiwa, karena dari persedia'an-persedia'an kita jang masih lebih djaoeh koerangnja itoe.

Soedah sementara lama kami, dari kaoem 'Aisjijah senantiasa memikir-fikirkan bilakah kita kaoem perempoean Indonesia dapat beramah-ramahan oentoek meroendingkan sesoeatoe masalah bagi keperloean kita bersama. Ini hari tjita-tjita itoe terkaboellah, dan oleh karenanja maka tidak habis-habis kami menjoekoer kepada Allah hoebaja-hoebaja akan gerakan ini dapatlah diperpandjang oesianja dengan banjak boeah oesahanja. Halangan penghambatan jang meroegikan terbebaslah, dan terloepoet dari segala ganggoean jang mendjeroemoeskan!

Penceh kepertjaja'an kami, bahwa njonja-njonja oetoesan dari berbagi-bagi perkoempoelan jang soedah mempoenjai organisatie baik, atau peratoeran roemah tangga molek nistjaja soedah bersedia-sedia betapakah ichtiar kita, soepaja kita kaoem perempoean dapat dipertinggi deradjatnja tertimbang dengan sekarang ini, dan bahwasenja kita dapat menetapi segala sesoeatoe kewadjiban jang bertali dengan hak kita perempoean. Hal ini tentoelah njonja-njonja rasanja soedah lengkap sebab soedah berkemas diri moelai dari roemah masing-masingnja.

Pidato saja ini adalah soeatoe pertimbangan jang saja sadjikan kepada njonja-njonja, dengan sangat saja harap moga-moga dalam pada mendengarkannja, djanganlah dipandang seperti pidato jang terasing didengarnja, melingkan pandanglah atas njonja poenja pidato sendiri, begitoelah dengan sebaliknja.

Ingat, pada galibnja kepada barang siapa jang mempoenjai tjita-tjita jang tinggi dan moelia itoe moengkin tertjapai manakaliat ototnja, dengan singkat bersabar tawakkal dan soeka bekerdja. Oentoek mentjapai ini maka bekalnja jalah:

Hendaklah mengekalkan baris persaudara'an dengan kokoh. Sesoenggoehnja, demi sjaithan itoe mengetahoei bahwa kita dalam persaudara'an itoe sangat rapatnja, maka boekan main ichtiar si sjaithan itoe akan memitjah persatoean, sebab itoe wadjib kita ingat djangan sampai terdjadi bertjerai-berai atas ganggoeannja. Boeat menolak ini maka ichtiarnja;

a radjin mengoesahakan diri mentjari obat dengan tidak memilih-milih ilmoe pengetahoean, banjak tauladan, dan lebar pemandangannja.

b bekerdja dengan sabar, ertinja tidak djemoe melakoekan sesoeatoe pekerdja'an itoe dengan tjerdik dan berati-ati.

Semoea itoe hendaknjalah kita kerdjakan dengan sesoenggoeh-soenggoeh lagi bidjkasananja. Sesoeatoe oesaha melakoekan pekerdja'an bila mengabaikan kesoenggoehan hati, bidjaksana dan soetji, maka djangan mengharep akan berhatsilnja, lebih-lebih bila hanja dikerdjakan dengan sesoeka-soeka dan dipermoedah.

Gelagat Doenia jang sekarang ini soedah kentara moelai 'Doeka tjita dan Bekerdja' boleh dikata seperti menanam padi jang dalam; soenggoeh, beloemlah sampai pada waktoenja kita bersenang-senang, mendiamkan diri, enak-enak dan merenoeng.

Saudara-saudara, toenggoelah sementara wektoe dengan kesabaran hati, apabila kita bersoenggoeh-soenggoeh menjampaikan segala maksoed itoe dengan tidak djemoenja, sebentar kita akan memetik boeah oesaha kita itoe.

Congres, njonja-njonja dan toean-toean jang terhormat,

Pada heimat adalah tingkat 'Kemoelia'an == Kederadjatan' itoe terbagi djadi tiga bahagian:

1 tinggi boedinja,

2 banjak 'Ilmoenja, dan

3 baik kelakoeannja.

Konon sekiranja kita dengan sesama memeriksai boekoe-boekoe tambo Doenia, maka lantas dapat mengerti dengan sendiri sampai kemanakah deradjat kita perempoean ini. Sebagian besar dari bangsa-bangsa itoe berkepertjaja'an bahwa bangsa kami itoe adalah hamba Toehan jang sangat dari pada manoesia biasa, sehingga dipandangnja seperti hewan belaka. Dengan begitoe maka soedah selajaknja bahwa bangsa kami perempoean itoe wadjib menoeroet dan setia barang apa jang diperintahkan oleh orang lelaki.

Pada zaman dahoeloekala di Japan orang perempoean dilarang keras berbakti kepada Allah, melakoekan sesoeatoe pekerdja'an jang soetjipoen ditjegahnja, sehingga Agamanja poen melarang tentang hal ini.

Di negeri Tjina djoega seperti itoe, malah-malah boeat masoek ke Tjandinja dilarang djoega.

Poen di Sindoestan tidak akan soeka ketinggalan, setali tiga oeang. Dalam Agama Hindoe diterangkan, bahwa orang perempoean bangsa kami itoe tidak soetji; merika dilarangnja dengan koeat-koeat tidak diperkenankan meremboek tentang seloek-beloeknja kitab soetji, dan apabila ia berani memegang salah satoe. Artinja jang mendjadi sesembahannja, maka dengan sekoetika itoe djoega diroesaknja itoe Artja (Berhala).

Di tanah 'Arab ada lebih sekali penghina'an dan perendahan ini, jalah sebelum Agama Islam lahir di Doenia. Orang-orang perempoean bangsa kami, dipandangnja lebih rendah dari pada hewan pelihara'annja; anak-anaknja perempoean jang dilahirkan dari kandoengan iboenja dengan hidoep-hidoepan sampai mati memboenoehnja, sebab dipandangnja tidak berfaedah sekalipoen, dan membanjakkan beban makannja. Orang perempoean memang tiada mempoenjai kekoeatan seperti orang lelaki, padahal wektoe itoe dimoesimnja orang-orang 'Arab sangat gemar memboenoeh, merampas lain orang poenja hak, dan sangat kedjam hatinja.

Lima poloeh tahoen sebeloem Agama Islam lahir adalah soeatoe pertanja'an jang sangat menghiraukan, jaitoe: Adakah orang perempoean itoe djoega ber-Djiwa? Wektoe orang-orang Christen memboeat rapat di Maccon, salah seorang pendita bernama BISCHOP bertanja: Termasoek golongan manoesiakah orang-orang perempoean itoe?

Dengan pertanja'an jang kemoedian ini maka rioehlah orang membintjangkannja, jang kemoediannja sebagian besar dari anggauta rapat itoe menetapkan bahwa: orang-orang perempoean itoe poen termasoek bangsa 'Manoesia' djoega.

Salah seorang jang mengakoe dirinja soetji di.......... telah berkata: perkakas Sjaithan (The Organ of the devil). Kaladjengking jang hendak menggigit. Pintoe djalan masoeknja Sjaithan, dan djalan akan terdjeroemoes ke-dosa-an (The gate of the devil, and theraad of iniquitj) (koreksi tien sampai disini).

> Oelar Kisi jang menaboer bisa, dan Naga jang sangat menakoet-takoetkan.
> Pesawat dari Sjaithan oentoek mengambil Djiwa kita.

Oentoeng benar bahwa orang-orang jang bangsawan fikiran soedah bernasehat kepada kita jalah: St Bernard, St Anthonij, St Bonaventure, St Jerome, St Gregorij the great, dan St Cijprian.

Adat istiadat orang mempelaikan ada di tanah Europa, maka Proffesor Holland bersabda demikian: Bahwa faedahnja orang berlaki-bini itoe jalah hendak mempersatoekan dari antaranja orang lelaki dan perempoean, dan jang akan mengikat keroekoenan antara satoe sama lain dengan kokoh. Dalam pada perseroan ini maka adalah hak jang lebih besar atasnja ada pada fehak lelaki; si isteri tidak berhak mendjoeal atau lain-lainnja atas harta benda, dan tidak berkoeasa memboeat sesoeatoe perdjandjian (contract) atas tanggoengannja sendiri.

Oendang-oendang hoekoem jang menentoekan bahwa fehak isteri tidak berhak sesoeatoe apa itoe pada galibnja berlakoe di negeri Inggris.

Toean Hepworth berkata demikian: Peratoeran-peratoeran jang soedah lazim kita djalankan itoe, maka si istri adalah dalam pengoeasanja soeaminja. Oleh karena itoe walaupoen orang perempoean jang masih moeda, soetji, tjantik dan jang kaja sekali poen moengkin mendjadi genngamannja seorang soeami jang kedjam.

Timboelnja keada'an-keada'an ini semoea asal moelanja dari pengadjarannja pemimpin–pemimpin bangsa Barat. Serenta kaoem perempoean terasa akan berat beban penghidoepannja lantaran dari tindesan, semena-mena, perendahan dan lain-lain sebagainja, djoega tidak berhak atas barang harta bendanja dari merika poenja waris, maka bangkitlah hatinja bergerak hendak menoentoet haknja 'Deradjat Perempoean'.

Merika kaoem perempoean itoe berfikir, bahwa jang menjebabkan haknja hina-hina itoe lantaran dari bodoh. Baiklah sekarang kami bergerak madjoe mentjari pengetahoean dengan berseolah, dan bahwasennja perempoean itoe sama sadja dengan haknja lelaki.

Dengan keada'an jang demikian itoe maka tertjapailah maksoednja menoentoet pengetahoean itoe, dan soenggoeh benar perempoean zaman sekarang banjak jang pandai-pandai lantaran dari beladjar di sekolah-sekolah. Hanja sajang sekali, bahwa merika ini tidak dapat menggoenakan kepandaiannja itoe dengan sepertinja, malah kelebihan-lebihan dari batasnja. Boleh djadi hal ini tersebab dari kepajahan hidoepnja, lantas dapat sendjata oentoek mendjadi penawar.

Kemadjoean perempoean pad achir-achir ini soedah melebihi dari kodratnja, ta'kan tertemoe dengan sifat ke-perempoean-nja, sebagian dari kemadjoeannja itoe maka merika lantas bekerdja ada di: fabriek, mendjalankan spoor, motor terbang, d.l.l. malah ada jang mendjadi kampioen geloet, gontokan, hingga menjeberang laoetan akan mentjari tandingnja. Dengan begitoe maka soedah barang tentoe badannja kentara keras-keras dan ototnja poen melotot dengan sendirinja. Dalam pada ia mentjari tanding itoe maka maksoednja mentjari oeang semata-mata.

Tidak sadja demikian kemadjoeannja, tapi sekarang ada jang model baroe, ja'ni: potong ramboet precies seperti orang lelaki, djoega pakaiannja soedah merata banjak jang memakai tjara pakaian orang lelaki, dengan singkat maka kemadjoean perempoean pada galibnja tidak soeka alah dengan lelaki, baik sebarang apa sadja, sehingga sifat ke-perempoean-nja tidak lagi tertampak!

Saudara-saudara,

Adakah keada'an jang demikian itoe soedah sesoeai dengan kemadjoean perempoean, teroetama bagi kaoem dan bangsa kami perempoean Indonesia jang sebenar-benarnja??? Demikianlah pemandangan in jang pertama kali, dan jang kedoea kali datanglah sekarang saja membitjarakan tentang pertjeraian.

Congres jang terhormat,

Soelit benar hendak meroendingkan tentang soal pertjeraian, apakah sebabnja hal ini sering kedjadian. Salah satoe sebabnja ja'ni: bahwa antara lelaki dengan isteri berpisah; satoe dengan lainnja beloem pernah lihat; pada waktoe dipelaikan dengan tidak oesah ditanja-tanja, lantas dipaksa sadja oleh orang toea atau walinja. Dengan inilah jang agaknja menjebabkan merika itoe bergerak mentjari pergaoelan jang medika antara lelaki dengan perempoean dengan ichtiar apa sadja jang dapat mejampaikan maksoednja, karena pada fikirnja, bahwa dengan 'vrije omgang' ini maka nistjaja si laki dan si peremoean akan terang dapat melihat paras masing-masingnja, djoega tentang peri adat kelakoeannja nistjaja tiada tertoetoep-toetoep, sehingga dngan ini maka moengkin langsoengnja perhoeboengan bersoeami-istri dengan tidak akan tertemoe pertjeraian.

Dengan leloeasa menoeroeti hawa nafsoenja, sehingga merika memboeat tempat permandian, dimana pada tempat dimerdikakan orang lelaki dan perempoean berkoendjoeng doejoen-doejoen mandi djadi satoe dengan memakai pakaian jang sangat merdika poela jang oleh orang Barat dinamai Badcostum. Dan bagaimanakah pakaian hari-hari jang merika itoe pakai? O, soenggoeh sangat tjoekoep akan model-modelnja pakaian apa sadja ada. Sebentar-bentar ganti dengan mode jang bertentangan atas ke-perempoean-nja. Pakaiannja terboeka-boeka melipoeti 'oeratnja, jang atas ditoeroenkan, dan jang bawah ditarik mengatas, lengan badjoenja tidak poela mendjadi soal penoetoepan malah-malah dipotong sama sekali.

Inilah, bahwa bagi njonja-njonja teroetama pemimpin di Indonesia sejogijanja memperhatikan benar djangan sampai tjara jang demikian itoe mendjalar di tanah kita Indonesia.

Merika bangsa Europa berfikir, bahwa dengan tjara jang demikian itoe maka moengkinlah akan tidak bertjerai dengan soeaminja.

Soerat chabar *Natal Advertiser* di Amerika jang terbit pada hari 16 boelan April 1926 ada memoeat Statistiek dari boeah penanja taoen (Rt Rev) LWT Manning, Bischop (penghoeloe dari Agama Christen) di New York menerangkan: Bahwa sekarang ini di United Stated (Amerika) tiap-tiap orang berlaki-isteri 7, ada satoe jang bertjerai. Di Tokio tiap-tiap 5, satoe jang bertjerai. Di Teas tiap-tiap 3.9 djoega ada satoe. Di Oregon tiap-tiap 2.6 ada satoe jang bertjerai. Di kota Neveda dalam satoe tahoen ada orang 800 jang dipelaikan, dan 1000 jang bertjerai. Soerat chabar *Deily Express* jang terbit pada hari 27 boelan November 1926 memoeat statistiek jang disiarkan oleh Departement of Commers (kantoor besar pengoeroes pernijaga'an) menerangkan, bahwa di Amerika tiap-tiap 13 orang berlaki-istri, ada doea jang madjoe kehadapan madjelis pengadilan oentoek meminta tjerai.

Demikianlah kissah jang telah terdjadi dari golongan perempoean Barat.

Keada'an-keada'an jang begini roepa bagi kita kaoem perempoean dan teroetama pemimpin-pemimpin Indonesia adalah soeatoe koewadjiban jang berat, jang haroes diamat-amati benar-benar, dan jang tidak boleh kita abaikan atas tanggoengan kita.

Gedang ertinja dan tidak ternilai harganja, Congres kita Perempoean Indonesia ini, bahwa dengan dia nistjaja keada'an-keada'an jang sangat moengil bagi kita itoe dapatlah agak tertolak!

Moedah-moedahan Allah menolong kita, tertjapailah toedjoean dan maksoednja Congres ini agar soepaja kelak hari bangsa kami, perempoean, moelia dan tinggi mertabatnja. Aamien.

Sesoenggoehnja bangsa kita ini soedah poenja sendiri adat istiadat dan kelakoean (kesoesilan Jav) jang aloes, jang agaknja tidak akan alah denga ke-Barat-an dan lain-lainnja bangsa. Akan tetapi lantaran terdorong dari pengaroeh peridaran Doenia jang pad sangkanja molek, permai, berkilau-kilau d.s.b. istimewa poela menang, maka tergelintjirlah keada'an bangsa kita. Ja.......barang siapa jang baroe ketempatan alah, maka tidak oeroeng serba apa sadja nistjaja djelek, hina-dina dan tidak menarik penglihatan.

Boekan maksoed kami bahwa semoea kemadjoean bangsa Europa itoe tidak seharoes ditjontoh, itoe tidak ; sebab di antaranja ada poela jang patoet kita tiroe. Kita wadjib memilih, mana jang baik dan lajak kita tiroe, dan mana poela jang tidak pada kepatoetan, semoea itoe dengan djalan jang dingin, tenang dan berfikir. Kemadjoean bangsa Barat menoentoet ilmoe pengetahoean, adalah satoe-satoenja kemadjoean jang tidak boleh tidak kita bangsa perempoean Indonesia mentjontohnja dengan boelat-boelat. Pada sesoeatoe maksoed jang beloem tertjapai, maka tidaklah ia soeka memberentikan diri melingkan teroes meneroes ditjarinja hingga dapat, dan sekiranja soedah terdapat, maka lantas didjalankan sebagaimana mestinja. Inilah ada sifat mempertinggi deradjat Bangsa! Bagi bangsa kita perempoean Indonesia tidak demikian halnja, ada pada kebalikannja itoelah jang njata, dan hanja hal-hal jang koerang berharga itoelah di tiroenja, seperti apa jang soedah kami oeraikan di atas tadi.

Besar pengharapan kami, moga-moga mendjadi toentoenan bagi bangsa kita akan kemadjoean mentjari ilmoe pengetahoean baik di mana sadja, tidak takoet djerih-lelah, berani menempoeh sesoeatoe maksoed jang moelia walau poen hingga pada djangka oesianja, bekerdja mentjari hatsil (berniaga) dengan koeat-koeat tidak takoet roegi. Inilah jang haroes kita perhatikan, soepaja dengan kekoeatan hati tegoeh itoe maka tjakaplah agaknja bangsa kita mendjadi bangsa jang tidak rendah, dan tidak moela mendjadi miskin.

Beloem kita denger, bahwa bangsa kita Indonesia ada jang soedah banjak djadi Professor; paling tinggi pada abad ini hanja Mr Dr Ir dan bangsa kita itoe kalau berdagang koewatir meroegi. Bilakah dapat kita mendjadi moelia, sekiranja perasakan jang demikian itoe masih terletak pada sanoebari bangsa kita, ini oentoek kaoem lelaki.

Congres, njonja-njonja dan toean-toean jang terhormat,

Sekarang sampailah pada pembitjara'an tentang pemandangan dalam lingkoengan Islam. Dalam pada pembitjara'an ini tidak saja paksa-paksa soepaja saudara-saudara masoek ke Agama Islam, bahwa sesoenggoehnja hal ini adalah terserah atas hadjatnja masing-masing.

Hoekoem Islam diterangkan, bahwa 'Perempoean dan Lelaki' itoe bedalah. Perbeda'an ini boekan dari fehak lelaki lebih tinggi deradjatnja, dan fehak perempoean itoe lebih rendah, tidak?

Perempoean dan lelaki Islam itoe masing-masing berhak berkemadjoean dan berkesempoerna'an, dan bahwasenja jang dikata kemadjoean dan kesempoerna'an itoe jalah menoeroet hak batas-batasnja sendiri-sendiri.

Ketahoeilah, bahwa orang perempoean dilahirkan di Doenia itoe memang soedah membawa kodrat berbeda dengan orang lelaki. Oempamanja: fehak lelaki mempoenjai kekoeatan badan, sehingga dengan itoe maka dapatlah ia mengerdjakan sesoeatoe pekerdja'an jang berat-berat; tetapi fehak perempoean tidak demikian halnja, kekoeatan badannja haloes. Begitoelah seteroesnja. Bahwasenja kaoem perempoean itoe soedah mempoenjai koewadjiban sendiri, jang tidak dapat dikerdjakan oleh kaoem lelaki, ja'ni:

a   Boenting;

b   Melahirkan anak dari kandoengannja; dan

c   Memberi air soesoe, memelihara dan mendidik.

Tidak tjelanja orang perempoean tidak tjakap mengerdjakan sesoeatoe pekerdja'an dari bagiannja lelaki, sebalikoja poen tidak tertjertja sekiranja orang lelaki itoe tidak dapat mengerdjakan dari koewadjibannja orang perempoean. Inilah memang soedah ada haknja masing-masing jang tidak dapat dipoengkiri.

Sebagai djoega dengan hal 'Boeroeng dan Harimau'; Harimau dapat menggigit dan menelan dengan koeat-koeat, akan tetapi tidak dapat terbang. Sebaliknja; boeroeng tidak tjakap menggigit dan menelan, tapi terbang itoelah jang paling tjakap. Ke-doea-doeanja ini nistjaja tidak akan mendjadi tjela diantara satoe sama lain.

Teranglah soedah, bahwa beban koewadjiban orang perempoean menanggoeng keselamatan hidoep bersama, itoe berat, dan sekiranja tanggoengan ini ditambah poela, maka boekankah ini namanja menganiaja dan merendahkan diri sendirinja?

Fikirlah dengan soengoeh-soenggoeh.

Seorang wartawan berkata: Orang perempoean itoe mendjadi boenganja doenia. Boenga jang pelik lagi permai seharoesnja ditaroek pada vaas tempat jang indah ada di atas medja jang baik lagi mengkilap; boekan patoetnja boenga jang demikian itoe ditaroek pada tempat sembarangan, walaupoen bouqet jang elok poen tidak akan berharga boenga itoe.

Adapoen koewadjiban orang perempoean sang lelaki akan menoentoet ilmoe pengetahoean dan mengerdjakan ('amal) kebadjikan sama sadjalah haknja, tidak sepatahpoen dikoerangkan akan haknja, terlebih poela dalam erti melakoekan Agamanja.

Kepada njonja-njonja dan toean-toean jang beloem mengarti mengarti akan seloek-beloeknja Agama kita Islam ada jang bertanja demikian: Apakah sebabnja Islam mengadakan peratoeran bermadoe, dan bahwa thalaq itoe ada di atas kekoeasa'annja orang lelaki? Boekankah ini ada soeatoe djalan perendahan bagi perempoean?

Kalau ada orang jang bertanja demikian, maka kami poen timboel pertanja'an kepadanja: Adakah ke-badjik-an dan ke-harga-an bagi perempoean jang diboeat permainan, tertimbang dengan perempoean itoe di kawinnja?

Saudara-saudara,

Moedah-moedahan dalam pembitjara'an saja ini tidak salah trima, boekan sama sekali saja bermaksoed menggerakkan permadoean, dan tidak poela mengantjoeri fikiran kaoem lelaki bermadoe; fehak perempoean dengan soeka ridla menerima permadoean ini. Pertanja'an itoe karena timboel dari beberapa dakwa-dakwa jang tidak sebenarnja kepada Agama kita Islam, dikatakan bahwa Islam merendahkan deradjat perepoean sebab Islam memperkenankan bermadoe, dan bahwa thalaq ada pada tangan lelaki.

Fehak peremopean tidak memegang thalaq, itoe soedah pada tempatnja. Pada galibnja sifat perempoean itoe sangat tergesa-gesa barang apa jang mendjadi hadjatnja, koerang sabar, dan tahan, lemah, gampang sakit hati, dan seteroesnja. Tidak koerang-koerang perempoean jang menentang soeaminja meminta thalaq dengan sekoetikanja. Oentoeng, bahwa lelaki jang bersifat sabar dan koeat fikirnja memegang thalaq itoe, djika tidak, nistjaja moengkin terdjadi tiap-tiap boelan sekali bertjerai; dan seoempama fehak perempoean jang memegang itoe, maka bolehlah dipastikan tiap-tiap pekan bertjerai. Tjelakanja dari fehak perempoean, bahwa lantaran dari lemah fikirnja itoe, dan dari sebab tergesa-gesa sebarang hadjatnja, maka moengkinlah kemenesalan hatinja atas perboeatan terseboet. Fehak lelaki memegang thalaq, artinja bahwasannja thalaq atau perempoean itoe dalam tangannja si lelaki, bolehlah ia berboeat barang apa jang diberkenankan menoeroet hoekoem Agama, dan sesoenggoehnja Toehan Allah soebchanahoewata'ala itoe tidak senang melihat sikap lelaki jang gegabah melepaskan thalaq kepada isterinja hendaklah fehak lelaki berhati-hati dan dengan bidjaksana melepas itoe, maka tidak akan mendjadi sebab akan sesoeatoe hal jang sangat penting lagi menghalang-halangi akan hidoep bersama antara lelaki dan isteri. Sebaiknja bagi fehak perempoean, sekiranja ditimbang-timbang dengan seksamanja bahwa hidoep merika dalam soeami-bini itoe tidak membawa manfaat dan bahagia, maka tidak halangannja fehak perempoean meminta thalaq kepada soeaminja, dan si soeami haroes meloeloeskan.

Saudara-saudara,

Kami seroekan pidato saja ini dengan koeat-koeat kehadapan saudara-saudara, teroetama pemimpin bangsa kami, Perempoean Indonesia jang hendak memperdjoeangkan peridaran Doenia Perempoean agar soepaja 'Moelia dan Oetama', dendaknjalah dengan talitai lagi seksama mempeladjari sesoeatoe masalah, dan dapat menimbang sendiri manakah jang baik dan djelek, sebab keterangan saja ini sangat singkatnja, sehingga oentoek memberi sesoeloeh jang loeas nistjaja tidak pada tempatnja diterangkan pada madjelis ini, hanjalah sekedar perloe mandjadi pemandangan bagi gerak ladjoenja kita poenja 'Congres Perempoean Indonesia'.

Sekianlah pidato ini saja koentjikan, dengan meminta banjak ma'af barang apa jang koerang atau, djanggalnja perkata'an saja.

Wassalaamoe 'alaikoem warochma-toellohi wabarokatoeh.

Perkawinan anak-anak

Oleh Sdr Moegaroemah (PI)

Rapat jang terhormat,

Hal perkawinan anak-anak ini so'al jang terpenting oentoek kita orang Indonesia, karena perkawinan anak-anak ini masih banjak sekali di Indonesia ini.

Senang sekali hati saja membatja kitab hal perkawinan anak-anak karangan toean Dr Soetomo. Disitoelah toean Dr Soetomo mengoeraikan pemandangannja hal perkawinan anak-anak dan disitoe beliau menjeboetkan poela, bahwa soedah sering kali anggota-anggota dari perhimpoenan Mohammadijah. PSI dan SI mempidatokan atau membitjarakan hal perkawinan anak-anak itoe. Toean Dr Soetomo sendiri djoega soedah mempidatokan hal ini di congres Mohammadijah pada toean jang soedah laloe. Djadi soedah terang, bahwa perhimpoenan² itoe memperhatikan soal perkawinan anak-anak itoe jang sebenar-benarnja. Memang saudara-saudara itoe so'al jang haroes kita perhatikan jang sebetoel-betoelnja.

Djika sadja pada hari ini mengoeraikan pemandangan saja hal perkawinan anak-anak itoe, saja hanja mengoelangi sadja, karena seperti jang soedah saja katakan tadi soedah kerap kali ada pidato hal ini, akan tetapi karena pidato-pidato dan pembitjara'an-pembitjaraan itoe beloem banjak boektinja dan beloem boeahnja jang dapat kita rasakan jang enak dan manis, sebab itoe pada hari ini saja bermaksoed, mengadjak kamoe sekalijan, saudara-saudara bersama-sama melawan perkawinan anak-anak itoe, karena hal itoe mematahkan keslamatan dan keamanan kita. Saja tidak berani membitjarakan, bagaimanakah pemandangan ahli tabib atau ahli igama hal perkawinan anak-anak itoe, akan tetapi jang saja perdjamoekan kepada rapat jang terhormat jaitoe pemandangan saja sendiri.

Sering kali saja melihat dengan soesah hati, kalau ada moerid-moerid perempoean jang baharoe beroemoer 11 atau 12 taoen dikeloearkan dari sekolah sebab ia hendak dikawinkan. Maka dengan bertjotjoran air matanja anak itoe menginggalkan roemah sekolah. Disitoelah anak itoe soedah beberapa taoen bergaoel dengan goeroe dan handai-tolanja dengan senang hati. Sekarang anak itoe terpaksa berkawin dengan seorang laki-laki jang beloem dikenalinja, barang kali dengan orang jang masih koerang oemoernja. Ini kedoea-doeanja ta' baik semoea. Hal jang pertama, kalau anak perempoean jang masih koerang oemoer itoe tidak dapat menangkap atau mengerti pikiran soeaminja jang soedah mempoenjai pikiran jang tinggi. Dari sebab itoe moestahil, bahwa doea orang jang bersoeami, jang seorang ta' dapat menangkap pikiran timbangannja, itoe dapat mandjatoehkan keslametan dan keamanan diroemahnja atau kepada kaoem keloewarganja.

Karena anak istri tadi masih moeda dan bodoh, djadi soeaminjalah jang wadjib mendidik ia. Akan tetapi saudara-saudara, dapatlah pendidikan itoe sempoerna?

'Tidak' djawab saja, karena orang laki-laki itoe djarang diroemah, sebab ia haroes pergi mentjari nafakah. Meskipoen ia diroemah, dapatlah orang laki-laki mendidik isterinja hal pemegang roemah tangga atau hal kewadjiban orang isteri lain-lainnja?

Hal jang kedoea. Kalau laki-lakinja djoega masih koerang oemoer, djadi masih koerang pengetahoeannja, akan tetapi karena ia soedah beristeri, ia wadjib memimpin isterinja. Dapatkah ia melakoekan kewadjibannja, karena ia sendiri masih haroes mengoempoelkan pengetahoean?

Djawab saja 'Tidak' lagi.

Apakah kedjadian anak isteri jang terpaksa mendjadi njonjah roemah itoe? Bagaimanakah ia dapat memegang roemah tangga dan menetapi kewadjiban orang jang soedah bersoeami, karena ia sendiri masih moeda dan beloem banjak pengetahoeannja?

Tidak berapa lama, maka anak istri itoe tadi mendjadi iboe. Oentoek orang perempoean medjadi iboe itoe anoegerah Allah jang sebesar-besarnja, akan tetapi saudara-saudara, saja djoega sering kali tahoe, ada anak istri jang masih moeda dan soedah mendjadi iboe, ia tidak senang kepada anaknja, sebab ia masih senang bermain-main, sekarang ia terpaksa memeliharakan anaknja.

Meskipoen iboe jang masih moeda itoe maoe mempeliharakan anaknja, akan tetapi pikirlah saudara-saudara, dapatlah iboe jang masih mempoenjai fikiran anak jang beloem pandjang dan dalam itoe, mempeliharakan, mendidik dan memimpin anaknja jang sempoerna? Bagai manakah bangsa kita dapat madjoe dan berdjadjaran dengan bangsa lain jang soedah madjoe, bahwa poetra-poetranja tidak mempoenjai pendidikan dan pemimpinan jang sempoerna? Ingatlah saudara-saudara, bahwa soeatoe negeri tidak dapat madjoe, kalau pendoedoeknja beloem mempoenjai pendidikan dan pemimpinan jang baik.

Menoeroet pemandangan saja pendidikan jang sebaik-baiknja jaitoe pendidikan jang haroes dimoelai seboeloem baji dilahirkan seperti jang akan dibitjarakan oleh RA Soekonto. Dapatlah iboe jang masih koerang oemoer itoe melakoekan kewadjibannja jang penting dan soekar itoe?

Kebanjakan orang djoega berkata: 'Ah itoe hal jang moedah; tiap-tiap anak perempoean, meskipoen masih koerang oemoer, djika terpaksa memegang roemah tangga atau terpaksa mempeliharakan anaknja tentoe dapat, karena itoe soedah kewadjiban dan pekerdja'annja. Betoel saudara-saudara, itoe soedah pekerdja'an dan kewadjiban kita, orang perempoean, akan tetapi bagai mana kita dapat melakoekan pekerdja'an atau kewadjiban kita jang sebaik-baiknja, djika kita beloem mengetahoei ilmoenja?

Berilah anak-anak perempoean pengadjaran jang sempoerna, sebeloem ia mendjalani djalan penghidoepan, karena ialah pendidik anak jang seharoesnja.

Hal perkawinan anak-anak itoe soeatoe perkara jang terpenting dan jang haroes kita perhatikan jang sebetoel-betoelnja.

Lain dari pada koerang pengetahoean anak jang beloem sampai oemoer dalam hal pemelihara'an dan mendidik anak-anak, bolehlah perkawinan anak-anak itoe dinamai perkawinan jang absah? Jang dinamai perkawinan jang absah jaitoe kalau kedoea-doea orang jang berkawin itoe soedah setoedjoe. Djadi tidak boleh dipaksa. Dari pemandangan saja, anak jang beloem beroemoer 15 tahoen itoe beloem mengerti jang sebetoelnja, apakah jang dinamai berkawin itoe dan ia djoega beloem dapat mengatakan senang atau tidaknja ia kepada soeaminja.

Disara' djoega soedah terseboet, bahwa kedoea orang jang hendak berkawin itoe haroes setoedjoe. Sara' ini djoega soedah dilakoekan oleh toean penghoeloe, jaitoe bahwa ia mengawinkan orang, ia bertanja kepada kedoea-doea orang mempelai, (b. Dj. pengantèn) apakah doea orang itoe soedah soeka.

Biasanja mempelai doea orang itoe djoega berkata: 'soedah soeka', akan tetapi kebanjakan perkata'an ini dikatakan tidak dengan maksoed, karena dikeloearkan dengan bertakoet hati kepada orang toeanja. Djadi perkata'an itoe tadi tidak dapat dipertjaja, karena kebanjakan anak jang dikawinkan sadja oleh orang toeanja, djadi mempelai itoe hanja perkakas orang toeanja sadja.

Saja pertjaja, bahwa saja ta' oesah mengatakan kedjelekan perkawinan anak-anak kepada saudara-saudara kita jang soedah sastrawan, jaitoe jang soedh terpeladjar, karena saja pertjaja, djika mereka itoe soedah mengerti semoea dan saja djoega pertjaja, bahwa mereka itoe tiada maoe sekalipoen melakoekan kedjelekan itoe.

Akan tetapi saudara-saudara jang beloem mengerti kedjelekan perkawinan anak, jaitoe saudara-saudara kita jang di kampoeng.

Mereka itoe besar hati, kalau anaknja isteri jang masih ketjil soedah ada jang membinang atau soedah bersoeami, apa lagi, bahwa menantoenja itoe orang jang kaja atau mempoenjai pangkat, biarpoen menantoe itoe soedah toea, soekoerlah ia masih moeda.

Maka mereka itoe tidak memikir keslamatan anak dan tjoetjoenja pada kemoedian hari.

Mereka jang mengawinkan anaknja karena hanja ingin harta atau pangkat menantoenja sadja itoe boleh dikatakan, seakan-akan mendjoeal anaknja istri.

Sering kali saja melihat dengan matakoe sendiri, ada anak perempoean dikawinkan, akan tetapi anak perempoean itoe tidak soeka kepada soeaminja. Ia laloe dimarahi dan dipoekoeli oleh orang toeanja. Laloe jang demikian itoe apa tidak membikin soesah anak istri jang menderita itoe? Bahwa iboe senantiasa soesah hati, kemoedian hari dapatlah baik kedjadian baji jang dikandoengkan?

Marilah saudara-saudara, bersama-sama melawan adat-istiadat bangsa kita jang djelek itoe.

Saudara-saudara pemimpin-pemimpin jang sering kali bergaoelan dengan anak negeri, oempama saudara-saudara jang bersoeami dengan pegawai B. B. atau jang orang toeanja mendjadi pegawai B. B., verpleegsters dan goeroe-goeroe, baikpoen goeroe agama, maoepoen goeroe sekolah, kitalah jang dapat mentjapai ra'jat. Dari sebab itoe dapatlah kita mengoeraikan kedjelekan perkawinan anak itoe kepada saudara-saudara kita jang beloem mengerti hal itoe.

Djanganlah kita berdiam diri sadja. Kita jang soedah mengerti kedjelekan perkawinan anak itoe, wadjiblah kita menerangkan kedjelekan itoe jang sedjelas-djelasnja.

Sebeloemnja saja menoetoep perkata'an saja, saja hendak berkata sedikit kepada Hoofdcomité, karena hal ini tidak termasoek dalam ichtiar-ichtiar, sebab itoe, saja harep, soepaja dalam persidangan tertoetoep hal perkawinan anak-anak ini diperhatikan dan dibitjarakan oleh hoofdcomité dan oetoesan-oetoesan , karena dari pemandangan saja, perkawinan anak-anak ini soal jang terpenting dan jang haroes kita lawan jang sekoeat-koeatnja. Djika hoofdcomité dan oetoesan-oetoesan itoe soedah membitjarakan hal ini dan soedah setoedjoe, saja harap, soepaja hoofdcomité dan oetoesan-oetoesan itoe meminta kepada raad-raad igama dalam segala negeri, soepaja perkawinan anak-anak ini dilarang jang sekeras-kerasnja.

Akan penoetoep kata, maka saja berseroe kepada kamoe semoea, marilah saudara-saudara, bersama-sama bekerdja dengan daja oepaja jang sekeras-kerasnja melawan perkawinan anak-anak dan menolong saudara-saudara kita jang masih dalem kegelapan.

Bawalah mereka itoe ketempat jang padang dan aman.

Soedahlah seharoesnja kita jang soedah mengerti, berdjalan dimoeka dan menjinari djalan-djalan jang gelap akan memperbaiki dan memadjoekan bangsa kita.

Kewadjiban dan tjita-tjita poeteri indonesia

(Oléh Sdr Sitti Soendari).

Poetri indonesia! Kaoem ibu tertjinta! Bangsa perempoean jang termoelia!

Sebelum kami memoelai membitjarakan ini, patoetlah rasanja kalau kami terangkan lebih dahoeloe, mengapa kami tidak memakai bahasa Belanda atau bahasa Djawa. Boekan sekali-kali karena kami hendak merendahkan-rendahkan bahasa ini, atau mengoerang-ngoerangkan harganja. Itoe sekali-kali tidak. Tetapi barang siapa diantara toean jang mengoendjoengi kerapatan pemoeda di kota Jacatra (Betawi), jang diadakan beberapa boelan jang laloe atau setelah membatja poetoesan kerapatan jang terseboet, tentoe masih mengingat akan hasilnja, jaitu hendak berbangsa jang satoe, bangsa Indonesia, hendak bertoempah darah jang satoe, tanah Indonesia, dan hendak mendjoendjoeng bahasa persatoean, bahasa Indonesia. Oleh karena jang terseboet inilah maka kami sebagai poetri Indonesia jang lahir dipoelau Djawa jang indah ini, berani memakai bahasa Indonesia dimoeka ra'jat kita ini. Boekankah kerapatan kita kerapatan Indonesia, ditimboelkan oleh poetri Indonesia dan dioentoekkan bagi seloeroeh kaoem istri dan poetri Indonesia, beserta tanah toempah darah dan bangsanja.

Bangsa Kaoem Iboe Indonesia!

Perempoean dan Indonesia Raja.

Sebelum kita mempertjakapkan kewadjiban dan tjita-tjita poeteri Indonesia, patoetlah kita lebih dahoeloe memperhatikan tjita-tjita kita bersama dengan soenggoeh-soenggoeh, jaitoe tjita-tjita hendak membangoenkan Indonésia-Raja dengan sebenar-benarnja. Oléh sebab itoe kami berharap benar soepaja kebesaran dan kemoelia'an ini toean fikiran bedoel-betoel, sampai masoek kedalam djantoeng hati kita masig-masing. Djangan kemoelia'an tanah Indonésia-Raja toean biarkan djadi mimpi atau angan-angan sahadja, karena mimpi boekan sekali-kali barang jang soedah ada; lagi poela berlakoe atau tidaknja soeatoe tjita-tjita, itoe semoeanja bergantoeng kepada kita sendiri.

Kalau kami bertanja: Apabilakah tanah Indonesia mendjadi besar atau Raja? Djawabnja tentoelah, apabila bangsa Indonesia sendiri mendjadi besar atau moelia. Karena tiap-tiap kabesaran bangsa bergantoeng kepada poetera dan poeterinja, maka patoetlah kita lebih dahoeloe membangoenkan perasa'an jang moelia dan jang tinggi-tinggi dalam hati mereka masing-masing. Oleh sebab kerapatan ini, semata-mata oentoek bangsa isteri, maka terpaksalah kami tjoema mempertjakapkan kebesaran atau kemoelia'an Perempoean sahadja. Kita sekalian sama tahoe, bahwa tanah Indonésia sedjak dahoeloe sekali-kali tiada ditinggalkan oleh bangsa peremopean jang ternama; seloeroeh doeniapoen selaloe mengetahoei nama-nama jang haroem, baik dahoeloe atau sekarang. Lagi poela segala bangsa laki-laki jang masjhoer-masjhoer tidak boleh tidak dilahirkan oleh iboe jang moelia-moelia djoega. Soedah patoetnja, kalau segala perempoean jang bersifat tinggi ini, kita ingat dalam kerapatan dan rahmatnja toeroen melindoengi kerapatan ini, soepaja berhasil baik pekerdja'an kita; marilah wadjah dan moeka segala perempoean jang moelia-moelia kita tentangi dengan pemandangan jang tetap, soepaja kita dapat membitjarakan jang perloe-perloe atau jang benar-benar sahadja dan tidak membawa ketengah segala perkara jang ketjil-ketjil atau jang koerang perlu.

Seorang perempoean baroe moelia lahir-bathinnja kalau kebaktian ada dalam hati-sanoebarinja, kebaktian dalam tiap-tiap pekerdja'an jang dilakoekannja, djadi djoega lebih-lebih tentang kewadjibannja. Oleh sebab itoelah, maka kita datang mengoedjoengi kerapatan ini, sekali-kali tidak hendak menggambarkan bagaimana pemberian atau hadiah akan diberikan kepada kita; kita datang kesini hendak mempertjakapkan bagaimana patcetnja kewadjiban kita, kewadjiban jang hendak memberi kesempatan soepaja kemoelia'an Indonesia-Raja lahir kedoenia.

Wadjiban perempoean jang pertama-tama jaitoe bekerdja bersama-sama, soepaja toempah darah kita ini mendjadi soeatoe tanah jang beroentoeng baik. Bahagia atau senang-sentosa baroelah timboel, apabila segala poelau dan bangsa Indonésia berperasa'an satoe dan mendjadi satoe, dan kalau persatoean itoe teratoer dengan baik.

Senang-sentosa baroelah timboel, kalau anak Indonésia jang satoe mempertjajai poetera jang lain; dengan kita berpetjah-petjah atau berhati tjoeriga dan tidak pertjaja-mempertjajai. Marilah kita tinggal dalam persaudara'an Indonésia jang setegoeh-tegoehnja, karena inilah djalan jang sebaik-baiknja oentoek membela tanah dan bangsa kita. Boekankah sampai kemana-mana terdengar oleh kita soeara mengatakan:

> Bersatoe kita tegoeh,
> Bertjerai kita djatoeh.

Tanah Indonesia berselah berbahagia, kalau kita dibiarkan bekerdja seorang-orang, masing-masing atas soekanja bagaimana hendak membela tanah kita ini; lagi poela patoetlah kita tahoe menghargai segala apa jang dikerdjakan orang lain dan djangan meroentoehkan segala apa jang didirikannja.

Beroelang-oelang kami harapkan, soepaja kebesaran tanah air kita toean perhatikan. Sebab itoe, marilah Toean dalam fikiran naik kedalam oedara, dan memandang kebawah melihat tanah Indonésia sebagai toempah darah jang satoe. Dalam pemandangan kami tergambarlah Indonesia seperti sebidang taman boenga jang oewas sekali; tiap-tiap poelau terbentang sebagai pétak, tempat toemboeh sematjam boenga. Pandanglah taman Indonesia sebagai keboen boenga jang ditjipta-tjiptakan; ingat poelalah bahwa taman itoe tiada akan selamat sempoerna, kalau jang toemboeh hanja kembang melati; setidak-tidaknja banjak djoega goenanja bagi kita boenga jang lain, seperti tjempaka dan kenanga, mawar dan daoen pandan. 'Ibaratnja: tiada sadja pulau Djawa dan Soematera bergoena bagi kita, malahan joea poelau Borneo dan Sélébes atau poelau jang lain; boekankah jang akan kita kehendaki hendak memboeat boenga rampai jang haroem baoenja, dan jang akan kita sembahkan keatas tempat persembahan Toehan kita masing-masing. Sebabnja ialah, karena seboeloem Indonesia mendjadi satoe dan tahoe meroepakan badannja sebagai soeatoe persatoean jang koeat, patoetlah persatoean itoe lebih dahoeloe mendjadi semasak-masaknja dalam fikiran kita. Persatoean itoe patoetlah mendjadi barang jang sebenar-benarnja, djangan sampai seperti mimpi atau angan-angan sahadja. Pandanglah taman Indonesia penoeh dengan boenga jang indah-indah; oleh memandang keindahan ini toemboehlah dalam hati kita beberapa tjita-tjita kita jang bermaksoed hendak memelihara kebagoesan itoe: doea djalan jang terboeka, dan jang patoet kita toeroeti, baik sekarang atau nanti. Jang pertama menambah kebagoesan Indonésia soepaja makin bertambah-tambah indah. Kedoea memboeang segala jang koerang élok atau memboenoeh segala pengaroeh jang hendak membinasakan keindahan tadi. Lagi poela tidak koerang barang jang dahoeloe baroes roepanja, tetapi sekarang tiada sesoeai lagi dengan kemaoean zaman, sehingga djanggal dipandang mata; djadi patoet dirobah dan diperbaiki atau ditoekar semoea sekali. Kami meminta ma'af, kalau dalam pembitjarakan ini hanja dengan péndèk sadja beberapa so'al dipertjakapkan; waktoe dan tempat tiada memberi kesempatan jang loeas, sehingga boeleh djadi ada dalam pembitjaraan ini jang koerang terang atau jang tiada tjoekoep.

Persama'an laki-laki dan perempoean

Diseloeroeh doenia bangsa perempoean beroesaha, soepaja mendapat persama'an bangsa laki-laki. Keada'an ini disebabkan sebagian besar oléh karena kita soedah tahoe akan harga badan dan tenaga kita. Djoega ditanah Indonesia orang menghargai persama'an ini dengan sedalam-dalamnja dan selebar-lebarnja. Tanah kita tiada akan selamat, kalau hanja seperdoea bangsa Indonesia jang mendapat kemadjoean dan mendapat perhatian, sedangkan jang seperdoea lagi ditinggalkan dalam djoerang kebodohan. Berbahaja sekali kalau pikiran ini tiada masoek dalam hati tiap-tiap anak Indonesia, karena oleh sebab jang demikian banjaklah keboeroekan jang timboel lagi bangsa sekarang dan lebih-lebih lagi bagi bangsa jang akan datang. Tiada sadja perkara kemadjoean bagi kedoea belah pihak mesti diperhatikan dengan soenggoeh-soenggoeh, tetapi lebih lagi perkara kewadjiban masing-masing dalam perkara jang lain. Sesoenggoehnja perasa'an laki-laki dengan perempoean boekan sadja pekerdja'an atau oesaha jang hendak meminta hak, tetapi sebagian karena hendak melakoekan kewadjiban kita. Kalau kita bangsa perempoean tahoe akan kewadjiban kita, kalau kaoem isteri tiada loepa akan kewadjiban isteri, kalau poeteri kenal akan kewadjiban poeteri, baroelah toemboeh hak kaoem ibu jang sebenar-benarnja; oleh karena hak ini bertoepang kepada pengakoean bangsa isteri sendiri, dan bersendi kepada kewadjiban jang terang bagi laki-laki dan perempoean, baroelah ada artinja apa jang hendak kita tjapai dengan perkata'an persama'an tadi. Sesoenggoehnja kewadjiban ini tiada membimbang atau mengingat kita sadja, melainkan djoega memperingatkan kewadjiban bangsa laki-laki dengan kerasnja. Kalau kita berkata, bangsa perempoean mesti memeliharakan keséhatan badannja, maka djoega artinja, soepaja bangsa laki-laki djangan tinggal memperhatikan. Apakah hasilnja, kalau perempoean sadja jang soetji dan bersih, kalau silaki-laki tiada mengetahoei apa jang dinamai perkata'an ini? Pekerdja'an kita tentoe akan sia-sia sadja, djadi kalau kita hendak menjéhatkan seloeroeh bangsa Indonésia, haroeslah bekerdja bersama-sama, dan bersama-sama memperhatikan atau menolak segala bahagi dan bertanja, jang meroesakkan kita kalau kita bangsa perempoean tahoe akan kewadjiban kita, berharaplah kita soepaja bangsa laki-laki soeka mendjoengdjoengnja dan djangan melanggar dengan sesoeka-soeka hati. Soedah lama kamoe bangsa laki-laki mendjadi radja dalam pergaoelan hidoep dan kadang-kadang djoega dalam roemah tangga kita; tetapi semendjak ini tahoelah kamoe akan batas kewadjiban kita masing-masing. Tiada pantas sekali-kali kalau laki-laki Indonesia dalam zaman persama'an ini masih hendak melihatkan koewasanja sadja; tiada pantas kalau bangsa laki-laki hendak melihatkan gagahnja dan koekoehnja sadja. Djoega kami bangsa perempoean telah sadar akan bangsa dan kewadjiban kami; selainnja kamoe patoet mengetahoei dimana letak batasnja kewadjiban kita, soedah pada tempatnja kalau kami meminta soepaja kami menolong menjampaikan tjita-tjita kami. Kalau kami berkata bagi keséhatan badan tiada baik merokok, memadat tjandoe, bermain d.l.l. haroeslah nasihat ini dipandang seperti datang dari moeloet iboe, dan djangan dilanggar atau dimoengkiri. Nasihat perempoean inilah nasihat jang penoeh perasa'an, dan dikeloearkan karena sajang seperti kepada anak. Pèndèknja, kalau segala boenga jang toemboeh dalam taman Indonésia hendak haroem kemana-mana, haroem dengan haloesnja waktoe hari terang poernama raja, hendaklah kita dalam persamanan kita dengan bangsa laki-laki dihargai seperti bangsa iboe jang tahoe akan kewadjiban, dan patoet ditolong seperti iboe ditolong oleh poetera dan poeterinja jang kasih dan penjajang akan jang melahirkannja.

Djadi dengan kata persama'an kita perempoean berdjandji seboleh-bolehnja hendak bekerdja dengan sekeras-kerasnja soepaja kita mengetahoei kewadjiban kita dalam doenia jang patoet kita tempoehi. Pertama jaitoe doenia jang dinamai orang roemah tangga; disana kita bekerdja tegak disebelah laki-laki seperti radja dengan permaisoerinja, seperti orang jang harga menghargai; berhinibingan tangan mereka dengan sebaik-baiknja; dalam pertemoean jang seperti itoe, patoetlah masing-masing tahoe akan kewadjibannja dan djangan satoe satoe hendak memegang koeasa, sehingga jang lain tiada dapat melakoekan kewadjibannja,. Selainnja memelihara roemah tangga dengan sebaik-baiknja, terserah kepada kita mendidik anak dengan sepatoet-patoetnja, jaitoe denga sengadja dan dengan matjam pendidikan jang patoet bagi sianak dan bagi pergaoelan hidoep jang akan ditempoehnja.

Selainnja dari pada kewadjiban dalam roemah tangga, ada poelalah kewadjiban kita sebagai perempoean dalam doenia jang kedoea, jaitoe doenia pergaoelan hidoep, diloear roemah tangga.

Semendjak bangsa perempeoean Indonésia soedah melihatkan ketjakapannja, djoega mengerdjakan pekerdja'an seperti laki-laki dengan senonohnja, soedah bertambah banjak kelihatan perempoean bekerdja atau tegak seorang seperti bangsa Barat. Oleh sebab itoe dan oleh sebab kemadjoean bangsa kita dalam perkara hal jang lain, maka toemboehlah 'adat istiadat baroe, 'adat bagaimana petoetnja kelakoean laki-laki kepada perempoean atau sebaliknja.

Sebeloemnja kita meninggalka roemah-tangga kita, patoetlah toemboeh dalam hati kita perasa'an mendjaga diri, dan dengan perkakas ini dapatlah kita menolak bahaja jang kadang-kadang mengantjam kita. Pendeknja, oleh karena takoet akan bahaja ini sadja, kita tiada dapat berbalik lagi kepada zaman perempoean berpingit atau terkoeroeng, tiada dapat lagi kita semasa moeda menti diikat diantara bilik kamar jang tiada dimasoeki tjahaja. Memang roemah tangga doenia perempoean jang teroetama sekali; tetapi doenia pergaoelan hidoep djangan tertoetoep, karena djoega pergaoelan hidoep ini mesti ditempoehi kaoem isteri. Kemaoean doenia soedah begitoe, djadi Indonesia djangan tertinggal, kalau dia terpaksa atau wadjib dan perempoean memboeka berapa pintoe baroe, jang dahoeloe tertoetoep; tetapi kita perempoean mesti berbesar hati kalau kita dapat bekerdja dan memboeang tenaga seperti bangsa perempoean, karena kalau tiada demikian, doenia tentoe mendjadi timpang. Djadi dalam persama'an kita, haroeslah kita tahoe akan kewadjiban kita; kewadjiban dalam roemah-tangga jang menimboelkan hak dalam roemah-tangga; kewadjiban dalam pergaoelan hidoep jang menimboelkan hak dalam pergaoelan hidoep. Itoelah kemaoean perempoean Indonesia dalam oesahanja hendak mentjapai persama'an.

Rapat jang moelia, Kaoem iboe jang tertjinta,

Apa bila kita pandang tanah Indonesia ini sekali lagi, tampaklah taman penoeh dengan boenga jang berwarna-warna. Dalam taman saring jang indah ini tampaklah poeteri dan kaoem iboe Indonesia bermain-main, tetapi memperhatikan dengan sebenar-benarnja bagaimana sakit dan senangnja bangsa Indonesia. Tahoe kita bagaimana nasib dan peroentoengan bangsa jang hendak dibélanja.

Perantara'an kita dengan bangsa dan tanah air Indonesia, djanganlah koerang dari pada bangsa laki-laki; sebaliknja soedah lebih dari pada patoet, kalau pertjinta'an kita bangsa perempoean djauh lebih aman, lebih loeas dan lebih moelia dari pada tjita bangsa laki-laki. Lebih dalam, karena *pertama-tama* pertjinta'an kita dalam dingkoengan roemah tangga terhadap kepada kaoem keloearga dan soeami kita masing-masing. Pertjinta'an ini ialah barang jang sangat berharga sekali dan tiada dapat digambarkan dengan perkata'an, apalagi kalau kita pikiran bagaimana patoet pertjinta'an itoe terkandoeng dalam hati sanoebari kita dan bagaimana patoetnja mengeloearkan kepada jang kita tjintai. Sekiranja roemah-tangga anak Indonesia hendak selamat dengan baiknja, dan soepaja perkawinan mendjadi roekoen dan damai, patoetlah tjahaja tjinta jang sesoenggoeh-soenggoehnja masoek kedalam roemah kita; iboe-roemahlah jang mendjadi poesatnja, dan dialah jang mengeloearkan seri jang hening dan djernih, sehingga jang lelah berasa segar, dan jang haoes tiada merasa dahaga lagi. Tiap-tiap perkata'an si-isteri, dan segala perboeatannja patoetlah mentjahajakan tjinta, karena kalau lampoe jang berseri-seri tiada menerbitkan terangnja lagi, maka mendjadi gelaplah sekelilingnja. Roemah-tangga atau perkawinan jang tiada bersandar kepada kasih dan tjinta adalah seperti malam tiada berboelan, djadi gelap gelita tiada terkira; tjahaja bintang jang sedikit-sedikit kelihatan ialah harapan si-iboe jang hampir poetoes asa, sehingga hatinja ta' senang dan achirnja meroesakkan roemah tangga dan perkawinan. Memang banjak berlakoe jang seperti itoe, ditanah Indonésia kita ini. Beberapa roemah jang tinggal tertoetoep selama kita hidoep; tertoetoep karena tjahaja tjinta tiada akan masoek kedalamnja, sehingga malamlah oentoengnja. Berapa perkawinan ditanah Indonesia jang tiada bersendi tjinta dan kasih sehingga pertalian jang indah itoe mendjadi demikian, mengapa beberapa roemah-tangga dan perkawinan tiada mendjadi senang sentosa dan kekal, ada jang mengatakan bidja pertjinta'an tiada dapat toemboeh dengan soeboernja, karena kemiskinan, kebodohan atau lain-lainnja, sehingga pertjinta'an jang dikandoeng dalam djantoeng mendjadi hati, keloear lahir. Tetapi ta' koerang poela kita perempoean merasakan tjinta kita tiada dihargai oleh bangsa laki-laki atau dipermain-mainkan seperti permainan anak-anak. Kamoe bangsa laki-laki berharap kepada kami, soepaja pertjinta'an kami mentjapai roemah tanggan dan soepaja pertjinta'an kita mendjadi ikatan perkawinan. Tetapi pengharapan itoe djangan ditoedjoekan kepada bangsa perempoean sadja; soedah lama kami melihat dengan mata sendiri, dan merasa dengan perasa'an isteri, bahwa bangsa laki-laki meloepakan kewadjibannja dalam perkara pertjinta'an. Roesaknja roemah tangga dan roentoehnja perkawinan atjap-kali dan ta' koerang disebabkan oleh bangsa laki-laki; oleh sebab itoe djikalau sekiranja kita hendak mendirikan roemah tangga jang baik dan perkawinan jang moelia, patoetlah segala barang jang koerang adil diboeang dan diganti dengan jang tinggi. Ingatlah benar-benar, bahwa bangsa Indonesia tiada akan pernah mendjadi moelia dan besar, kalau roemah tangga kita tjoema roemah sadja dan perkawinan hanja pertemoean doea orang manoesia sadja. Kalau bangsa Indonesia hendak mendjadi bangsa jang bertempat moelia diatas doenia ini patoetlah kita mendirikan roemah tangga jang penoeh dengan tjahaja pertjinta'an; patoetlah perkawinan diikat oleh pertjinta'an masing-masing, dan djangan bersendi kepada kedengkian (jalouzie), kebodohan, atau jang lain-lain. Polygamie, kawin anak[2], kawin-paksa, atau talak dan pisah jang tiada berdjangka, soekar benar waktoe sekarang mempertahankannja, kalau perkawinan hendak kita gambarkan dengan setinggi-tingginja. Pendeknja makin tegoeh roemah tangga kita makin koeat bangsa Indonesia, makin senang-sentosa bangsa Indonesia. Djadi boekan ketjil arti roemah tangga jang penoeh dengan oedara tjinta, dan boekan sedikit harga perkawinan jang beralasan pertjinta'an bagi bangsa kita.

Kewadjiban iboe

Segadja kami kemoekakan hal ini, karena ada talinja dengan kewadjiban jang lebih moelia, jaitoe kewadjiban iboe seperti toekang pendidik anak dan pendidik bangsa kita. Kalau kita pikir benar-benar, tiadalah dalam doenia kemenoesia'an pekerdja'an jang seberat-beratnja, dari pada pekerdja'an ini; tetapi itoe poelalah pekerdja'an jang kita pandang dan kita rasai seperti jang semoelia-moelianja.

Semendjak anak akan lahir kedoenia, sampai besar pandai berdjalan anak sehari-hari dalam pandangan iboe; lagi poela bagaimana tabi'at dan kelakoeannja nanti, sebagian besar djadi tanggoengan iboe, sehingga pendidikan iboe adalah artinya pendidikan anak seoemoer hidoep. Soedah lama sebagian besar anak Indonésia tiada dididik dengan sengadja atau mendapat didikan jang koerang sekali, tetapi semendjak ini keatas patoetlah kita memperhatikannja. Kita kaoem iboe memang berdiri dimoeka soeatoe so'al jang soekar sekali; soekar karena pendidikan sekarang beralaskan pengetahoean jang dalam dan perasa'an jang haloes-haloes. Tetapi so'al pendidikan, walaupoen oemoemnja beloem terdjawab dan koerang sempoerna, boeat kita kaoem isteri tiada dapat masing-masing berkata: 'saja ta' tahoe mendidik anak saja!' Kewadjiban kitalah memberi pendidikan kepada anak kita dengan djalan jang sebaik-baiknja, dan memakai tjinta jang sedalam-dalamnja. Seorang itoe baroe berdjasa hidoep didoenia, dan hati kita baroe senang, kalau soedah melihat seorang anak jang baik pendidikannja, sehingga bertabi'at baik dan berkelakoean manis, serta tahoe berseri sendiri dalam pergaoelan hidoep. Iboe jang seperti itoe ialah iboe jang beroentoeng sekali, dan bangsa jang beriboe demikian bangsa jang berbahagia, dan patoet bertempat moelia.

Kemoedian adalah koewadjiban jang ketiga jang bertali djoega dengan pertjinta'an, jaitoe menolong anak dan soeami kita dalam pekerdja'an, baik oentoek pekerdja'an sehari-hari, atau poen lebih-lebih dalam perkara bekerdja bagi bangsa dan tanah air.

Boekanlah Dèwi Koenti tempat poeloengnja segala Pendowo, tiada sadja kalau bermain-main, tetapi lebih-lebih lagi kalau ada peperangan. Dewi Koenti-lah jang memberi nasehat kepada Ardjoseno dan Werkoedoro, Dèwi Koenti-lah jang membesarkan hati Seri Kandi dan Soembodro. Alangkah besarnja bangsa Indonesia, kalau segala kita mendjadi Dèwi Koenti, berhati jang sabar dan soeka memberi nasihat, serta segala perkara pekerdja'an kita seleloe diiringkan oleh tjinta dan kasih. Kalau Dewi Koenti soedah masoek kedalam roemahtangga Indonesia tentoelah bangsa laki-laki dan anak-anak toeroenan kita akan bekerdja dengan giat, baik boeat keperloean sendiri maoepoen perkara membela bangsa dan tanah air. Baroelah kemadjoean Indonesia boleh dikatakan kemadjoean jang sebenar-benarnja, dan akan berhasil jang baik. Semendjak ini, Dèwi Koenti berdiamkan diri sadja, tetapi kalau dia soedah bangoen, toeroen kedalam hati poeteri Indonésia, tentoelah bangsa doenia akan bertambah dekat kepada tempat jang kita toedjoeh. Beginilah dengan pendek bagaimana kewadjiban kita tentang roemah tangga, sebagai isteri dan sebagai iboe.

Tak dapat kita pandjangkan, dan tiada poela perloe digambarkan lebih djaoeh. Toean jang mendengar dan saja jang membitjara ialah bangsa perempoean, djadi segala pa jang kami katakan bolehlah kita rasakan sedalam-dalamnja. Kewadjiban kami tjoema hendak membangoenkan perasa'an itoe dalam hati toean masing-masing. Selama kita bangsa iboe tentoe perasa'an iboe masih ada didalam dada; kami berseroe: bangoenlah perasa'an itoe, karena kewadjiban baroe dapat dikerdjakan, kalau disoeroeh oleh perasa'an jang tersimpan dalam sanoebari kita. Kalau panggilan perasa'an dilakoekan dengan tjinta dan kasih jang sesoenggoeh-soenggoehnja, tentoe kewadjiban kita bertambah haloes dan moelia. Dan djikalau kita soedah mendjalankan kewadjiban kita atau patoetnja, maka baroelah kaoem iboe berdjasa sebagai iboe, berdjasa bagai bangsa kita dan berdjasa bagai tanah air kita.

Poeteri Indonésia jang moelia, Kaoem iboe jang tertjinta!

Pendidikan diroemah dan disekolah

Soeatoe dari kewadjiban iboe dalam hal pendidikan, jaitoe memperhatikan kemaoean dan djiwa anaknja. Pengetahoean ilmoe-djiwa dan ilmoe-pendidikan matjam baroe soedah menoendjoekkan, bahwa tiap-tiap anak itoe ada kemaoean dan ada soeratannja (aanleg). Soedah lama anak-anak, baik di Indonesia atau di mana-mana, dipandang seperti barang jang boleh diboeat atau dididik sesoeka-soeka hati, sehingga apa djadinja anak bergantoeng kepada kemaoean orang toeanja. Pemandangan ini telah dinjatakan oleh ilmoe pengetahoean ialah sekali-kali, dan banjak anak jang roesak olehnja.

Menoeroet pendidikan baroe, patoetlah waktoe anak dididik diperhatikan benar-benar, apa kemaoeannja, dan soeratan (aanleg) mana tersimpan dalam anak itoe. Pendidikan tiada sekali-kali oentoek pendjadikan anak seperti kemaoean iboe bapa; pendidikan ialah soeatoe djalan bagi iboe bapa, bagaimana soeratan (aanleg) tadi dapat dibangoenkan, soepaja nak itoe bergoena bagi pergaoelan hidoep, dan dia sendiri soepaja mendapat kesenangan hati dan keselamatan hidoep.

Soepaja berhasil baik pendidikan, djadi patoetlah lebih dahoeloe soeratan (aanleg) itoe dapat diketahoei oleh jang mendidik. Inilah koeasa dan pekerdja'an iboe jang patoet diketahoeinja, karena dialah jang sepatoet-patoetnja mengetahoei kemaoean dan soeratan anaknja itoe.

Kalau kita peladjari hidoepnja beberapa orang jang masjhoer atau jang berarti dalam pergaoelan hidoep, maka njatalah sebagian besar hal itoe disebabkan, karena semasa ketjilnja kemaoeannja dapat lahir dengan baiknja, dan tjita-tjita waktoe itoe moela terbit. Djadi disini ada soeatoe tanggoengan iboe jang besar; tetapi kalau seorang iboe soedah mengetahoei kemaoean dan soeratan (aanleg) anak, walaupoen sedikit-sedikit sadja, pekerdja'an pendidikan bertambah ringan dan bertambah berhasil.

Sengadja kami kemoekakan hal ini, karena sekarang tiada koerang perempoean bangsa kita menjamakan pendidikan dengan sekolah. Hal ini tjoema sekerat sadja benar, selebihnja tiada benar. Pendidikan dengan tanggoengan tiada berlakoe dalam lingkoengan sekolah, melainkan dibawah pemandangan iboe dan bapa, dalam lingkoengan roemah tangga sianak. Sekola sebanjak-banjaknja hanja oentoek pemenoehi pendidikan diroemah, karena pendidikan djiwa dan badan memang ada pertaliannja dengan pendidikan otak. Jang pertama itoelah jang lebih moelia dan sebagian mesti berlakoe diroemah tiada disekolah; sebaliknja pendidikan otak semasa ini sebagian benar, ja hampir semoea sekali, berlakoe di sekolah, tiada diroemah. Makin bertambah pandai isteri Indonésia, makin landjoet peladjarannja, tentoe moerid-moerid sekolah rendah makin berambah dapat pertolongan dari iboe dan bapanja. Sampai sekarang, sekolah dengan roemah tangga bertjerai, hampir tiada ada pertaliannja; begitoe djoega pendidikan otak dengan djiwa bertjerai-bertjerai, pada halnja dengan sengadja mesti sesoeai dan teratoer. Djadi djikalau sekiranja anak-anak Indonesia hendak dididik benar, patoetlah sekolah dan roemah tangga bertali dengan baik; goeroe disekolah dan iboe diroemah tangga patoetlah tahoe pendidikan jang nama djadi tanggoengannja dan bagaimana patoetnja soepaja anak dapat melakoekan kemaoean dan soeratnja (aanleg).

Kalau hal ini diperhatikan benar-benar dan dapat dilakoekan dengan soenggoeh-soenggoeh, baroelah kesempatan hendak menantikan orang jang berarti bagi Indonésia, dan harapan kepada anak bertambah-tambah. Dalam anak jang dididik si-iboe atjap kali tersimpan barang mahal-mahal, dan atjap poela jang sengadja ditoeroeni tjahaja Ilahi. Tetapi kalau pendidikannja tiada baik, maka anak itoe mendjadi orang biasa sadja. Oleh sebab itoelah maka siiboe patoet benar hati-hati dalam hal pendidikan anak. Boekan kemaoean sendiri jang patoet dikemoekaken, melainkan apa *maoenja anak* jang mesti didahoeloekan. Kalau pendidikan jang sematjam ini soedah berlakoe, dan kalau pengaroeh jang lain beroentoeng poela, maka insja Allah anak Indonésia jang besar dalam pangkoean iboe akan mendjadi orang jang moelia-moelia dan berboedi pekerti, jang seperti jang kita kenal dalam sedjarah. Setidak-tidaknja anak jang sedemikian besar djasanja bagai tanah Indonesia dan bagi bangsanja.

Poeteri Indonésia! Kaoem iboe jang tetjinta, Bangsa perempoean jang termoelia!

Pada pengabisan pembitjara'an kami, marilah kita masoek bersama-sama masoek kedalam taman Indonesia jang kita gambarkan tadi. Ditengah boenga jang berwarna-warna dan dalam 'alam jang indah-permai, berdirilah kita bangsa perempoean sebagai iboe bangsa-Indonésia. Kewadjiban kita kepadanja ini baroelah berhasil, kalau kita kaoem iboe tahoe akan kewadjiban kita sendiri. Atjap kali benar kita mendengar perkata'an: 'Apakah daja bangsa perempoean, sifatnja lemah dan tenaganja tiada seberapa'. Perkata'an ini tiada dapat dipandang benar karena isinja itoe bohong sekali-kali; lagi poela kalau ada orang perempoean mengakoei kelimat ini betul, itoelah tandanja karena tiada pertjaja kepada badan sendiri. Boeanglah fikiran jang begitoe, dan ganti dengan fikiran jang lain. Bangsa perempoean boekan jang lemah, melainkan ada kewadjiban jang berlainan dengan kewadjiban laki-laki. Masing-masing ada kerdjanja, dan masing-masing mesti beroesaha melakoekan kewadjibannja; bangsa laki-laki sebanjak-banjaknja tjoema dapat menolong kita bangsa perempoean dalam melakoekan kewadjiban, tetapi tiada dapat lebih dari pada itoe. Sebalikuja patoetlah bangsa laki-laki tahoe poela akan kewadjiban, dan tiada dapat sekali-kali memaksa kami, bangsa isteri mesti melakoekan kewadjibanmoe. Selama hal ini beloem berlakoe, selama itoe poelalah bangsa Indonesia tinggal dalam peladang kegelapan dan kerendahan. Kalau tanah air kita hendak moelia dan bertempat moeli, marilah kita poetera dan poeteri, laki-laki dan perempoean bekerdja bersama-sama menoedjoe jang patoet ditjapai, masing-masing atas kewadjiban dan oesahanja.

Sesoenggoehnja kita kaoem perempoean mesti bekerdja dengan keras, karena ditanah Indonesia ini memang banjak jang patoet kita kerdjakan. Diatas telah kita tjeriterakan bahwa kita bangsa isteri ada berkewadjiban jang berat atas bangsa dan tanah air kita, atas soemi dan doenia pergaoelan hidoep. Semoeanja ini sebenarnja sangat berat dan moelia sekali, tetapi baroe dapat dikerdjakan, kalau dalam hati kita toemboeh perasa'an jang haloes, perasa'an kekoewadjiban kita isteri dan kepada barang jang memberi pengaroeh. Pertama-tama kita patoetlah mendapat kemerdeka'an jang seloeas-loeasnja, pandai tegak seorang. Telah lama isteri Indonesia bergantoeng kepada orang lain, selagi ketjilnja kepada iboe dan bapa, setelah besar kepada soeaminja, dan dalam hal lain poen tiada koerang poela. Kaoem poeteri sekarang meminta pendidikan jang menoedjoe kemerdékaan, dan kebébasan dalam pergaoelan hidoep. Pendidikan kita haroeslah memperhatikan hal ini, soepaja kita djangan mendjadi oempan perkawinan sadja.

Dalam lingkoengan perkawinan-poen kita djangan seperti manoesia jang hilang kemerdika'an, dan takoet akan ditjerai atau dipisah. Dalam perkawinan kami kaoem isteri meminta, soepaja djangan direboet kemerdika'an kami dan djangan disia-siakan pertjinta'an kami. Hilangnja kemerdeka'an bangsa perempoean dalam perkawinan dan lenjapnja dasar pertjinta'an, ertinja memboenoeh roemah-tangga dan melambatkan kemadjoean tanah bangsa kita; lagi poela pendidikan anak-anak, jang bakal mendjadi bangsa Indonesia akan sia-sia berbahaja.

Marilah poela kita perempoean Indonésia meninggalkan padang kebodohan, soepaja kita tahoe akan kewadjiban kita. Marilah kita menoentoet kepandaian dan keperloean kaoem isteri, soepaja kita tahoe menghargakan apa benar artinja kewadjiban itoe. Telah lama lampau laki-laki mentjoba-tjoba mendjawab so'al jang bertali dengan pergaoelan hidoep tanah Indonésia, tetapi sekarang marilah kita melihatkan dengan djelasnja, bahwa so'al itoe dapat didjawab dengan sempoerna, kalau bangsa perempoean dipanggil toeroet bersama-sama.

Djangan kita ditinggalkan, dan haroes mendapat oendangan. Selama kita tahoe akan kewadjiban kita. Tetapi seboeloemnja itoe haroes kita beroesaha, bahwa kita maoe bekerdja dan ada bertjita-tjita jang hendak ditjapai. Kalau soedah begitoe, baroelah tanah Indonésia mempoenjai kaoem iboe jang moelia, karena tahoe akan kewadjiban dan haknja.

Kaoem isteri jang tertjinta, Poeteri Indonésia jang moelia, Kaoem perempoean Indonésia!

Pembitjara'an kami hampirlah soedah. Dalam pidato jang pendek ini kami tjoema dapat mengemoekakan tjita-tjita dan kewadjiban iboe dengan pendek sadja, banjak jang patoet ditjeritakan, karena artinja iboe dan kaoem isteri, kalau dipikir benar-benar, memang dalam sekali. Dalam kerapatan ini tiada tempatnja akan mentjeriterakan semoea, karena waktoe tiada seberapa dan lagi soekar melakoekannja. Pada pengabisan pidato ini hanjalah jang akan kami oelangkan sekali lagi perkara keiboean, karena kewadjiban kita jang semoelia-moelianja dan jang hanja terserah kepada kita sadja, ialah perkara ke-iboean. Walaupoen banjak kerdja jang patoet dan dapat dikerdjakannja baik disebelah soeaminja ataupoen bagi pergaoelan hidoep, tetapi bagai kita kewadjiban dan panggilan jang sebesar-besarnja ialah kita sebagai iboe. Hanjalah kita jang dapat merasakannja dan melakoekan kewadjiban itoe, karena soedah begitoe pesoeoreh Toehan Ilahi. Hanjalah kita jang dapat mendekati anak kita sedekat-dekatnja, karena perantara'an iboe dengan anak memang pendek sekali, tiada dimasoeki oleh siapa djoeapoen, pertalian iboe dengan anak ialah pertalian jang beroepa pertjinta'an-pertjinta'an iboe kepada anak dan sebaliknja. Sedjak dari kandoengan, sampai lahir kedoenia jang baka ini si-anak mendjadi oedjoeng semangat iboe; sedjak ketjil sampaikan besar mendjadi manoesia si anak memang berteduh dalam pajoeng jang dikembangkan iboe, jaitoe pajoeng pendidikan dan pertjinta'an; sedjak besar sampai poelang kedalam tanah, pertalian anak dengan iboe tiadalah poetoes, malahan bertambh keras, karena anak jang terdidik memang tahoe akan djasanja iboe.

Ja, sampaikan hantjoer toelang-betoelang anak dan si-iboe, masih ada djoega pertalian antara mereka itoe. Sebab itoe, persidangan iboe jang terhormat, marilah kita bekerdja dengan sengadja bagi anak kita dan tiada meloepakan kewadjiban kita sebagai iboe, soepaja anak kita nanti dapat berkata: 'Inilah koeboeran iboekoe jang koe tjintai dan jang berdjasa bagi anaknja.'

Marilah kita mendidik anak kita dengan sengadja serta dengan tjinta dan kasih, soepaja orang nanti dapat berkata: 'inilah koeboeran anak jang berdjasa bagi bangsa dan tanah airnja, berkat pendidikan boendanja!'

Marilah kita kaoem iboe Indonesia dan poeteri Indonesia melakoekan kewadjiban kita sebagai iboe Indonesia dan poeteri Indonesia, soepaja bangsa lain dan bangsa kita jang akan datang dapat berkata: 'Inilah bangsa jang moelia, berkat iboe dan poeteri Indonesia tahoe akan kewadjiban iboe dan poeteri'.

Poeteri dan isteri indonesia!

Dalam tangan kita poeteri dan isteri Indonesia terpegang bagaimana besarnja bangsa Indonesia dan haroemnja toempah darah kita; karena kemaoean Toehan Ilahi memang soedah begitoe. Djadi terserahlah kepada kita tanggoengan dan kewadjiban jang besar sekali.

Pekerdja'an ini berat bagi jang tidak tahoe akan kewadjiban, tetapi moelia bagi jang mengetahoeinja. Ringanlah pekerdja'an in kalau kita tahoe akan kewadjiban iboe, karena dalam kewadjiban itoe ter-oempan tjita-tjita jang disoeroehi sampaikan oleh Toehan jang Mahatinggi. Berbahagialah iboe jang mendekati tjita-tjita, dan senang sentosalah roemah tangga jang ber-iboe demikian. Baroelah tanah Indonesia kita mendjadi berbahagia dan beroentoeng baik, seperti patoetnja tanah toempah darah Indonesia diatas permoeka'an alam ini.

Beginilah kewadjiban iboe, sebagai dalam pemandangan hamba.

Bagaimanakah djalan kaoem perempoean waktoe ini dan bagaimanakah kelak?

(Peringatan dari pidatonja Sdr Tien Sastrowirjo).

Rapat jang terhormat, pada waktoe saja mendengar bahwa di Mataram ini hendak diadakan Congres Perempoean Indonesia, maka besarlah hati saja dan saja ingin sekali hendak mengoendjoengi Congres tadi, oleh karena moesti besar sekali faedahnja Congres itoe oentoek kaoem perempoean Indonesia, dari sebab itoe Congres sematjam ini baroe pertama kali diadakan di Indonesia. Memperingati besarnja faedah tadi oentoek kita, maka saja berniat hendak berderma pemandangan sedapat- dapat saja kepada Congres ini. Moelai waktoe itoe djoega saja berdaja oepaja mentjahari hal-hal jang bergaoelan dengan kewadjiban kaoem perempoean dan kehidoepannja manoesia (maatschappij). Derma saja berwarna sebagai dibawah ini.

I Pertama kali. Saja memohon kepada Toehan jang maha koeasa, soepaja Congres Perempoean Indonesia jang pertama kali ini, mempoenjai boeah jang baik sekali oentoek Indonesia dan oentoek ra'jatnja. Dan lagi soepaja ia dapat menarik hatinja semoea perempoean Indonesia, agar soepaja mereka taoe poenja pekerdja'an, jaitoe pemelihara'an anak (opvoeding), bagian-bagian kerdja roemah tangga, manisnja kepaitan mendjadi iboe dan bini, pendeknja soepaja ia dapat mendjadi kawannja kaoem laki-laki sebaik-baiknja. Kaoem laki-laki pada waktoe ini baroe membanting toelang, memeras tenaga hendak mengedjar kemerdika'annja tanah toempah darah kita. Maka dari itoe kita haroes menjokong kaoem laki-laki tadi, oleh karena itoe soedah mendjadi koewadjiban kita.

II Lain dari pada itoe saja memohon kepada Congres soepaja tempatnja Congres djanganlah iboe kotta Mataram sadja, akan tetapi lain-lain tempat oentoek menarik hatinja pendoedoek dari tempat pendiaman Congres.

Moedah-moedahan Congres bisa mentjapai apa jang diingini sekali olehnja.

Pidato saja, saja boeka dengan pertanja'an begini. 'Bagaimanakah djalannja kaoem perempoean pada waktoe ini dan bagaimanakah kelak, berhoeboeng dengan perobahannja zaman baroe?'

Pertanja'an ini roepanja hendak membagi zaman djadi doea bagian, ja'ni dalam zaman jang soedah laloe dan zaman kelak.

Dari pemandangan saja pendiriannja masing-masing perhimpoenan perempoean di masing-masing tempat itoe dapat kita seboetkan balesannja pertanja'an tadi walaupoen hanja sebagian sadja, sedang Congres ini saja pandang djoega hendak mendjawabnja dengan berdjalan teroes oleh karena balesannja itoe tak bisa dikasihkan dengan selekas-lekasnja. Pidato saja sendiri djoega hendak mendjawabnja, walaupoen hanja sebagian sadja.

Oentoek membesarkan pengetahoean kita, saja hendak menjelidiki keada'an-keada'an dinegeri-negeri loearan Indonesia dahoeloe, bagaimanakah djalannja kaoem perempoean di negeri-negeri itoe.

Di negeri-negeri Barat (Europa dan Amerika) kaoem perempoean soedah mendapat kemerdika'an jang amat besar, hampir sama dengan kaoem laki-laki. Akan tetapi mereka beloem sjah, beloem banjak; maka dari itoe ia misih berdaja oepaja agar soepaja ia djangan sampai direh oleh kaoem laki-laki. Siapakah jang haroes mengerdjakan atoeran-atoeran wet? Perempoean dan laki-laki. Maka dari itoe wet-wet djoega haroes dibikin oleh perempoean dan laki-laki. Pengedjaran kemerdika'an tadi sering kali mendjadi keriboetan. Dan keriboetan ini tidak hanja satoe atau doea kali sadja, akan tetapi atjap kali haibat sekali sampai mendjadi kesoesahannja regeering. Ingatlah kepada kedjadian-kedjadian dinegeri Inggris. Kemerdika'an jang semacam ini djikalau kita pandang dari Ketimoeran tak senonoh sekali. Apakah ini adat istiadatnja kaoem perempoean? Apakah baik djikalau perempoean dimasoekkan di-pendjara oleh karena ia mengadakan keriboetan, oleh karena ia berani sama politie? Walaupoen ini semoea menoendjoekkan besarnja kemaoean itoe, toch kita tiada dapat setoedjoe dengan perdjalanan begitoe.

Sekarang di Toerki. Disitoe kita bisa bilang bahwa kemadjoeannja perempoean Toerki, walaupoen di halang-halangi oleh reactienja kaoem kolot, jang bisa kita pandang soedah semestinja, soedah hampir sama dengan dinegeri-negeri Barat.

Di Afganistan baroe-baroe ini kaoem perempoean mendapat djoega kemerdika'an. Hal perkawinan soedah dikeraskan. Laki-laki dan perempoean berlomba-lomba mengedjar kepandaian.

Di negeri Tiongkok kaoem perempoean djoega soedah mendapat kelonggaran. Adat-adat jang koeno soedah dihapoeskan. Kaki ketjil soedah ta' ada. Ini semoea menoendjoekkan modernisatienja perempoean Tiongkok jang makin lama makin besar.

Dinegeri Djepang kaoem perempoean soedah merdika sekali, sampai bisa mendjadi tjonto oentoek kita bagai mana ia melihara anaknja, bagai mana ia mendidik anaknja soepaja ia tjita kepada bangsanja, kepada tanah toempah darahnja. Hal ini semoea dari pemandangan saja haroes diperhatikan betoel-betoel oentoek kita sendiri.

Sekarang bagaimanakah kaoem perempoean Indonesia? Hal ini haroes diremboeg doeloe sebeloem kita bisa berdjalan. Dari pemandangan saja, saja haroes merambatkan doeloe apa-apa jang membikin repot perdjalannja kita. Oempamanja reactienja kaoem kolot, perkata'an-perkata'an jang ta' enak didengarnja dan lain-lainnja. Perloenja saja oeraikan disini soepaja dikemoedian hari perkata'an semoea itoe bisa hilang.

Perkata'an sebagai: 'Engkau perempoean dapat apa?

'Kaoem laki-laki mendjadi apa djoega, tentoe pandjanglah langkahnja akan tetapi perempoean, selamanja riboet sadja dari sebab kainnja'.

'Perempoean walaupoen bisa apa djoega, ia toch mesti masoek dapoer'.

'Perempoean djikalau soedah bisa masak, itoe soedah tjoekoep'. Semoea ini menoendjoekkan bahwa ia taksenang sekali bekerdja bersama-sama, bahwa ia tak setoedjoe djikalau kita madjoe, djikalau kita masoek sekolah tinggi dan lain-lainnja.

Sebaliknja saja hendak bertanja. Apakah betoel bahwa moeljanja bangsa kita, masjhoernja tanah toempah darah kita itoe oleh karena kita perempoean hanja pandai masak? Sedang moelai dari nenek mojang kita, kita djoega soedah pandai masak'.

Ada satoe perkata'an lagi jang hendak saja oeraikan disini, jaitoe jang saja dengarkan pada waktoe saja hendak berangkat kesini: 'Orang perempoean sadja kok mengadaken Congres, jang hendak diremboeg disitoe itoe apa! Tidak lain hanja hendak mengoempat mentoea, hendak mengoempat setangganja, banjaknja gadji soeaminja d.l.l.'.

Perkata'an begini ini hanja saja pikir, tidak saja bales. Kita orang sekarang, orang jang modern, tak perloe lagi memikirkan hal ini, oleh karena kita tidak poenja tempo oentoek bergemah-gemah, oentoek tinggi-meninggikan gadji dan lain-lainnja, akan tetapi kita hanja memperingati betoel-betoel apa koewadjiban kita, bagaimana kita haroes menjokong kaoem laki-laki, oentoek mengedjar kemoelja'an bangsa kita dan memerdika'an tanah toempah darah kita.

Koewadjiban kita kaoem perempoean djikalau dipikir betoel-betoel djoega berat sekali. Separo dari pekerdja'an doenia haroes kita kerdjaken akan tetapi djikalau kita hendak minta kemerdika'an, minta kelonggaran sedikit, kita ta' disetoedjoei oleh oemoem, oleh kaoem kolot; katanja begini: 'Orang perempoean itoe, bagaimana djoega haroes menoeroet dengan orang laki-laki, haroes menoeroet perintahnja, oleh karena hanja orang laki laki sadja jang bisa mentjari kekaja'an. Maka dari itoe kita bisa katakan 'Soewarga toeroet'.

Beginilah kaoem reactie bolehnja mengrendahkan kita, tidak menghargai pekerdja'an kita, tidak sama sekali memperingati kesoekaran kita; soekoerlah bahwa perkata'an ini hanja keloear dari kaoem koeno sadja, lantaran djikalau kaoem modern djoega toeroet-toeroet, bagaimanalah soesahnja. Saja disini hendak mengoeraikan kesoekaran kita soepaja dihargai.

Betoel bahwa kaoem laki-laki jang mentjapai kekaja'an, akan tetapi kekaja'an tadi lantas diserahkan kepada kita kaoem perempoean:

1. Kita jang lantas berdaja oepaja agar soepaja bisa mentjoekoepi keperloean semoea. Djikalau semoea ini ta' tjoekoep, kita lantas toeroet bekerdja sedapat-dapat kita. Apakah kita dapat gadji? Kita bisa menjamaken dengan administrateur prodeo.

2. Djikalau kita didapoer; masak makanan, pergi kepekan, tjoetji piring-piring apakah kita dibajar? Inilah koki gratis.

3. Kita tak dapet gadjih, djikalau mentjoentji pakaian, roemah, mendjait pakaian, ini baboe jang ta' dapat bajaran.

4. Pada waktoe kita mempoenjai anak, kita mengandoeng koewatir jang besar sekali, oleh karena djikalau ta' betoel-betoel kita mati. Waktoe kita mengandoeng anak, siapalah jang soesah dan sakit dalam tempo 9 boelan? Oentoek ini semoea kita djoega ta' digadji.

5. Kita memelihara, menghisap mendoekoeng, mempeladjari anak kita, oentoek pekerdja'an ini kita djoega tak dapat sepeser poen.

6. Djikalau diroemah ada salah satoe jang sakit, siapakah jang mendjadi verpleegster prodeo, sedang djikalau soeami atau anak kita jang sakit, kita ta' tidoerlah dan makan oleh karena soesah kita. Walaupoen kita pajah sekali, mengantoek soesah, toch kita paginja djoega ta' akan loepa apa koewadjiban kita. Apakah kita dapat bajaran?

Djadi pekerdja'an kita bergaoelan dengan roemah tangga tidak berwarna oeang. Djikalau dihargai dengan oeang, berapa kiranja banjaknja oeang tadi?

Djikalau koewadjibannja kaoem perempoean jang sebegini beratnja dimoeljakan dengan kepandaian jang tinggi temtoe baik sekali boeahnja.

Ilmoe jang haroes dimoeljakan kaoem perempoean jaitoe:

1. Houshouding, (mengoeroes roemah tangga).
2. Babyverzorging, (pengetahoean oentoek memelihara anak[2]).
3. Opvoeding, (pemelihara'an, pengadjaran anak).

4   Ilmoe kebangsa'an.
5   Ilmoe kaoetaman.
6   Pengetahoean oemoem roepa-roepa.
7   Keperloeannja kaoem perempoean.

Toedjoe hal jang haroes diperhatikan betoel-betoel oentoek mempenoehi koewadjibannja perempoean. Djikalau semoea perempoean soedah mempoenjai pengetahoean begini, barangkali pendapatan dan faedahnja sebagai berikoet.

1   Djikalau kita mengoeroes roemah tangga dengan ilmoe, kita dapat njaman, segar semoea dan dapat mempoenjai taboeng (tjelengan). Djika kebanjakan dari perempoean semoea begini, bangsa bisa mendjadi bangsa jang segar dan ta' miskin.

2   Djikalau kita memlihara kanak-kanak dengan ilmoe, ta' akan ada penjakit, djoemblahnja bangsa hendak besar dan achirnja bangsa mendjadi bangsa jang besar dan tegoeh.

3   Memelihara, mempeladjari anak dengan pengetahoean achirnja anak mendjadi orang jang banjak kepandaiannja, berani, tinggi boedinja, tjinta bangsa, tjinta toempah darahnja. Djadi pendek bangsa achirnja hendak moelja koekoeh dan tegoeh.

4   Ilmoe kebangsa'an itoe djikalau dipeladjari, kita bisa taoe keada'an dan babadnja bangsa kita atau bangsa lain; kita bisa tahoe adat istiadatnja, kekoewatannja, sopan santoennja d.l.l. Ini semoea, agar soepaja kita dapat bergaoelan dengan bangsa itoe, sedang kebangsa'an kita sendiri haroes diperhatikan betoel-betoel; achirnja bangsa mempoenjai boedi daja banjak dan pandai.

5   Ilmoe kaoetaman. Kita haroes memilih adat istiadat jang dapat membikinken moeljanja bangsa, sedang adat istiadat jang rendah jang membikin kemoendoeran haroes dihapoeskan. Ini semoea haroes diteroeskan didalem kesoetjian akan tetapi kita haroes ati-ati betoel, djanganlah sampai meninggalkan kebangsa'an kita.

6   Pengetahoean oemoem roepa-roepa sebagai perobahan doenia, hikajat doenia, bersahabat, sahabatannja bangsa dengan bangsa lain, ini semoea oentoek kepandaian kita sendiri agar soepaja kita djangan sampai heran djikalau mendengarnja.

7   Keperloean kaoem perempoean, haroes diperhatiken oentoek economi dan kekaja'an kita.

Theorie ini semoea djikalau didjalankan achirnja bangsa mendjadi bangsa jang besar, koeat, tegoeh, berani, pandai, madjoe dan lain-lainnja. Saben bangsa maoe mendjadi teman, mendjadi sobat, achirnja tanah toempah darahnja mendjadi mashoer. Sampai sebeginilah kemaoeannja kaoem perempoean hendak bekerdja bersama-sama dengan laki-laki oleh karena pait dirasa bersama-sama, manis djoega haroes dirasa bersama-sama, oentoeng dan ketjilaka'an haroes dipikoel bersama-sama.

Sekarang saja hendak menjelidiki, dari mana kita mendapat ilmoe jang setinggi dan jang disetoedjoei oleh ra'jat kita? Dari pengadjaran; akan tetapi sajang sekali bahwa disini beloem banjak sekolahan jang mengadjar ilmoe tadi.

Apakah orang-orang jang taksetoedjoe dengan actie kita, sekarang sesoedahnja melihat kemaoean kita, misih dapat kata, kaoem perempoean tak perloe sekolah'. Sajang sekali djikalau ia tinggal reactionair, lebih-lebih anaknja. Anaknja tentoe tak dikasih taoe apa-apa dan achirnja bangsa kita sendiri jang memikoel kesoesahannja.

Keterangan saja tadi oentoek menerangken kemaoeannja kaoem reactie, kaoem jang ta' menghargai pekerdja'an kita, kaoem jang memandang bahwa perempoean itoe kedjadian jang rendah, bahwa perempoean itoe hanja oentoek kesenangannja kaoem laki-laki sadja, oentoek permainan, bahwa perempoean diadaken, dititahken oleh Goesti Allah hanja oentoek keperloeannja kaoem laki-laki sadja. Pemandangan jang serendah ini boewat zaman sekarang aneh sekali. Apakah laki-laki atau perempoean itoe boekan titahnja, machloeknja Allah? Kita semoea machloeknja Allah; maka dari itoe kita ta' boleh membedakan laki-laki dengan perempoean, tak boleh meninggiken deradjatnja kaoem laki-laki dari pada deradjatnja kaoem perempoean. Siapa masih poenja fikiran begini, maoepoen laki-laki atau perempoean, maoepoen moeda atau toewa, itoe hendak memoendoerken bangsa, itoe beloem mengerti keperloeannja bangsa, beloem mengerti kesoesahannja, kesengsara'annja bangsa, kesoesahan kesengsara'an oleh karena ia hendak maoe moelja sendiri, hendak meradja lela sendiri. Siapakah jang mengerti keperloeannja bangsa kita? Kita sendiri boekan, laki-laki dan perempoean, maka dari itoe kita perempoean djoega mempoenjai koewadjiban jang berat. Maka dari itoe kita haroes mempoenjai kemerdika'an agar soepaja kita dapat bekerdja bersama-sama.

Kita minta kemerdika'an oleh karena kita hendak moeljaken bangsa kita. Djikalau kita tidak dikasih kelonggaran bagai manakah bangsa dapatnja madjoe, bagaimanakah kita dapatnja bekerdja bersama-sama oentoek bangsa kita.

Kemerdika'an itoe jang haroes kita kedjar dahoeloe. Djikalau kita beloem mempoenjainja, kita beloem dapat dinamaken perempoean pertandingannja temannja, laki-laki jang sebetoelnja, akan tetapi misih diseboet perempoean oentoek kemaoeannja, kesenangannja laki-laki sadja.

Perminta'an kemerdika'an, kelonggaran itoe perminta'an zaman, semangat zaman jang tak boleh dihilang-hilangi lagi. Apakah bidji kelapa itoe boekan tjonto oentoek kita? Walaupoen batok dan tepesnja itoe tebel sekali bidji toch bisa keloear bisa mengadakan pohon tinggi. Begitoelah kita kaoem perempoean hendak mendapat deradjat jang setinggi itoe.

Sekarang saja hendak meremboeg koewadjibannja perempoean sedang saja djoega hendak membales toedjoeannja pidato saja.

I Ketjinta'an

Menoeroet pemandangan saja, kita semoea maoepoen laki-laki atau perempoean, maoepoen moeda atau toea, haroes mempoenjai ketjinta'an, tjinta kepada bangsanja, tjinta kepada tanah toempah darahnja. Ketjinta'an haroes ditanem didalam sanoebari kita, haroes kita peringati betoel-betoel saben hari.

II Pekerdja'an

Semoea pekerdja'an maoepoen perloe atau tidak, maoepoen ketjil atau besar, haroes dikerdjakan dengan memperingati bangsa atau tanah toempah darah kita, haroes dipandang sebagai korban oentoek bangsa dan tanah toempah darah kita. Achirnja bangsa kita tinggi deradjatnja dan moelja.

III Koewadjibannja perempoean

Koewadjibannja perempoean jaitoe haroes setija kepada soeaminja kepada bangsanja, kepada tanah toempah darahnja, haroes tjinta kepada anak-anaknja. Inilah jang haroes mendjadi alasannja perempoean, oleh karena semoea pekerdja'an, semoea adat istiadat, sopan santoen itoe keloear dari ingatan dan fikiran dahoeloe. Djikalau fikirannja tegoeh, koewat, pekerdja'annja djoega hendak baik, dan achirnja bangsanja djoega toeroet baik, toeroet tegoeh dan koewat.

Sebeloem kita berichtiar bagaimana kita haroes berdjalan perdjalanan tadi hendak saja remboeg dahoeloe sebagai jang berikoet.

I   *Halperkawinan*

a   Hal perkawinan menoeroet pemandangan saja tidak boleh sebagai jang laloe, jaitoe hanja menoeroet orang toea sadja oleh karena terkadang-kadang oemoernja misih moeda sekali; achirnja ini hendak meroesak bibitnja, dan achirnja lagi djikalau mempoenjai anak djoega tak baik, selamanja dapat penjakit sadja kebanjakan djoega mati, dan bangsa achirnja djoega hendak roesak.

b   Perkawinan jang beloem beroemoer itoe ta' baik. Doea-doeanja beloem mengarti memegang roemah tangga dan achirnja mendapat kesoesahan dan djatoeh ke kemiskinan oleh karena beloem mengerti apa-apa. Djikalau kebanjakan begini, bangsa achirnja hendak djatoeh djoega ke kemiskinan dan hendak roesak.

c   Perkawinan jang beloem beroemoer oentoek kanak-kanak djoega ta' baik. Ia beloem mengerti hal pemelihara'an kanak-kanak. Kanak-kanak tadi achirnja dapat penjakit dan achirnya kebanjakan jang mati. Djadi pendeknja ia hanja hendak menambai kesoesahan dan kesengsara'an sadja.

Oleh karena perkawinan tadi beloem temponja, maka dari itoe achirnja banjak jang ta' seneng dan kedjadiannja pertjerai. Djadi perkawinan jang beloem mestinja itoe hanja membesarkan djoemblahnja djanda, sedang djanda tadi djikalau kawin lagi djoega ta' bisa lama dari sebab ia soedah dapat didikan jang tidak baik. Djadi hanja mendidik tak tjinta, ta' setia kepada soeaminja.

II   *Halberisterilebihdariseorang, (polygamie)*

Hal Polygamie ini tak baik sekali, oleh karena orang-orang itoe tak akan mendapat senang, dari sebab ia ta' merasa tetap, sedang sering-sering kali berbantah-bantah. Ini semoea mendjadiken kesoesahan hati kita, apa lagi djikalau orang-orang tadi tidak mampoeh. Walaupoen sering-sering kali dibilangken bahwa ada perempoean jang merasa senang meskipoen soeaminja beristeri lebih dari satoe akan tetapi ini hanja satoe atau doea kali sadja dan tidak semoeanja. Dan lagi perempoean jang diperboeat begini oleh soeaminja tak akan senang hatinja sedang achirnja bangsanja sendiri jang hendak mendapat kesoesahan. Misalnja begini. Poetra poetrinja jang dilahirken dari masing-masing iboe, itoe biasanja ta' akan bisa tjotjok oleh karena ia moelai dari ketjil soedah dididik oleh iboenja tak boleh tjotjok dengan saudara-saudaranja sendiri. Djika orang toeanja meninggal doenia, ia berbantah-bantah oentoek warisanja orang toeanja tadi. Anak tjoetjoenja achirnja djoega ta' akan bisa tjotjok. Apakah ini baik oentoek kita sendiri? Apakah ini boekan divided et impera? Djadi siapalah jang tjinta kepada tanah toempah darahnja, kepada bangsanja, siapa jang hendak mendjoendjoeng deradjat bangsanja haroes menghapoeskan polygamie tadi, oleh karena soedah terang sekali bahwa pengaroehnja polygamie itoe tidak baik sekali. Polygamie itoe mendidik hati chawatir, dan kedjadiannja orang-orang takakan bisa tjinta kepada tanah toempah darahnja, kepada bangsanja. Boekan hanja polygamie jang terang sadja pengaroehnja sebesar ini, akan tetapi polygamie jang tak terang (tidak mempakai idsinnja penghoeloe) begitoe djoega. Maka dari itoe fikiran djelek jang soedah masoek kesanoebari kita, jaitoe fikiran bahwa kaoem laki-laki itoe djempolan, berani, hampir sama dengan Ardjoeno djika ia beristeri lebih seorang, itoe haroes dihapoeskan, dihilangkan. Kena apakah kok hanja adat istiadatnja jang rendah ini dari Ardjoeno jang ditiroe? Kena apakah adat istiadat jang tinggi dan moelja dari Ardjoeno tadi, jaitoe tjinta-tjintanja kepada saudara-saudaranja, kepada tanah toempah darahnja sampai ia tak memperingati djiwanja ta' ditiroe?

Inilah jang haroes kita tiroe. Sebetoelnja menoeroet boekoe Maha Baratha Ardjoeno tak begitoe rendah sebagai pemandangannja orang Djawa, akan tetapi mereka sebagai tjonto oentoek kaoem laki-laki, (ideale man).

Oleh karena hal perkawinan itoe penting sekali bagi kita semoea, dari sebab hal tadi pengaroehnja besar sekali kepada kita dan bangsa kita, tanah air kita, maka dari itoe ia haroes diperhatiken betoel-betoel oleh semoea orang jang modern, oleh moderne maatschappij.

III Pemelihara'an, pengadjarananak (opvoeding)

Hal opvoeding ini haroes diperhatiken betoel-betoel, ta' boleh dengan seènaknja sadja, oleh karena oleh daja oepajanja opvoeding tadi kita baroe bisa mempoenjai adat istiadat jang baik, sopan santoen jang tinggi, tjinta-tjinta kepada bangsa, kepada tanah airnja d.l.l. ini semoea bisa kita tjapai djika kita bisa menanamnja didala sanoe bari dengan pertolongannja opvoeding tadi. Maka dari itoe, perloe sekali bahwa sering-sering kali diadakan rapat oentoek meremboeg hal-hal jang bergaoelan dengan opvoeding, dimana kaoem perempoean dan pachlawanan meremboegnja hal-hal tadi. Opvoeding itoe bisa kita samakan dengan pabrik kemaoean, asalnja (mata airnja) semoea kehendak, semoea iradah. Nenek mojang kita soedah termashoer, bahwa ia orang jang tegoeh hatinja, orang jang mempoenjai boedi jang tinggi sekali, bahwa adat istiadatnja itoe adat istiadatnja Satria. Kena apakah kok sekarang kita sampai rendah begini? Ito semoea temtoe ada sebabnja dan sebab-sebab tadi hendak kita dapati di kalangannja bangsa kita sendiri. Maka dari itoe, djika kita hendak memperbaiki deradjat bangsa kita, kita haroes radjin menjelidiki perdjalanan dan kemaoean jang ta' betoel, jang keliroe. Apa-apa jang hendak membawa kemoendoeran kita, kesoesahan kita, kerendahan kita haroes dihapoeskan. Djika nenek mojang kita dipoerbakala bisa moelja dan tinggi deradjatnja, kena apakah kita sekarang ta' dapat. Alam selamanja ta' akan djoesta, djika kita tak berobah. Djadi djika kita mendapat kerendahan maka dari itoe perdjalanan moesti tak betoel, lain sekali dengan nenek mojang kita. Sering-sering kali banjaklah orang merasa soedah tinggi deradjatnja oleh karena ia kaja, ia moelja ia berpangkat, akan tetapi dengan ini bangsa kita beloem moelja, beloem tinggi deradjatnja, oleh karena ini semoea hanja persoonlijk, beloem ra'jat semoea. Maka dari itoe betoel, baik sekali bahwa toean Ki Hadjar Dewantoro moelai boelan October 1928 soedah mendiriken soerat kabar boelanan Wasito, dimana kita dapat meremboeg hal-hal opvoeding. Moedah-moedahan tidak hanja Wasito sadja akan tetapi dikemoedian hari djoega akan tampak soerat-soerat kabar lain jang meremboeg opvoeding.

Anak-anak maoepoen perempoean atau laki-laki haroes dapat peladjaran jang kita maoeken dari sebab anak-anak tadi jang hendak mengganti orang toewanja. Maka dari itoe orang toea tadi haroes mengatoer hal-hal jang bergaoelan dengan opvoeding, onderwijs, dan economie kita, agar soepaja kita dikemoedian hari bisa mendjadi bangsa jang moelja. Siapakah jang haroes memimpin anak-anak tadi moelai kanak-kanak? Perempoean, boekan!

IV *Adatistiadatjangtidakbaikharoesdihapoeskan, djangansampaimenghalang–halangikita*

Banjaklah adat istiadatnja bangsa jang haroes dirobah dan dibetoelkan, sedang jang takbaik haroes dihapoeskan. Disini saja hendak memadjoekan adat istiadat jang baroe sadja. Seoempamanja:

1 Hal bergaoelannja perempoean dan laki-laki. Dahoeloe kala perempoean ta' boleh sama sekali bergaoelan dengan laki-laki, sering-sering kali ia dipingit, ia ta' boleh keloear, sebagai dimasoekkan dipendjara. Djika ia dikawinkan, apakah ia soedah tahoe hal-hal roemah tangga, hal opvoeding, hal pemelihara'an kanak-kanak? Apakah kedjadian begini ini bisa mendjoendjoeng deradjatnja bangsa? Maka dari itoe, hal jang ta' baik ini haroes dihapoeskan. Betoel bahwa kaoem kolot, kaoem koeno, takakan setoedjoe dengan actie kita, dengan perobahan baroe, oleh karena ia beloem biasa, akan tetapi lama kelama'an ia merasa biasa ta' akan mengritik kita lagi. Pada waktoe *permaisoeri sri baginda amanoellah* dari negeri Afghanistan berpergian di masing-masing negeri Barat ia tahoe keada'an matjam-matjam. Walaupoen perempoean Afghanistan menoeroet adat-istiadatnja, adat mana jang soedah beriboe-riboe taoen ta' dirobah, moesti memakai penoetoep moeka (sluier), akan tetapi *permaisoeri* tadi waktoe perdjalanannja di Europa ta' memakai penoetoep moeka lagi, dan menghilangken adat-adat jang boeat zaman sekarang ta' baik lagi. Maka dari itoe, oleh karena kita

hendak mendjoendjoeng bangsa kita, *permaisoeri sri baginda amanoellah* itoe bisa mendjadi tjonto oentoek kita. Ia ta' memperdoeli reactie, ia teroes menghapoeskan adat-istiadat jang ta' baik lagi. Tegoehlah hatinja, teroeslah ia berdjalan. Permaisoeri tadi berazas hendak memadjoekan bangsa. Oentoek mentjapai keinginan jang setinggi ini ia merobah badannja sendiri, agar soepaja ia bisa mendjadi tjonto oentoek perempoean-perempoean lain. Begitoelah kita djoega haroes memperbaiki badan kita sendiri dahoeloe. Apa-apa jang ta' senonoh lagi boewat zaman baroe, haroes dihapoeskan. Perdjalanannja almarhoem RA. KARTINI jang moelja sekali itoe haroes kita perhatikan betoel-betoel oentoek mentjapai kemaoean kita.

2   Madat dan minoem. Oleh karena apa-apa jang bergaoelan dengan roemah tangga itoe mendjadi koewadjibannja perempoean, maka dari itoe perempoean haroes mendjaga keslametan roemahnja. Sering-sering kali keroesakan jang dari fihak kita sendiri, jang ada dikalangan kita sendiri, ta' diperhatiken betoel-betoel oleh pergerakan sekarang. Ia hanja memikiri serangan dari loear sadja. Ini soedah semestinja, oleh karena kaoem laki-laki itoe tidak berkerdja diroemah. Ini koewadjiban dan pekerdja'an kita. Madat dan minoem itoe kita jang haroes memperangi, oleh karena ini penjakit jang keloear dari bangsa kita sendiri. Seoempamanja kita memelihara sebatang pohon dan hanja memperhatikan daoen dan batangnja sadja, sedang akarnja ta' baik sekali, pohon tadi djoega ta' akan bisa hidoep baik. Begitoe djoega bangsa. Saja ta'aken meremboeg pengaroehnja madat dan minoem jang djelek sekali itoe, hal ini kita soedah tahoe semoea, akan tetapi saja hanja menetapken bahwa adat jang serendah ini mengroesak bangsa. Oleh karena Congres Perempoean Indonesia hendakmemadjoekan bangsa, maka dari itoe Congres tadi haroes memperhatikan hal minoem dan madat tadi.

Dinegeri Amerika Oetara (Vereenigde Staten van Amerika) negeri jang kaja dan tegoeh, pandai dan ta' kekoerangan soeatoe apapoen, minoeman keras soedah tak boleh diminoem, didjoeal dan dibikin lagi. Regeering mengambil kepoetoesan jang semoelja ini oleh karena ia soedah insjaf, bahwa minoeman keras itoe tak baik sekali. Oleh karena regeering hendak mendjaga ra'jatnja, agar soepaja ra'jat djangan sampai djatoeh ke kesangsara'an, ke kemoendoeran. Dinegeri Tiongkok tjandoe soedah dilarang keras, dari sebab regeering Tiongkok soedah jakin bahwa tjandoe itoe bahaja besar oentoek ra'jatnja. Dinegeri Arab minoem rokok djoega dilarangi oleh Sri Baginda Ibnoe Saoed. Perhimpoenan CPI djoega mempoenjai azas hendak menghilangken minoem rokok.

Elok sekali bahwa diwaktoe sekarang perempoean djoega meniroe laki-laki, djoega meminoem rokok. Darimanakah kaoem laki-laki itoe mempoenjai adat minoem itoe? Dari pengaroehnja bangsa asing. Oleh karena minoeman keras itoe pengaroehnja ta' baik sekali, maka dari itoe CPI haroes meminta kepada pemerintah, soepaja penggawainja bangsa Indonesia diperingatken, soepaja ia dipersidangandienst djangan sampai meminoeman keras. Sebaliknja ambtenaar Belanda djoega djangan marah djika ia ta' dapat minoeman keras, djika ia datang diroemahnja ambtenaar Boemi Poetera. Peringatan ini haroes berwarna sebagai Hormat circulaire, menoeroet ini penggawai rendah haroes djongkok, haroes menjembah kepada pembesarnja. Kehormatan ini tiada dimoestikan, akan tetapi oleh karena pemerintah mengasih perintah maka ia dipractijk djoega didjalanken. Begitoe djoega hal larangan minoeman keras. Djika pemerintah mengasih oendang-oendang, tentoe sadja penggawai Boemi poetera ta'akan meminoem lagi.

3 Ketjinta'an. Pendidikan ketjinta'an didalem hati kita, itoe koewadjibannja perempoean. Disini saja hendak meremboeg perdjalanannja, bagaimana kita bisa menanam ketjinta'an tadi di dalam sanoebari kita. Orang Indonesia itoe dibagi didalam tiga golongan, jaitoe: 1. Ra'jat, 2. Prijaji, 3. bangsa bangsawan (Adel), sedang baroe-baroe ini ada lagi satoe golongan, jaitoe golongannja orang terpeladjar (Intellectueelen), jang terdjadi dari tiga golongan itoe, oleh karena ia terpeladjar. Pada dahoeloe kala ra'jat setoehoe sekali kepada pembesarnja, sedang pembesar-pembesar tadi djoega sering-sering kali soeka menolong ra'jatnja sehinga misbahnja (verhouding) golongan doea tadi baik sekali. Akan tetapi lama kelama'an verhouding tadi tiada baik lagi, sehingga kita sekarang tak bisa menoendjoeken lagi, sedang ra'jat pada waktoe ini makin lama makin dekat sekali dengan kaoem intellectueel. Ra'jat mempoenjai tjinta kepada kaoem intellectueel itoe, oleh karena ia pertjaja, bahwa ia hendak ditolongnja, bahwa ia hendak mendapat kehidoepan jang baik oleh pertolongannja kaoem terpeladjar itoe. Akan tetapi misbah ini beloem begitoe baik, tidak dari kamaoeannja ra'jat, akan tetapi dari kemaoeannja kaoem terpeladjar sendiri, dari sebab ia beloem biasa mendjalankennja. Djika doea golongan ini soedah bisa bersahabat-sahabatan betoel-betoel achrinja hendak koeat dan tegoeh. Maka dari itoe kaoem intellectueel haroes berdjalan jang betoel-betoel, haroes boleh dipertjaja, dari sebab ra'jat moelai sekarang melihat betoel-betoel tingkah lakoenja kaoem intellectueel tadi. Semoea tingkah lakoenja mendjadi tjonto; maka dari itoe kaoem terpeladjar haroes djaga betoel-betoel. Ia haroes toeloes, haroes moelja, haroes symphatiek dan adil. Kemahoean saja jaitoe, soepaja semoea kaoem perempoean intellectueel mahoe bersahabat-sahabat dengan kaoem perempoean ra'jat jang betoel-betoel. Ia temtoe merasa senang dan tjinta kepada kita, dan achirnja kita bisa koewat dan tegoeh.

V   Bagaimanakahmoestinjakaoem Perempoean Indonésia?

Djika kita menengok kekanan dan kekiri, seoempamanja dinegeri Djepang, Tiongkok, india, Arab, Afghanistan, Toerki dan di Europa, soedah tidak pantes lagi, bahwa kira itoe ketinggalan dengan perempoean di masing-masing negeri itoe.

Tanah toempah darah kita, Indonésia, indah sekali, takada jang tak baik. Tanahnja gemoek, pelikan banjak, hoetannja lebar, soengainja besar-besar, dan laoetnja endah sekali. Djika kita melihat peta Indonésia, kita bisa taoe bahwa Indonésia, Indonésia itoe dikelilingi oleh laoet jang indah-indah. Apakah kita tidak sering-sering kali mendengar perkata'an Belanda jang berboenji begini: 'Een gordel van smaragd dat om de evenaar slingert!' Djoemblahnja ra'jatnja besar sekali. Kena apakah deradjatnja ra'jat misih tinggal begini sadja dan kena apakah kaoem perempoeannja beloem memikirnja, misih ketinggalan kepada perempoean-perempoean di masing-masing negeri? Sajang sekali bahwa perempoean jang terpeladjar beloem banjak.

Maka dari itoe kerdjalah oentoek deradjat kita. CP besar sekali pekerdja'an dan koewadjibannja seoempamanja:

I   CPI haroes berdaja oepaja soepaja semoea perempoean dan laki-laki mendapat pengadjaran jang pantes.

II   Haroes menolong memperbaiki kehidoepan kita.

III   Haroes menolong menghilangken pekerdja'an jang tak senonoh, jaitoe pekerdja'an jang hendak mengroesak bangsa.

IV   Haroes memperbaiki keperloeannja perempoean.

V   Haroes merobah adat istiadat, atoeran-atoeran, agar soepaja kita bisa mendapet kehidoepan jang baik d.l.l.

Sekarang temponja soedah datang bahwa perempoean haroes memperbaiki dirinja sendiri. Zaman baroe soedah dateng, zaman lama dan koeno haroes diboeang.

Menoeroet atoerannja alam semoea moesti ganti. Kena apakah kita misih memegang barang-barang jang semestinja haroes soedah diboewang? Apakah ini tidak bertentangan dengan natuurwet? Achirnja kita sendiri jang hendak memikoel kedjadiannja. Atoeran-atoeran lama itoe dibikin dengan koewasa, dengan paksa sedang alasannja itoe ketakoetan. Oempamanja begini:

I   Adat-istiadat. Ini djoega beralasan ketakoetan. Haroes ditoeroet, haroes takoet, haroes begitoe, ta' boleh lain matjem.

II Pengadjaran. Pengadjaran djoega beralasan ketakoetan. Moerid haroes menoeroet kepada goeroenja, ta' boleh membantah. Achirnja rohnja takkan hidoep.

III Ilmoe batin. Ini djoega hanja haroes menoeroet sadja. Tak boleh memikir, merasa, hanja haroes menoeroet sadja. Achirnja tak bisa memikir, merasa sendiri.

IV Orang perempoean hanja haroes menoeroet soeaminja sadja. Katanja soeaminja itoe Goesti Allahnja. Semoea-semoea haroes menoeroet sadja d.l.l.

Djadi disini soedah terang sekali bahwa pengatoeran-pengatoeran lama itoe beralas ketakoetan, ketoeroetan dan kekoewasa'an. Semoea-semoea haroes menoeroet sadja. Lain sekali dari peratoeran-peratoeran jang baroe, jang diminta oleh semangat zaman, jang beralas ketjinta'an. Dahoeloe kala kita haroes takoet sahadja, sedang sekarang kita haroes memikir dahoeloe, haroes menimbang dahoeloe, takboleh lekas-lekas pertjaja, dan tak boleh menoeroet sadja. Dahoeloe kala orang toea mengharep soepaja anaknja berpangkat, gadji besar, moelja d.l.l. Sekarang ia hanja mengharap soepaja anaknja tjinta kepada bangsanja, kepada tanah airnja, soepaja mendjadi orang jang berfaedah oentoek tanah airnja. Dahoeloe orang toea menoenggoe balesan ketjinta'an dari anaknja, sekarang ia hanja harep soepaja anaknja bisa mendjoendjoeng bangsanja. Lihatlah kedjadian-kedjadian dinegeri Djepang. Perhatikenlah apa-apa jang telah terdjadi dinegeri itoe.

Di zaman sekarang kita boleh pertjaja sadja, takboleh menoeroet, taboleh takoet sadja. Kita haroes pertjaja kepada diri kita sendiri, haroes mempoenjai perasa'an sendiri, fikiran sendiri. Ini semoea permainta'annja zaman semangat zaman jang memadjoekan ini, ini tak boleh di halang-halangi lagi. Maka dari itoe orang toea haroes memperhatiken ini betoel-betoel, agar soepaja ia djangan sampai menghalang-halanginja, agar soepaja ia menolong kedatangannja.

Sebagai penoetoep pidato saja, saja hendak memadjoekan oesoel sematjam ini:

I CPI haroes meminta kepada pemerintah soepaja semoea sekolahan boleh dimasoeki oleh poetri-poetri.

II CPI haroes meminta kepada pemerintah soepaja djoemblahnja sekolahan janng hanja oentoek anak isteri sadja, ditambahi.

III CPI haroes meminta kepada pemerintah soepaja poeteri-poeteri boleh mendjabat masing-masing djabatan sebagai kaoem laki-laki dna meminta soepaja poeteri-poeteri boleh mendjadi anggauta-anggauta dari masing-masing raden (gemeenteraad, provinciale raad, regentschapsraad, volksraad)

Kami membilang trima kasih kepada Pengoeroes Congres ini.

Wasalam

T.

Kewadjiban perempoean didalam roemah tangga

Oleh Oetoesan dari Wanita-Oetomo, Sdr RA Soekonto

Hal I   Perempoean haroes radjin.

Hal II   Perempoean haroes tjepat pada sekalian pekerdjaän.

Hal III   Perempoean haroes bersih.

Hal IV   Perempoean haroes sabar, akan tetapi djangan nglentar.

Hal V   Perempoean haroes toeloes boedinja.

Hal VI   Perempoean haroes adil.

Hal VII   Perempoean haroes menghimat.

Hal VIII   Perempoean haroes titi.

Hal IX   Perempoean haroes ati-ati.

Hal X   Perempoean haroes sopan.

Hal XI   Perempoean haroes boedi tegoeh.

Hal XII   Perempoean haroes pinter pada sekalian pekerdjaän.

Hal I

Perempoean haroes radjin, artinja: segala pekerdja'an didalam roemah tangga haroes dikerdjakan djangan ragoe-ragoe, sepertinja: kalau bangoen lebih doeloe tertimbang lainnja, laloe bikin bersih roemah, bikin bersih badannja sendiri. Djika soedah bersoeami membikinkan wedang dan sarapan oentoek lakinja dan anaknja. Setelah laloe mentjahari keperloean persedija'an makan siang dan soré, sepertinja: blandja, masak persedia'an makan siang dan soré, begitoe selandjoetnja. Djika mempoenjai anak ketjil ia bertambah pekerdja'annja.

Hal II

Perempoean haroes tjepat didalam pekerdja'an, djangan lemah, soepaja lekas selesai, sebab pekerdja'an didalam roemah itoe amat banjak.

Hal III

Perempoean haroes bersih. Perloenja melainkan baik, bersih itoe mendjaga kesehatannja saisi roemah. Djikalau koerang pembersihan akan dapat membikin bidji roepa-roepa penjakit. Bersih itoe ja'ni: Perempoean haroes mengetahoei pembersihannja keboen, slokan. Keboen djangan sampai banjak toemboehan, djangan sampai litjin, atau keboen djangan sampai kedapatan air kemboeng, sebab mendjadikan sarang teloer njamoek berteloer., dapat djoega membawa bidji malaria. Slokan haroes dibikin bersih, dan disiram creoline atau air gamping. Begitoepoen kakoes. Tempat lobang kakoes haroes ditoetoep, kalau boekan kloset. Perloenja tertoetoep djangan sampai dihinggapi lalat, lantaran lalat itoe membawa penjakit peroet roepa-roepa. Karena jang dikoeatirkan, kalau lalat menghinggapi makanan, tentoe mengoeatirkan. Kamar mandi saben hari haroes dibikin bersih. Kalau ada koelit-koelit dari boeah-boeah dan kalau ada koelit ikan-ikan haroes diboeang, karena itoe menjebabkan banjak lalat, jang akan membawa penjakit. Ketjoeali dari pada itoe perkakas roemah haroes dibikin bersih saben hari. Di dalam roemah djangan sampai ada lalat dan lemoetnja. Plesternja haroes sedikit—dikitnja saben minggoe ditjoetji dengan creoline. Kalau roemah jang tidak plester tjoekoep ditjoetji dengan air gamping. Atapnja djoega haroes dibikin bersih, soepaja djangan ada tikoesnja. Soedoet-soedoet dan kolong-kolong djangan sampai ada timboenan barang kotor, sebab itoe mendjadikan banjak sarang tikoes. Tikoes itoe membawa bibit pès. Perkakas dapoer haroes bersih. Kalau mentjoetji haroes memakai air panas. Makanan jang soedah masak, akan didjaga djangan sampai dihinggapi lalat. Alat boemboe dapoer haroes ditjoetji. Hal membikin bersih pakaian. Mentjoetjinja haroes dengan air panas dan saboen. Setelah kering haroes digeroes, perloenja, selainnja roepa baik, bacil-bacil dapat mati. Bantal dan kasoer haroes kerap kali didjemoer, klamboe djangan sampai kotor.

Hal air minoem. Air minoem haroes didjerang. Boeah-boeah haroes ditjoetji lebih dahoeloe seboeloemnja dimakan. Kalau akan makan haroes mentjoetji tangan dahoeloe jang bersih.

Hal IV

Perempoean haroes sabar, artinja: djangan memperdoelikan barang tidak berfaédah.

Hal V

Perempoean haroes toeloes berboedi, artinja: djangan sampai dengki, jang tegap artinja.

Hal VI

Perempoean akan dapat menghimat, dapat memegang cewang. Meskipoen blandja sedikit dapat mendjadi tjoekoep. Barang kapoenja'annja djangan sampai ilang dan roesak.

Hal VII

Perempoean haroes adil, jaitoe: Perempoean soepaja dapat meratakan apa jang mendjadi ketjoekoepannja didalam roemah atau dapat mengadili kasoekaran didalam roemah.

Hal VIII

Artinja: Perempoean djangan memboros.

Hal IX

Titi, artinja: Perempoean haroes meniti, mengatahoei sendiri didalam atau diloear roemah. Djangan mempertjajakan pada orang lain. Akan mengatahoei sendiri dari barang kapoenja'annja sendiri. Apabila akan tidoer, perngoentji-perngoentji pintoe dan djendela haroes dipriksa sendiri.

Hal X

Ati-ati, artinja: Bolehnja memiara sakalian kapoenja'annja haroes ati-ati dan kalau melajani soeami djangan sampai salah.

Hal XI

Artinja: Perempoean haroes sopan, perempoean haroes mendjaga dirinja sendiri, djangan sampai dihina , dan haroes mengerti maksoed kemaoeannja orang didalam roemah, dan dapat menjimpan rahasia.

Hal XII

Perempoean haroes boedi tegoeh, artinja: Perempoean haroes mempoenjai maloe, djangan menghinakan dirinja, djangan soeka djoesta, dapat membikin soeka tjintanja orang lain, djangan membikin keberatnja orang lain, dan djangan meroesak haknja orang lain.

Hal XIII

Perempoean haroes tjerdik. Katjerdikan itoe roepa-roepa. Perempoean haroes mempeladjari sakalian pengertian oemoem, sebab perempoean itoe mendjadi goeroenja anaknja didalam roemah.

Iboe

Oleh saudara Djami, (Darmo Laksmi)

Saudara, seperti jang soedah dihoendjoekkan oleh saudara St. Moendjijah kita perempoean ta' sama hidoep, tabiat dan takdir kita dengan saudara laki-laki, karena kita mempoenjai koewadjiban jang berlawanan dengan koewadjiban kaoem laki-laki. Soedah dikatakan djoega oleh saudara St. Moendjijah, sebagaimana kita hidoep dahoeloe. Selaloe dihinakan oleh saudara kita laki-laki.

Doeloe, waktoe saja masih ketjil, djika kakak saja maoe pergi mengail, kailnja saja pegang agak sebentar, marah ia amat sangat. 'Hai, djangan,' katanja. 'Djangan, nanti saja ta' beroleh ikan.'

Djika pada soeatoe perindoekan ada anak dilahirkan, bapa dan iboenja meminta kepada Toehan, laki-lakilah hendaknja anaknja.

Djika dengan takdirnja anaknja itoe perempoean. Makloemlah, saudara, berapa besar soesah bapa dan iboe. Anak jang sepatoetnja disamboet dengan girang hati, hanja mengadakan keroet pada dahi orang toeanja. 'Sajang, sajang, perempoean, boekan laki!'

Sedjak dari ketjil kita kaoem perempoean telah ditjela, dinista oleh kaoem laki-laki. Ja, oleh maatschappij, sesoenggoehnja.

Pada waktoe kita doedoek termenoeng, memikirkan hal nasib kita perempoean, berlinang-linang air mata kita. Ada timboel perasa'an jang tidak berketentoean. Ada timboel pertanja'an, apakah goena kita dilahirkan didoenia ini. Akan mendjadi permainankah, atau mendjadi sahaja orang laki-lakikah hidoep kita ini?

Akan tetapi marilah kita selidiki, bagaimana djalan djaman, jang soedah kita laloei, sekarang dan kelak? Ta' seorang akan termashoer kepandaian atau pengetahoeannja jang iboenja atau perempoeannja boekan seorang perempoean jang tinggi djoega pengetahoean atau boedinja. Siapakah jang ternama? Boekan iboe atau isterinja, hanja anaknja laki-laki atau soeaminjalah. Itoelah soeatoe tanda, bahwa kita kaoem perempoean hidoepnja semata-mata akan mengoerbankan diri. Rasa, sempoerna kita berhoeboeng dengan besarnja atau banjaknja koerban kita. Tidak kita akan sombong diri, djika kita berdjalan dengan bergantoengkah perhiasan pada diri kita. Tidak kita akan bergirang hati, djika makan makanan jang enak-enak. Hanja anak kitalah jang kita fikiri sehari-hari.

Seorang iboe jang beloem lama bertjerai dengan anaknja, baik karena anaknja pergi akan beladjar kenegeri lain, maoepoen meninggal doenia, djika ada tersadji pada iboe itoe makanan jang enak, hanja timboellah lagi kesoesahannja. Makanan jang telah dimasak dengan seènak-ènaknja, hanja mendjadikan kesoesahan hendak memakannja. Bila iboe itoe datang kesoeatoe peramaian atau peralatan dengan pertoendjoekan jang akan menjenangkan hati orang jang menonton, boenji kerontjong atau gamelan semata-mata menghantjoerkan hati iboe sadja. Donja dengan tamasja doenia ta' berharga lagi pada si Iboe. Hanja anaknjalah jang selaloe terpandang padanja, jang tersimpan didalam hatinja. Bagaimanakah girang hatinja, djika anaknja masih hidoep, bersama-sama bersenangkan hati?

Berapa besar pertjinta'an Iboe kepada anaknja, ta' dapat kita perbandingkan dengan pertjinta'an jang lain-lain. Adik kepada kakaknja, seorang boedak dengan sahabatnja, Isteri kepada soeaminja,, tidak sebesar pertjinta'an Iboe kepada anaknja, karena tali pertambatan hatinja dengan anaknja, hanja pertjinta'an jang soetji, pertjinta'an jang tidak mengingati diri sendiri. Itoelah koerban jang sebanjak-banjaknja, boedi jang setinggi-tingginja.

Iboe jang baharoe melahirkan anak, tidak makan semaoenja sadja. Bagi kita orang Djawa, hanja nasi dan sajoeran jang haroes kita makan. Akan makan-makanan jang tidak ènak itoe bagi Iboe ta' mengapa, karena tertarik oleh pertjinta'an itoe. Tidak sekali-kali menjesal, bila ada pertoendjoekan apapoen, ia ta' dapat pergi menonton. Ia tinggal diroemah itoe dengan senang hati dengan moeka jang berseri-seri. Permainan dan boenji-boenjian, atau njanjian sekalian `alam ada terkoempoel pada diri anaknja.

Selagi Iboe mengandoengkan anaknja, berapa perasa'an jang ta' sedap manakah jang tidak tertanggoeng olehnja. Sembilan boelan, hampir setahoen, makloemlah toean-toean, Iboe hidoep dalam pertagahan. Dimana ia doedoek, kemana ia berdjalan, ada keada'an atau barang jang ta' baik, Iboe ta' boleh mentertawakannja. Jang didjaga'annja dan dipeliharakannja hanja rasa hatinja. Djangan bertjampoeran dengan perasa'an jang ta' soetji, itoelah hendaknja. Selama anak ada terkandoeng olehnja, itoelah waktoe jang seberat-beratnja, karena itoelah pendidikan Iboe jang moela-moela sekali kepada anaknja. Njata kepada kita, bahwa mendidik anak itoe, tidak kita moelai dari oemoer 5 atau 6 tahoen, melainkan lebih dahoeloe soedah, jaitoe waktoe anak masih terkandoeng. Selagi anak dalam boeaian (wieg), perasa'an dari sekelilingnja, baik rasa senang, soesah, maoepoen nafsoe jang baik dan jang tidak soetji, sekalian itoe tergambar pada hati dan fikiran anak itoe, sebagai gambar jang terpotret itoe djoega adanja. Perasa'an itoe ada tertjap pada fikiran anak, ta' dapat dioebah lagi, meskipoen gambar itoe beloem ketentara bangoennja. Selagi anak hidoep dengan air soesoe Iboe, Iboe memperhatikan makanannja. Apa jang dimakannja termasoek djoega dalam badan anaknja. Djadi boleh dikatakan Iboe dan anak mempoenjai satoe badan. Sekalian makanan ada tertjampoer dalam air soesoe Iboe. Perasaan dan ketjinta'an Iboe ada terbawa oleh air soesoe termasoek dalam sanoebari kita.

Saja ada kenal akan seorang boedak, doea tahoen sampai sekarang ia beroemoer 17 tahoen. Djadi sekarang 19 tahoen oemoernja. Tidak sekali-kali ia soeka atau maoe makan daging. Djika dipaksa, karena ia ditertawakan orang ia, mendjadi sakit ia. Seketika itoe djoega, keloear makanan itoe lagi dari moeloetnja.

Iboe angkatnja mengatakan kepada saja, bahwa boedak itoe diambilnja, waktoe na masih oemoer 36 hari (selapan). Anak itoe diberi soesoe lemboe oleh iboenja angkat itoe. Hidoepnja terlaloe soeboer: 'Boekan seperti anak biasa', kata iboenja itoe. 'Minoem soesoe doea tiga botol sehari'. Djadi rasa ta' maoe makan daging lemboe itoe, jakin benar tertanam dalam perasa'annja. Makan daging asal dari bangsa jang memberi air soesoe kepadanja itoe menimboelkan perasa'an jang ta' sedap. Iboe ia selaloe kepada sekalian binatang. Njata kepada kita, bahwa air soesoe itoe mendjadi tali pertambatan perasa'an tjinta kepada anak. Ditanah Europa kebanjakan perempoean jang molèk sikapnja dan perempoean bangsawan, tidak maoe memberi air soesoe sendiri kepada anaknja, karena takoet akan berkoerang molèk dan tjantik. Berlakoekah ditanah Indonesia atau tanah Djawa ini keada'an jang sedemikian, sekalian jang berhadlir disini lebih taoe dengan terang dari pada saja sendiri. Adat jang demikian itoe memoetoeskan tali perasa'an dan pertjinta'an Iboe kepada anaknja. Djika anak nanti akan berkoerang tjinta kepada Iboe, djangan sesal hatilah hendaknja. Soedah sebenarnjalah hal itoe. Ada terseboetlah dalam soeatoe kitab oleh Ledy Emilly Lutyans, sebagaimana haroes ddjalankan oleh Iboe, selagi Iboe doedoek dalam mengandoengkan anak. Diseboetkan didalam kitab itoe, bahwa pada doea atoer tiga boelan mengandoeng Iboe haroes menggambar-gambar. Dan pada empat boelannja fikiran haroes ditadjamkan dan sebagiannja. Djadi peladjaran dan anak boleh dioesahakan djoega moelai Iboe mengandoeng. Djadi soedah ditakdirkan oleh jang Maha Koewasa kita perempoean atau kaoem Iboe besar koeasa dan hak kita atas anak kita, ditentoekan oleh kodratnja. Njata, bahwa bapa atas anaknja itoe hanja dikoekoehkan (ditetapkan) oleh maatschappij dengan tiada semena-mena tiada keralasan (gegrond) kodrat (natuur). Djika kita toendoekkan sadja kepada kita, berkata, ja sadja, itoe menghinakan natuur, merendahkan takdir Toehan kepada kita. Soedah sebenarnjalah kita Iboe atau bakal Iboe mempereboet hak itoe, boekannja akan menang sadja, akan tetapi akan mendjalankan kehendak atau takdir Toehan dengan sejakin-jakinnja.

Salah satoe wadjibnja orang perempoean

Oleh Sdr SZ Goenawan, (Roekoen Wanodijo)

Vergadering jang terhormat!

Sebeloem kami memoelai, hendaklah kami diberinja idjazah, karena kami hendak sedikit bermadah.

Menilik kitab-kitab tambo di-zaman poerbakala, maka nampaklah bagai kami, bahwa nama orang perempoean itoe baharoelah terseboet apabila ia mempoenjai sifat-sifat serta perboeatan sebagai orang lelaki, oempamanja sadja mendjadi seorang pahlawan atau memegang kekoeasa'an serta doedoek di-atas tachta keradja'an; lihatlah dalam tjerita wajang pada woro Srikandi, dan dalam tambo keradja'an Madjapait pada Praboe Kenjo.

Soenggoehpoen demikian kita kaoem isteri haroeslah mengakoei, bahwa keada'an doea matjam diatas itoe memang boekan kita poenja kewadjiban, menoeroet koedrat (natuur), kita orang perempoean memang mempoenjai koewadjiban sendiri, jang termasoek penting dan ta' dapat dikata rendah deradjatnja dalam hikajat doenia dan kemenoesia'an. Bersama-sama orang lelaki maka seorang perempoean telah menerbitkan hikajat doenia, ia poenja perboeatan oentoek kemenoesia'an memang ada lain djalan, ia dapat berpahala besar sebagai seorang iboe, seorang anak, seorang isteri dan seorang sobat.

Walaupoen demikian, doenia selaloe menaroeh nama perempoean itoe dibelakang tempatnja dan dipandangnja seolah-olah ta' ada pentingnja. Sebenarnja ta' begitoe, orang perempoean dapat djoega mempoenjai itoe pahala bagai hikajat, tetapi oleh doenia selaloe ditaroeh bersemboenji serta ta' nampak. Hikajat hanja menoelis apa nampak dimata, sebab itoelah achli-achli hikajat ta' dapat disesalkan, karena pahala jang penting-penting dari fehak perempoean adalah selaloe tersemboenji dan tertoetoep dalam roemah tangga.

Biarpoen bagaimana, maka pahala dari fehak perempoean jang selaloe tertoetoep, dengan kehendak Allah soebchanahoe wata'ala, maka pada achirnja tentoelah akan dapat memantjarkan sinarnja keloear kemoeka doenia, dan lambat-laoen didjadikanlah teladan dan achirnja mendjadi kebadjikan bagai doenia dan menoesia.

Dalam hal mendjadi isteri, saudara-saudara nistjaja ta' akan menjangkal, bahwa orang perempoean itoe mendjadi pokok jang penting serta besar sekali ertinja bagai soeaminja.

Setengah orang telah kata, bahwa soeatoe pernikahan itoe dapatlah dioempamakan soeatoe djalan bagi hidoep kita. Dengan menikah seorang lelaki akan ladjoe meneroeskan perdjalanannja oentoek mengedjar peroentoengan, atau bakal mendjadi sebaliknja..........., dan dari pada doea matjam sifat ini sebagaian ada terdapat pada perboeatannja orang perempoean. Boeat mengedjar pada soeatoe maksoed, maka orang perempoeanpoen mempoeanjai pengaroeh besar bagai soeaminja, jaitoe goena merintangkan atau meloeloeskannja. Oemoemnja soeatoe pernikahan dapat seseboetan beroentoeng apabila isterinja dapat berboeat dengan sempoerna, ja'ni atas wadjibnja.

Saudara-saudara, kami ta' akan menjeboetkan, dimana orang perempoean telah berlakoe keliroe, akan tetapi kami hanja akan mentjeriterakan soeatoe teladan, dimana seorang perempoean dengan benar-benar telah berpahala besar oentoek membantoe soeaminja, karena ada banjak sekali nama orang-orang lelaki jang telah termasjhoer, dimana mereka itoe telah mengakoe, adanja mereka itoe dapat mentjapai maksoed jang moelia itoe disebabkan dari bantoean isterinja.

Kami ambil teladan dengan namanja seorang Inggris Gladstone; ia menikah dalam tahoen 1839, dan sedjak itoelah maka njonjah Gladstone selaloe ada disamping soeaminja sehingga ia menoetoep mata.

Toean Gladstone ada seorang staatsman jang ternama, sedang njonjahnja selaloe membantoenja. Ini njonjah selaloe oeroes roemah tangga serta selaloe berlakoe hati-hati sekali, agar soepaja di-dalam oeroesan roemah tangga djanganlah terdapat soeatoe hal jang dapat memberi rintangan atas pekerdja'an soeaminja, serta mengganggoe fikiran soeaminja. Ia selaloe membantoe soeaminja dalam pergerakan kebangsa'an, djika soeaminja berpidato dalam soeatoe parlement, iapoen tentoe ada doedoek dalam itoe parlement. Ia oeroes semoea oeroesan jang paling ketjil bila soeaminja hendak bepergian, ia perhatikan pekerdja'an soeaminja dalam segala hal; pendek apa jang ia bisa, ia lebih soeka ia kerdjakan sendiri.

Dalam tahoen 1898 toean Gladstone meninggalkan ini doenia jang fana, maka njonjah Gladstone sedjak itoe ta' mempoenjai keinginan poela selain akan menoenggoe sa'at boeat menoetoep mata serta berdamping pada sisi soeaminja.

Singkatnja perkata'an kami, walaupoen hanja seorang isteri, dengan tiada meliwatkan batas, soenggoehpoen seorang isteri dapat djoega berboeat sehingga mendjadi kagoemnja doenia serta mendjadikan kemadjoeannja soeatoe negeri dan bangsa, jaitoe selaloe membantoe kepada soeaminja karena dari kaoem lelakipoen orang atjap kali mendengarkannja, bahwa mereka itoe mendapat fikiran jang moelia dari isterinja, djadinja iapoen hanja sebagai djoeroe bahasa oentoek menjiarkan itoe fikiran ke-doenia.

Saudara-saudara jang terhormat,

Tadi kami telah ambil teladan pasal keada'annja seorang perempoean barat jaitoe njonjah Gladstone; inipoen boekannja kami ta' tahoe dan ta' mengerti, bahwa diantara bangsa Timoer djoega banjak sekali didapat orangnja jang dapat digoenakan teladan, tetapi kami memang sengadja ambil teladan Barat, karena pada masa ini nampaknja memang selagi waktoenja angin barat menioep ke Timoer, sedang Timoerpoen ada sebaliknja, jaitoe lagi mengharap atas kedatangannja Barat, lebih tegas: Timoer sedang bikin perobahan oentoek mendjoendjoeng deradjat kemenoesia'an serta mengabah keada'an biarlah satoedjoe dengan keada'an zaman.

Begitoepoen kami satoedjoe sekali, bahwa dalam doenia isteri Indonesia djoega wadjib diadakan perobahan, tetapi kami ta' satoedjoe, jang isteri Indonesia berobah sifat mendjadi perempoean Barat tetiron (imitatie), sebab boeakannja asal nama dan merk Barat itoe kita wadjib ambil, tetai kita mesti awas dan ati-ati, dan boekan semoea apa jang baik serta lezat rasanja bagai Barat itoe mendjadikan nama baik dan lezat rasanja bagai Timoer, sedangkan dalam kesopanan Timoerpoen masih banjak jang tersembunji hal-hal jang berharga oentoek kita dan wajib kita hormatkan, sebab itoelah maka kita wadjib pegang pokok kesopanan kita dengan tegoeh, walaupoen sana-sini ada jang perloe mendapat sedikit perobahan.

Setengah orang kata, bahasa Indonesia bakal mendjadi madjoe bila kita soedah mendjadi perempoean tetiron Barat (imitatie), pada hal ada banjak jang kita sama sekali ta' dapat memakainja. Barang jang memakai merk bagoes itoe beloem tentoe ada soeatoe barang jang sedjati (toelen) serta sabenarnja memang bagoes. Insjaflah saudara-saudara.....

Doedoeknja perempoean di kehidoepan sama-sama

Oleh Oetoesan dari Wanita-Oetomo, Sdr Djojoadigoeno

Sering kali kami mendengar pengadoehan pemoeda-pemoeda perempoean hal kedoedoekannja di kehidoepan bersama-sama terbanding dengan kehidoepannja orang lelaki. Keada'an lelaki dan perempoean haroes sama rata. Kehendakan ini dimana-mana dibitjarakan dan tertoelis dan sering kali dengan kebentjian dan perkata'an jang tadjam.

Akan tetapi isteri dan lelaki itoe soedah dichodratkan hidoep bersama-sama, kehidoepan itoe haroes diboeat sebaik-baiknja, dan perkelahian itoe ta' bergoean. Dan baik perempoean atau lelaki haroes bersama-sama mentjapai keada'an jang sempoerna, dan menghilangkan jang mendjadikan perkelahian.

Perempoean Timoer kebanjakan mengambil tjontoh dari keada'an perempoean Barat. Dari sebab itoe kami haroes memeriksa keada'an barat dengan betoel-betoel.

Sekarang bagaimanakah keada'an perempoean Timoer? Itoe berbèda banjak sekali dengan keada'an lelaki. Akan tetapi perbeda'an itoe beloem tentoe bergaoelan dengan kerendahan atau ketinggian kedoedoekan. Dan adanja perbeda'an itoe terbawa dari pekerdja'an. Pekerdja'an badan jang berat itoe dilakoekan oleh orang lelaki, dan jang enteng oleh orang perempoean.

Seperti memegang roemah tangga mendjadi koewadjibannja perempoean, meskipoen ini tidak moedah. Dan memelihara anak djoega toeroet bahagiannja koewadjiban perempoean. Dan ini djoega pekerdja'an jang tinggi dan soekar sekali. Begitoe djoega orang lelaki banjak koewadjibannja jang tertinggi dan soekar. Djadi meskipoen pekerdja'an itoe berbeda, akan tetapi tiada berbeda rendah atau tingginja.

Di tanah Djawa sini pekerdja'an memegang negeri kebanjakan mendjadi koewadjibannja orang lelaki, akan tetapi dikehidoepan bangsa Boegis dan Makassar orang perempoean djoega mempoenjai hak dan koewadjiban mendjalankan pekerdja'an memegang negeri. Disitoe orang perempoean djoega dapat mendjadi radja.

Di Europa djoega beloem lama orang perempoean mempoenjai hak mendjadi wakilnja ra'jat atau memilih wakilnja ra'jat di parlement.

Jang mendjadi pengadoehnja perempoean di Timoer sini tidak dari sebab mendjadi ini atau itoe, akan tetapi hal keada'an dipenghidoepan perkawinan, dari sebab orang lelaki mempoenjai hak berbini lebih dari satoe dan mentjerai bininja semaoe-maoenja.

Keada'an kehidoepan berkawinan perempoean Barat soedah dapat dikatakan sama dengan orang lelaki. Lekaki perempoean ta' boleh berwajoeh.

Hak memelihara anak, membahagi waris, dan hak sebab jang mendjadikan tjerai-pertjeraian sama, seperti perdjalanan jang ta' baik dan penganiaja'an.

Menoeroet permandangan jang soedah terseboet ini soedah terang, djika haknja sama, akan tetapi masih ada bedanja jaitoe hal pemegangnja harta-benda (kaskaja). Sesoedah kawin hartabendanja isteri dan bini itoe jang mempoenjai kedoeannja, akan tetapi jang isteri tiada boleh menggenggam semaoenja sendiri, jang mempoenjai ini hak hanja jang laki. Sebeloemnja kawin mereka itoe djoega dapat berdjandi mengoewasai harta-bendanja sendiri-sendiri, djadi tidak ditjampoer, akan tetapi disitoe orang isteri ta' boleh menghinakan bendanja sendiri, djikalau ta' dapat idzin dari lakinja. Djadi hak hal harta benda disini lebih tinggi dari pada haknja perempoean barat, sebab disini ini soedah sama haknja dengan orang lelaki. Orang isteri disini boleh menghinakan bandanja sendiri samaoe-maoenja, dan djikalau pertjeraian pembahaginja harta benda jang didapatkannja waktoe perkawinan (gono-gini) sama. Sekarang bagaimanakah hal warisan.

Menoeroet hoekoemnja agama Islam, orang perempoean hanja dapat separonja orang lelaki, akan tetapi menoeroet hoekoem adat lama haroes sama. Dan hal hak memegang dan memelihara anak disini perempoean dan lelaki djoega sama.

Hal perkawinan anak perempoan dan lelaki sama haknja. Anak perempoean, kalau ta' maoe dikawinkan dengan orang jang dia ta' tjotjok, djoega boleh menolak. Sebaliknja djika anak perempoean jang soedah déwasa maoe kawin dengan orang jang walinja ta' tjotjok, anak itoe djoega dapat meneroeskan kehendaknja dengan wali chakim, disitoe penghoeloe jang mendjadi wali, melainkan kalau anak perempoean itoe koefoenja lebih tinggi dari anaknja lelaki.

Kebiasa'annja anak perempoean jang hendak dikawinkan, ditonton dahoeloe oleh jang hendak mendjadi soeaminja atau jang hendak mengambil minantoe, maoepoen orang toeanja telah jakin, bahwa anaknja tak akan menoeroet kemaoeannja sendiri. Dan lagi anak perempoean zaman dahoeloe telah pertjaja akan orang toeanja, dan pada persangka'annja segala pendapatan orang toea itoe selamanja baik. Lain lagi anak perempoean zaman sekarang, jang telah masoek golongan terpeladjar dan intellectueel. Kemaoeannja perkawinan itoe djangan terkoeasakan oleh orang toea, akan tetapi jang sesoeai dengan keada'annja dan ketoedjoean hatinja. Dahoeloe orang djika mentjahari menantoe jang dipakai oekoeran hatinja dan pemandangannja sendiri: akan tetapi sekarang tiada maoe anak jang hendak bersoeami isteri memakai oekoeran orang toeanja, akan tetapi oekoerannja sendiri. Oleh sebab itoe banjaklah orang toea dan anak jang bersalah tanpa-perkara ini. Maka itoe haroeslah orang toea itoe mempoenjai pemandangan jang djaoeh dan lébar tentang anak perempoean jang akan disoeamikan. Karena hal bersoeami isteri itoe hal jang terpenting sendiri dalam kehidoepan didoenia ini, dan oentoeng dan tjelaka, kesengsara'an dan kesoeka'an anak itoe djoegalah jang akan menanggoengnja, boekan orang toeanja.

Dari hal perkawinan. Mempelai lelaki nikah sendiri dan mempelai perempoean oleh walinja. Perkara ini kerap kali disamakan dengan 'paningset dan pembelian'. Berhoeboeng dengan keada'an ini banjaklah orang jang mengira, bahwa mempelai perempoean itoe diikat dan dibeli oleh soeaminja. Itoe salah benar. Jang ditegoehkan atau diikat (disingseti) itoe perdjandjiannja atau perkata'annja, djadi boekan orangnja. Dan oeang pembelian itoe boekannja oeang oentoek membeli anak perempoean, akan tetapi oentoek belandja akan merajakan perkawinan itoe. Dan Wali itoe oentoek mendjadi wakilnja anak perempoean itoe tatkalanja nikah.

Hal mempoeanjai isteri lebih dari seorang

Menoeroet choekoem Igama Islam, orang lelaki itoe boleh mempoenjai isteri lebih dari seorang, ja hingga empat orangpoen boleh djoega. Hal inilah jang menjakitkan hati kita kaoem perempoean, dan djoega merendahkan deradjatnja orang perempoean, djadi djoega jang dapat membawa kesoesahan roepa-roepa. Oleh sebab itoe kita ta' oesah héran, djika kita taoe bahwa kaoem perempoean berdaja oepaja akan membinasakan keada'an jang boeroek itoe, dan ada beberapa perhimpoenan kaoem perempoean seperti: perhimpoenan kaoem Iboe di Minangkabau, perhimpoenan Isteri di Pasoendan. Di Toerki larangan mempoenjai isteri lebih dari seorang itoe didjalankan dengan wèt-wèt negeri. Meskipun ditanah Djawa permadoean (wajoeh) itoe tiada banjak jang mendjalankan, tetapi baik djoega kita pikirkan hal itoe.

Bagaimanakah permoela'annja bangsa kita Islam boleh bermadoe? Sebeloemnja ada Islam, orang Arab memandangkan isterinja seperti benda, orang lelaki dapat mempoenjai isteri sebagaimana banjak. Nabi kita (salalahoe 'alaihi wasalam) memelihara dladjatnja perempoean, didjadikan menoesia. Orang lelaki mempoenjai batas memelihara isteri, banjaknja ta' boleh lebih dari empat orang. Dan kewadjiban orang lelaki itoe ada beratnja djoega. Oempamanja: soeami itoe haroes adil atas isteri-isterinja dan mendjaga keada'an isterinja semoea dengan segala kekoeatannja. Akan tetapi djarang sekali orang jang dapat menetapi kewadjiban ini. Djadi telah teranglah kemaoean Nabi kita (s.a.w.) itoe tentang hal permadoean. Tiadakah kita ketahoei, bahwa jang bermadoe itoe djarang sekali dapat melakoekan kewadjibannja. Agama Islam djoega telah menjoekoerkan permadoean dengan djalan ta'laq, jang boenjinja: 'djika saja beristeri lagi haroes dengan idzin isteri saja jang tertoea'. Tetapi ta'laq terseboet itoe di Indonesia ini ta' didjalankan. Marilah kita berdaja oepaja soepaja ta'laq itoe djoega diperhatikan benar-benar ditanah kita ini.

Dari hal bertjerai

Hal ini djoega menandakan bagaimana rendah deradjat orang perempoean bangsa kita. Orang lelaki dapat bertjerai memakai ta'laq, dan ia ta' oesah melahirkan sebabnja ia hendak bertjerai. Sebaliknja orang perempoean, haroes mengatakan sebabnja, dan bertjerai oentoek kaoem perempoean soekar sekali.

a Ia haroes dapat menjatakan bahwa jang lelaki ta' dapat mendjaga dan memberi nafkah kepada isterinja.

b Djika pernikahan itoe dengan djalan jang tiada loeroes, seperti berdoesta dan boekan 'oelama mengakoe 'oelama, atau mengakoe toeroenan radja dan sebagainja.

c Djika soeaminja mempoenjai penjakit jang mengoewatirkan, seperti sakit lepra atau gila d.s.b.

Djalan jang kedoea itoe choeloeh, jaitoe isteri membeli ta'laq kepada soeaminja, tetapi djika si soeami tiada tjotjok djoega, tiada akan kedjadian pertjeraian itoe.

Akan tetapi hak ini ta' oesah kita bitjarakan pandjang lebar karena:

Ke1 Pertjeraian itoe dipandang charam.

Ke2 Dalam pergaoelan kita Djawa ada perkara jang memoedahkan orang perempoean dapat bertjerai dari soeaminja, ja'ni dengan ta'laq perdjandjian ratoe dan boemi. Mempelai lelaki sesoedahnja nikah haroes melahirkan ta'laq ini: 'Djika saja meninggal isterikoe didarat 7 boelan dan 2 (1) tahoen pelajaran atau saja tiada dapat memberi roemah atau makan pakainja, bilanglah ta'laq saja pada perkawinan saja.

Begitoelah keada'an kaoem perempoean bangsa kita perempoean di tanah Djawa, djika pemandangan itoe diperhatikan benar-benar dengan katjiwa achli choekoem. Akan tetapi kedjadiannja semoea itoe masih banjak jang salah dan koerang. Soedah seharoesnja soeami isteri membitjarakan hal apa sadja bersama-sama, perkara ini tiada bédanja perempoean dan lelaki. Hanja djika meréka itoe mempoenjai anak jang pertama anak perempoean, ia amat menesal; ini menandakan bahwa anak lelaki itoe lebih dihargai dari pada anak perempoean. Itoe tiada adil, boekan? Dan lagi djika orang lelaki berdjalan jang tiada pantas, ta' ada orang jang membitjarakan hal itoe, bagaimana boeroek kelakoeannja. Sebaliknja anak perempoean djika ada salah sedikit kelakoeannja telah mendjadi boeah moeloet orang. Oleh sebab itoe haroeslah kita peladjarkan dan toendjoekkan kepada anak kita lelaki, bahwa hal kelakoean itoe perempoean dan lelaki sama-sama djoega kewadjiban dan choekoemnja.

Orang perempoean jang dapat mentjahari kehidoepan sendiri tiada chawatir djika ditinggalkan oleh soeaminja. Tetapi orang perempoean jang penghidoepannja tergantoeng pada soeaminja, maka takoet sekali kepada soeaminja dan chawatir djika ditinggalkan oleh soeaminja, karena ia soekar atau sama sekali ta' akan dapat mentjahari nafakahnja sendiri. Djika telah njata bagaimana besar faédahnja orang perempoean mempoenjai kepandaian oentoek kehidoepannja, djika ada halangan haroes mentjari nafakah sendiri atau menghindari kesengsara'an jang lain. Pendapatan saja orang perempoean jang tiada mempoenjai keinginan atau hendak mentjerai benda jang tinggi, kebanjakan menanggoeng kemiskinan, karena seperti telah kroeboet tiada mempoenjai keinginan maoepoen pada kemoelja'an. Oleh sebab itoe haroeslah perempoean intellectueel itoe menoentoen saudaranja terseboet diatas tahadi soepaja toemboeh keinginannja pada kemoelja'an soepaja dapat menghargakan badannja.

Pada penghabisan, pendapatan saja jaitoe:

1 bahwa deradjat kita perempoean itoe hampir sama dengan deradjat kaoem lelaki, akan tetapi ada djoega satoe atau doea perkara jang merendahkan atau menghinakna deradjat kita bangsa perempoean.

2 Deradjat orang perempoean Djawa Islam djika dibandingkan dengan deradjat perempoean tanah Barat jang bersama-sama mendjalankan bersoeami isteri:

   a Hal mempoenjai hak harta benda tinggi orang perempoean bangsa Timoer.

   b Hal djedjodoan atau bersoeami isteri bangsa Timoer lebih tinggi dari pada bangsa kita jang koerang kemerdika'annja oentoek memilih djodonja dan masih dapat di madoer.

Demikianlah adanja.

Hal keada'an isteri di europah

(Oleh Sdr Njonjah Ali Sastroamidjojo)

Persidangan jang terhormat,

Saudara-saudara!

Jang akan saja bitjarakan ini jalan hal doedoek dan tempatnja poetri Europa didalam perikehidoepan. Pendapatan saja ini boekanlah mengambil dari boekoe-boekoe atau kitab-kitabnja kaoem jang berachli hal ini, akan tetapi jang hendak saja oeraikan jalan menoeroet pendapatan saja sendiri waktoe bertinggal di Europah. Djadi jang hendak saja bitjarakan itoe hanja 'indruk' saja sadja. Maka soedah mendjadi kebiasa'an bahwa kaoem isteri di Europa itoe dipandang sebagai tjonto oentoek kaoem isteri jang ingin mentjapai kemadjoean dan kemerdika'an. Sebab soedah termashoerlah, bahwa kaoem isteri di Europa itoe besar kemadjoean dan kemerdika'annja. Banjaklah kabar-kabar atau boekoe jang mentjeritakan hal ini.

Siapakah jang beloem dengar, bahwa kaoem isteri di Europa itoe soedah mempoenjai hak-hak jang boleh dikatakan sama dengan orang lelaki? Pendeknja sampai pada waktoe ini kita mengira, bahwa doedoek dan tempatnja isteri di Europa itoe soedah sempoerna, djadi pantas djikalau ditiroe. Akan tetapi saudara-saudara, makin lama makin banjak pengetahoean kita tentang hal ini, mitsalnja: didalam hoekoem tanah Barat kaoem isteri itoe lebih rendah **hak-haknja** dipanding dengan hak-haknja poeteri Indonesia. Djadi hal ini tiada perloelah kita ingin meniroe isteri Europa. Hal kemadjoean dan kemerdikaan poeteri Barat itoe memang soedah besar. Menoeroet jang soedah kita lihat, boleh dikatakan bahwa kemadjoeannja poeteri Barat itoe soedah pantes dibikin sebagai tjonto bagai kita. Soedah banjak sekali pekerdja'an-pekerdja'an jang terpegang oleh kaoem isteri. Tidak tjoema pekerdja'an jang pantes boeat perempoean sadja, akan tetapi pekerdja'an jang doeloe didjalankan kaoem lelaki, sekarang djoega soedah terpegang. Orang perempoean jang mendjadi sopir taxi atau conducteur tram, itoe di sana soedah tida mengherankan. Malah soedah ada jang mendjadi politie dan pegawai brandweer. Didalam taoen jang telah laloe di Europa ada pengriboetan sedikit jang terdjadi oleh pewarta, bahwa dinegeri Perantjis akan diadakan militie boeat orang perempoean. Djadi kaoem isteri akan dipaksa mendjadi soldadoe djoega. Inilah ada kemadjoean jang terlaloe kebesaran.

Lain dari pada itoe soedah banjak djoega kaoem isteri Barat jang terpeladjar. Soedah banjak jang mendjadi dokter-dokter, advocaat, insinjoer-insinjoer dan sebagainja. Didalam hal seni (kunst) lebih banjak perempoean jang termashoer.

Hal kemerdika'an kaoem isteri itoe tergantoeng dengan kemadjoean tadi. Akan tetapi boeat perempoean Timoer, *kemerdika'an* perempoean Barat itoe saja rasa tida pantes ditiroe. Menoeroet jang soedah saja lihat kemerdika'an itoe amat terlaloenja, teroetama di kota-kota jang besar-besar seperti: Paris, London d.s.b. Maka bisa dibilang bahwa kemaloean (kuischheid) jang soedah mendjadi dasarnja orang perempoean itoe, soedah ilang atau kalau masih ada jalah sedikit sekali adanja. Orang Barat kata, bahwa terdjadinja sedemikian itoe terbawa oleh peperangan besar (1914–1918).

Hal perkawinan dan bertjeraian orang Barat itoe sering kali dibikin tjonto oleh orang-orang perempoean jang ingin merobah hak-hak kita jang berhoeboeng dengan hal itoe. Sebab jang banjak-banjak mengira, bahwa perkawinan tjara hoekoem Barat itoe soedah sempoerna sekali: Saja rasa ini tiada betoel. Barangkali salahnja jang memakai hoekoem Barat sebagai tjonto bagai kita itoe koerang paham pengetahoeannja tentang hoekoemnja sendiri.

Maka menoeroet jang soedah saja lihat dan saja dengar dari kaoem perempoean Europa jang bisa taoe hal ini, perkawinan Barat itoe beloem sempoerna dan tidak pantes djikalau ditiroe. Djaman sekarang di Europa itoe bisa disepertikan moesim hoedjan boekoe-boekoe dan brochure-brochure tentang hal perkawinan itoe. Jaitoe tertoelis segala orang lelaki dan perempoean berachli dan ta' berachli, oleh orang agama, oleh achli dokter-dokter, hakim-hakim d.s.b. Semoea menoelis pendapatannja tentang djalan-djalan jang akan bisa membaikkan perkawinan. Djadi keada'an sedemikian itoe memboektikan bahwa ditanah Barat hal perkawinan itoe beloem sempoerna.

Maka ta' oesah saja bitjarakan bahwa meniroe barang jang beloem sempoerna itoe tiada baik dan tiada perloe.

Begitoepoen hal pertjeraian. Jang banjak-banjak mengira, bahwa pertjeraian tjara Barat itoe soesah sekali terdjadinja. Sebab dihoekoem Barat soedah ditetapkan, bahwa bertjeraian itoe ta' boleh dilakoekan sewaktoe-waktoenja, dan semaoe-maoenja. Akan tetapi hal ini ditanah Barat djoega baroe ada krisis. Disana pertalian antara laki dan perempoean itoe soedah dipandang koerang vrij, koerang lemas. Soedah dipandang sebagai paksa'an (dwang). Djadi anehnja hal ini seperti demikian:

Hak-hak Barat hal bertjeraian dibikin tjonto, akan tetapi jang memakai hak-hak itoe soedah bosen.

Menoeroet rasa saja djadi lebih baik kalau kita mempeladjari hak-hak kita lebih doeloe, dan kalau soedah paham, dibikin modern (moderniseeren), artinja dilaras dengan keperloean kita pada djaman sekarang ini.

Tentang pergerakan kaoem isteri Barat itoe djoega diadakan. Djikalau kita megerti, bahwa kemadjoean perempoean Barat itoe beloem seberapa tahoen lamanja, kita mengerti bahwa pergerakan isteri itoe tentoe besar. Pergerakan ini jang dinamakan 'Feminisme'. Akan tetapi sesoedahnja toedjoean-toedjoean tertjapai gerakan itoe lantas moendoer. Malah pada waktoe ini bisa dibilang hampir tidak ada.

Gerakan perempoean itoe jang amat madjoe dinegeri Inggris. Barangkali saudara-saudara djoega soedah taoe hal itoe; soedah termashoer sekali nonah-nonah Inggris jang dinamai: 'Suffragette' (kiesrechtvrouw). Negeri jang paling lembek boeat pergerakan perempoean jaitoe negeri Prantjis. Barangkali dinegeri ini perempoeannja masih terlengket dengan keperempoeannja. Artinja perempoean Prantjis tidak ingin bergerak. Barangkali dari sebab genienja (besoesnja) orang perempoean Prantjis, jang soeka sekali pada berpakaian bagoes dan indah. Akan tetapi saudara-saudara, djanganlah kira, bahwa perempoean Prantjis itoe hanja bisa berpakaian bagoes sadja. Itoe tidak begitoe. Jang soedah djadi kebiasa'an perempoean Prantjis disamakan dengan perempoean Paris. Maka ada berbeda sekali dasarnja doea fihak ini.

Sedang perempoean Paris itoe soedah termashoer koerang baik lakoe dan hidoepnja, orang perempoean Prantjis itoe termasoek didalam golongan kaoem isteri jang oetama, pandai, memegang roemah tangganja. (Vertellen over buiten eten in Parijs, dus huishouding niet zoo goed).

Kaoem isteri bangsa Belanda itoe termashoer radjin dan bersih olehnja mempelihara barang dan roemahnja. Sehari-hari roemah dan barangnja tergosok-gosok hingga mentjorong kelihatannja. Meskipoen badannja sendiri tidak begitoe, keras memikirnja, asal roemah dan barangnja radjin dan bersih sadja soedah senang hatinja. Djadi sebagai ringkesan doedoek dan tempatnja orang perempoean Barat itoe seperti demikian:

1 Kemadjoean soedah besar dan pantes terpakai sebagai tjonto bagai kita.

2 Kemerdika'annja soedah besar djoega, akan tetapi hanja bisa terpakai sebagai tjonto, djikalau dilaras dengan keada'an kita dan rasa ketimoeran kita.

3 Dapatnja mentjapai kemadjoean dan kemerdika'an itoe, menoeroet rasa saja, perempoean Barat hanja pakai bekerdja sadja. Artinja bekerdja (arbeid) jang dilakoekan dengan sekeras-kerasnja kehendak dan kejakinan.

Inilah pendapatan saja jang saja bitjarakan dengan singkat sahadja.

Sebagai penoetoep saja hendak berseroe kepada saudara-saudarakoe kaoem isteri Indonesia:

Hai, saudara-saudarakoe poetri Indonesia. Perloelah kita mentjapai poela kemadjoean dan kemerdeka'an seperti jang terseboet tadi. Akan tetapi ingatlah, bahwa bisa tertjapai hanja dengan bekerdja jang tersokong oleh keinsjapan dan kejakinan kita. Ingatlah djoega, bahwa kitapoen mempoenjai cultuur sendiri, djadi kalau bekerdja bagi kemadjoean kita, haroes mengèngeti djoega hal itoe. Kemadjoean dan kemerdika'an kita haroes dilaras dengan keada'an penghidoepan kita.

Pidato entjik Siti Marjam

(Oetoesan dari C v MJJ, Betawi)

Saudara-saudara jang termoelja!

Oentoek pemboeka, saja mengoetjap beriboe terima kasih kepada pengoeroes congres, maka ia soedi memberi waktoe akan membintjangkan pendapatan saja dari hal pekerdja'an sociaal, jang dapat dan pantes didjalankan oleh bangsa kita kaoem perempoean. Pekerdja'an sociaal ja'ni pekerdja'an jang bergoena oentoek oemoem, oempamanja: membantoe memikoel pekerdja'an peladjaran, menjokong mendirikan dan mengongkosi polikliniek. Pekerdja'an sociaal jang terbesar jaitoe pekerdja'an iboe, jang mendidik anaknja, agar soepaja mendjadi orang jang bergoena tentang kehidoepannja dan dapat melakoekan kewadjibannja pergaoelan hidoep ini. Akan tetapi perkara hal ini saja tiada akan bitjarakan panjang lebar, karena telah dikatakan oleh saudara-saudara jang lain. Jang akan saja bitjarakan jaitoe: pekerdja'an oemoem jang ketjil, jang pantas kita djalankan. Ta' dapat saja mengatakan bagaimana besar kegirangan hati saja melihat, bahwa saudara kita kaoem perempoean pada waktoe ini telah dapat melihatkan dan menjatakan kepandaian dan kebraniannja. Ta' lain saja harap dengan pengharapan jang sekeras-kerasnja, langsoengkanlah pergerakan perempoean Indonesia ini, soepaja dibelakang hari doenia isteri dapat mendjoendjoeng deradjatnja dari dalam sengsara. Karena kemadjoean perempoean itoe djoegalah jang menjebabkan kemadjoean tanah air kita. Karena orang perempoean jang madjoe, jang mengerti akan keboetoehan anak, soeami dan tanah airnja, orang perempoean jang ta' selaloe menanggoeng sengsara sahadja, orang perempoean itoelah jang dpt ikoet memadjoekan tanah airnja. Maka orang perempoean bangsa kita kebanjakan masih menanggoeng sengsara dan kehina'an sahadja. Kita, jang telah dapat peladjaran akan melonggarkan pekerdja'an dan doenia kita, tiada sangat soekar penghidoepan kita dan merasakan bagaimana berat hidoep kita didoenia ini. Sebaliknja orang perempoean di kampoeng, di doesoen, jang masih dalam kagelapan, bagaimana ia membanting toelang akan mentjahari nasi sesoeap oentoek anaknja, soepaja djangan sampai kelaparan. Anak dari kampoeng dan doesoen itoe kebanjakan dari moelai dilahirkan telah mengandoeng sengsara. Moelai iboe anak itoe boenting hingga melahirkan anaknja dan djoega seteroesnja terpaksa bekerdja berat ta' ada berhentinja. Kebanjakan iboe anak tadi haroes bekerdja diloear roemah, jaitoe disawah, dipekato atau mendjadi orang gadjih. Tentoelah anak jang beloem koeat dan masih teramat ketjil itoe tiada teroeroes jang betoel dan kerap kali dibawa djoega kerdja kemana-mana. Dan lebih-lebih sengsaranja anak jang ta' diakoe oleh bapanja. Si iboe tadi kadang-kadang tiada beroeang akan membelikan pakaian anaknja, dan tambah-tambah akan membelikan makanan jang mendjadikan kekoeatan kepada anaknja. Kita djoega telah makloem akan keada'an orang mempoenjai anak dikampoeng-kampoeng. Bagaimana kotor tempatnja, dan pakaiannja, maoepoen dari iboe atau anaknja, kojak-kojak dan tiada terdjaga. Meskipoen ada jang mendjaga, akan tetapi pendjaga'an itoe sedikitpoen tiada menandakan, bahwa meréka itoe tahoe dari hal kesehatan. Lagi poela djarang sekali orang doesoen jang mempoenjai anak dapat pertolongan dari dokter atau vroedrouw. Meréka selaloe ditolong oleh doekoen. Maka berapakan banjaknja pengetahoean doekoen-doekoen itoe dari hal hygiëne (hal keséhatan).

Akan tetapi apa sebab maka orang-orang itoe djarang sekali meminta tolong kepada dokter atau vroedrouw? Tiadakah pertjaja kepada meréka itoe? Akan takoetkan kepadanja? Perkara ini saja telah tanjakan kepada Mej Marie Thomas, dokter perempoean jang pertama dari STOVIA. Beliau mentjeriterakan pekerdja'annja begini:

> 'Dahoeloe saja kerdja di Tjirebon hanja dibantoe oleh seorang vroedrouw sahadja oentoek sekota Tjirebon itoe. Pada soeatoe malam saja dapat telefon dari Wedana dari seboeah doesoen, bahwa seorang perempoean meminta pertolonngan saja. Dengan sigera saja berangkat malam itoe djoega, setelah sampai di kawedanan saja teroes pergi keroemah orang jang memanggil saja. Roemahnja djaoeh dalam kampoeng. Orang perempoean itoe ada dalam han jang biasa, sekali-kali boekannja hal jang soekar atau 'adjaib. Akan tetapi saja sedikitpoen tiada menjesal hati, oleh sebab telah dipanggil begitoe djaoehnja, sebaliknja girang hati saja, karena melihat orang doesoen itoe telah mempoenjai kepertjaja'an, mempoenjai kebranian dan 'akal meminta pertolongan kepada dokter memakai djalan kepada bestuur.
>
> Waktoe saja kerdja di Tjirebon memang kerap kali orang doesoen itoe meminta tolong kepada saja dengan perdjalanan bestuur. Demikianlah bestuur itoe dapat dioempamakan djambatan, djika orang kampoeng hendak memanggil dokter'.

Djika kita batja pertjakapan M Thomas diatas tahadi, maka njatalah bahwa orang kampoengpoen djoega soedah moelai pertjaja kepada dokter, asal ada jang memberi nasihat kepadanja dan memimpinnja.

Sekarang kita meneroeskan pembitjara'an kita dari hal anak yang menanggoeng sengsara. Anak jang pendjaga'annja tada baik soedah tentoe tiada dapat lama hidoepnja. Oleh sebab itoe, banjaklah ditanah Djawa ini anak jang mati sebeloemnja 'oemoer setahoen. Sajang sekali saja tiada dapat mengatakan berapa banjaknja anak jang mati dalam setahoen.

Marilah kita membitjarakan hal anak jang dapat teroes hidoepnja.

Saudara-saudara, kamoe tentoe soedah kerap kali melihat atau memperhatikan anak-anak jang beroemoer 7–12 tahoen, jang menolong bekerdja orang toeanja. Tambah-tambah didoesoen-doesoen, dimana kebanjakan anak jang beroemoer 8 tahoen ikoet kepekan akan berdjoealan atau bertjotjok tanam kesawah, bekerdja di keboen kopi atau dipabrik. Saja hendak bertanja sedikit: Baikkah atau soedahkan wadjibnja anak jang baharoe oemoer 7–12 tahoen bekerdja? Tiadakah lebih baik djika anak-anak itoe disoeroeh pergi kesekolah, dan djika orang toeanja tiada maoe memberi idzin anaknja pergi kesekolah haroes dipaksa dengan wet (leerplichtwet)?. Pada zaman sekarang soekarlah orang mentjahari pekerdja'an, djika tiada dapat membatja dan menoelis. Maoepen iboe bapa tiada pandai membatja dan menoelis, si anak ta' oesah meneladan iboe bapanja. Sesorang diantara saudara-saudara tentoe ada jang menimboelkan pikiran begini: 'Djika orang-orang semoeanja pandai menoelis dan membatja, tentoe ta' ada jang maoe bekerdja kasar seperti mentjangkoel, mendjadi toekang kajoe, toekang batoe d.s.b.' Tidak saudara, tiada akan mendjadi sebegitoe djaoehnja. Pendapatan begitoe itoe salah benar. Kaoem boeroeh (arbeiders) ditanah asing (Nederland, England, Frankrijk, Australië) sekarang soedah tahoe menghargai pekerdja'an tangan. Oleh sebab itoe meréka itoe telah mempoenjai bahagian djoega dalam pemerintah negeri. Kaoem tani di Nederland telah koeasa akan perhimpoenannja jang telah tegoeh sentosa itoe, dan dapat mendirikan soeatoe coöperatie ; disana pekerdja'an tangan dihargai betoel-betoel.

Teladan diatas ini hanja akan menjatakan, bahwa pekerdja'an otak dan tangan itoe haroes ditjampoerkan dan didjalankan bersama-sama, lebih-lebih di sekolahan. Djadi djika saja berseroe meminta adanja Leerplichtwet itoe, karena saja hanja mengingatkan kaboetoehannja anak-anak doesoen jang kemoedian hari haroes mendjadi djiwanja tanah air kita. Dan lagi anak jang terpaksa bersekolah tahadi di belakang hari kesehatannja tentoe lebih baik dari pada anak jang dari ketjil telah haroes bekerdja disawah atau memikoel barang jang berat-berat kepasar. Oleh sebab itoe Leerplichtwet haroes diadakan selekas-lekasnja, djika kita hendak meninggikan dan mendjoendjoeng barisan kita dan djiwa tanah air kita.

Djikalau anak dari ketjil haroes bekerdja berat, kemoedian hari badannja tentoe ta' dapat séhat; selamanja masih anak tiada dapat merasakan kesenangan doenia anak. Lagi poela kedjadiannja orang jang tiada pandai menoelis dan membatja itoe kemoedian kebodohannja hanja akan diboeroek-boeroekkan orang dan moedah diperdajakan orang lain. Maka itoe saudara-saudara, meskipoen bangsa kita masih doengoe, tiada seharoesnja diindjak-indjak bangsa lain. Marilah kita bangoen dan bekerdja, agar soepaja anak kita djangan sampai diperboeat seperti iboe bapanja ; dan marilah kita actie oentoek Leerplicht, soepaja bangsa kita dapat madjoe kehidoepannja. Hanja inilah pendapatan saja dari hal Leerplicht dan Kinderarbeid (pekerdja'an anak). Ta' oesah saja tjeriterakan lagi bagaimana perasa'an anak jang terpaksa bekerdja, djika melihat handai tolannja dengan girang hati pergi kesekolah. Perasa'an itoe sahadja telah dapat menjebabkan adanja Leerplicht oentoek anak Indonesia. Ini hal anak jang tiada bersekolah. Sebaliknja anak jang bersekolah, masih banjak djoega jang menanggoeng sengsara. Djika tiada loepa, saja beloem pernah mendengar kaoem poetri jang mendjadi anggota schoolcommissie. Djikalau betoel begitoe sajang sekali, karena siapa orang perempoean jang kerap kali bergaoelan dengan moerid-moerid, nistjaja dapat mengatakan: 'Anak ini diroemah tiada terdjaga, dan anak itoe tiada séhat badannja', d.l.l. Tjita-tjita jang telah lama saja kandoeng jaitoe: Tiap-tiap Inlandsche schoolcommissie mempoenjai anggota poetri seorang, soepaja daat memberi tahoe dan menoendjoekkan kepada saudara dan kaloewarganja atas kaboetoehannja anak jang miskin. Hingga sekarang doenia sekolahan itoe hanja diperhatikan oleh goeroe perempoean, jang boekannja goeroe djarang sekali memperhatikan dan mengenali pekerdja'an itoe. Misalnja pada soeatoe tempat pada sekolaha HIS atau lainnja, jang banjak anaknja perempoean, diadjarkan pekerdja'an tangan (handwerken) dan koken, boekankah lebih baik dan lebih sempoerna djika seorang dari anggota schoolcommisie disitoe seorang perempoean?

Dan lebih sempoerna lagi, djikalau schoolcommissie tahadi mendirikan soeatoe fonds pakaian oentoek anak miskin. Dan fonds tahadi disokong oleh pendoedoek kota itoe. Soedah tentoe fonds itoe besar faédahnja kepada orang-orang jang ta' berada dan menjekolahkan anaknja. Soeatoe lain pekerdja'an jang berhoeboeng dengan sekolahan jaitoe: perhimpoenan Kindervacantiekolonie. Pekerdja'an Kindervacantiekolonie itoe, ja'ni: mendirikan seboeah roemah ditempat jang berhawa sedjoek. Roemah tahadi dipakai tirah anak-anak sekolah jang tidak séhat badannja, jang kerap kali sakit. Diasanalah anak-anak tadi disoeroeh tinggal dan didjaga dengan baik, hingga badannja mendjadi séhat dan soeboer lagi. Beberapa negeri djoega telah mendirikan perhimpoenan KvK itoe, seperti di Semarang, Solo, Jokja dan lain-lainnja. Ta' oesah saja katakan banjak-banjak bagaimana besar djasanja KvK itoe. Dengan pèndèk baik benar, djika bestuur schoolkleerenfonds, schoolcommissie dan KvK itoe djoega mempoenjai lid-lid perempoean.

Pada permoela'an ini saja soedah katakan dari hal orang perempoean di doesoen-doesoen atau di kampoeng-kampoeng. Djadi bagai manakah meréka, jang haroes bekerdja dari pagi sampai malam, itoe dapat membersihkan dan mendjaga roemahnja sendiri, dan anak-anaknja? Anak-anak itoe hidoepnja tentoe sedapat-dapatnja sendiri, dan jang kebanjakan kedjadian itoe tiada baik dan mengganggoe kehidoepannja orang lain, dan hingga besar, hingga mendjadi orangpoen begitoe djoega. Tidakkah itoe semoea tanggoengannja iboe? Akan tetapi bagaimana lagi/ hanja djika si iboe itoe telah dapat peladjaran jang baik oentoek mendjaga anak dan roemah tangga, dan lagi ta' oesah bekerdja oentoek mentjahari kehidoepannja, baharoelah dapat beroepah keada'an diatas tahadi. Orang bekerdja itoe haroes ada batasnja. Begitoe djoega orang perempoean dikampoeng-kampoeng dan di doesoen-doesoen itoe haroes diberi batas bekerdja walaupoen meréka itoe tiada tahoe akan adanja bekerdja 8 djam sehari (8 urigen werkdag), menoeroet perasa'an jang 'adil kita djoegapoen haroes berdaja oepaja, agar orang perempoean dikampoeng djangan sampai keberatan pekerdja'an.

Ada seboeah factor oentoek orang perempoean jang teroetama sekali, ja'ni peladjaran. Ta' oesah saja katakan lagi bahwa peladjaran oentoek orang dan anak perempoean itoe telah koerang lebih 25 tahoen dimadjoekan dan diperhatikan benar oleh Pamerentah dan Particulier. Di tiap-tiap tempat seolah-olah didirikan sekolahan Kartini atau kopschool, dimana anak-anak perempoean itoe dapat mempeladjari hal roemah-tangga. Pada tahoen 1926 di Betawi hanja ada sekolahan Kartini satoe dan sekolahan kopschool satoe. Kopschool itoe hanja berkelas 3. karena telah lama terdirinja Kartinischool itoe, maka banjaklah moeridnja. Meisjes Kopschool itoe moeridnja diambil dari sekolahan kelas II atau keloearan dari Volksschool (sekolah desa). Di Betawi koerang lebih ada 15 Volksschool gemeente, ± 10 sekolahan kelas II. Akan tetapi perminta'an oentoek Kopschool tidak banjak. Tiga boeah kelas moeridnja hanja ada ± 100 orang. Barangkali salah seorang ada jang berkata: 'Tiadakah soedah tjoekoep 100 orang moerid oentoek tiga kelas?' Itoe betoel, akan tetapi djika kita pikirkan, kalau di Betawi hanja ada seboeah Kopschool sadja, tiada pantas moerid sekolahan itoe hanja 100 orang. Oleh sebab itoe Kopschool Gouvernement itoe laloe didjadikan satoe dengan sekolahan Kartini. Romah sekolahnja dipakai sekolahan kelas II dengan memakai permoela'an kelas II. Sekolahan itoe oentoek anak perempoean belaka. Pada waktoe itoe ada djoega soeatoe perhimpoenan jang mendirikan sekolahan sebagai itoe. Dalam tahoen permoela'an kedoea sekolahan itoe mendirikan seboeah roemah sekolah lagi di Mr Cornelis. Jang meminta masoek kelas I koerang lebih 200 orang anak. Marilah kita pikirkan, tiadakah bangsa kita djoega telah memakloemi akan faédahnja peladjaran oentoek anak perempoean? Oleh karena bangsa kita ini bangsa dari Timoer (Oosterch volk), tiada setoedjoe kepada system-conducatie. Artinja: bangsa kita tiada menoedjoei kalau anak perempoean dan laki-laki bersekolah bersama-sama. Tandanja telah terseboet diatas, jang lain ada djoega, ja'ni: beratoes-ratoes jang hendak menoentoet peladjaran pada Normaalschool perempoean, Meisjes Kweekschool, Van Deventerschool atau Fröbel Kweekschool, akan tetapi tempat ta' ada, djadi banjang jang ditolak. Pada zaman sekarang perasa'an conducatie itoe kerap kali diloepakan oleh kaoem lelaki. Tandanja djika mendirikan roemah sekolah kebanjakan sekolahan HIS atau Schakelschool. Kaperloean anak perempoean tiada diperhatikan, sebab itoe moerid perempoean tiada hanja disitoe. Maka itoe, marilah saudara-saudara, kita berdaja oepaja, agar soepaja kaperloean bangsa perempoean dapat diperhatikan jang betoel. Ada lagi seboeah hal jang tiada setoedjoe dengan pikiran saja. Oentoek anak lelaki ada sekolahan ambacht (pertoekangan), atau sekolahan tani, verplegerschool dan Normaalschool, djika ia telah tamat sekolah kelas II. Tetapi oentoek anak perempoean? Hanja ada sekolahan Normaal dan verpleegsterschool sadja. Dan lagi verpleegstershool kerap kali menerima moerid dari HIS Djika kita hitoeng, dan dioempamakan dalam seboeah regentschap ada 5 boeah sekolahan kelas II dan seboeah kopschool, maka tiap-tiap tahoen keeman sekolahan itoe mengeloearkan 20 orang moerid perempoean, djadi di seloeroeh Djawa, djika ada 60 regentschap, tiap-tiap tahoen jang lepas sekolah kelas II kira-kira 1200 anak orang moerid perempoean. Kalau jang saparoeh, djadi 600 orang anak, hendak meneroeskan peladjarannja di Normaalschool atau di verpleegsterschool, jang banjaknja beloem ada 10 boeah, tentoe sedikit sekali jang diterima disitoe. Dan kesekolahan lain lagi tak dapat. Djadi dari pada 1200 orang jang dapat meneroeskan peladjarannja kira-kira hanja 300 orang. Boekankah ini soedah waktoenja kita berdaja oepaja mentjahari sekolahan jang lain, oempamanja: Industrischool rendah, Nijverheidsschool, soepaja anak perempoean tahadi dapat meneroeskan peladjarannja? Makin bertambah sekolahan oentoek anak perempoean pada soeatoe vak, makin banjak koerangnja orang perempoean jang berlakoe ta' baik. Karena djika dari ketjil telah bersekolah di vakschool, kemoedian anak itoe lebih soeka bekerdja dari pada berlakoe boeroek. Djika kita peramati masih banjak benar kekoerangannja doenia kepandaian anak perempoean. Lain dari itoe kita djoega haroes memperhatikan keperloean anak perempoean dari doesoen dari hal peladjaran. Tjoba lihatlah kanan kiri kita. Beberapa pergerakan asing, seperti Zending dan Missie, telah siboek bekerdja oentoek anak perempoean bangsa kita di doesoen-doesoen. Dan kita sendiri? Maoekah kita ketinggalan bekerdja? Kita djoega haroes ikoet mendjoendjoeng deradjat kaoem kita. Ta' oesah kita menoenggoe pemberian, atau menoenggoe sampai pemerintah memberi kita sekolahan, tetapi soedah seharoesnja kita meringankan pekerdja'an pemerintah dan mendirikan roemah sekolah sendiri.

Oentoek penoetoep kata saja: djika Perikatan Perempoean Indonesia hendak mendjalankan sociale arbeid, hendaklah memperhatikan dibawah ini:

1 Berdirinja soeatoe fonds oentoek pakaian anak sekolah jang miskin.

2 Berdirinja fonds pertolongan anak baji dan iboenja dikampoeng-kampoeng.

3 Berdirinja Kindervacantie Kolonie.

4 Ngeloerkan actie oentoek menghilangkan pekerdja'an anak (kinder arbeid), soepaja diganti dengan Leerplicht. Leerplicht ini dapat djoega kita pandang seperti pagar perkawinan anak, (Kinderhuwelijk).

5   Berdirinja arbeidbeurs oentoek menolongi orang perempoean jang mentjahari pekerdja'an.

6   Berdirinja cursus (roemah sekolah) oentoek mempeladjari anak perempoean dari kampoeng, dari hal: hygiëne (keséhatan), babyverzorging (mengoeroes baji).

Lebih oetama lagi djika dapat mendirikan roemah sekolah pertoekangan oentoek anak perempoean.

Demikianlah adanja.

Gambarnja perempoean! Di roemah-tangga

Singkatan dari pidatonja Sdr Soetojo-Nimpoeno, (Wanito Sedjati Bandoeng)

Dalam dahoeloe kala, anak gadis haroes diroemah sahadja, ta' boleh keloear sampai berkawin, laloe pergi keroemah soeaminja. Dalam satoe tahoen hidoepnja enak teroes, sebab soeaminja mengenaki hatinja sadja dan apa jang diminta dikaboelkan. Akan tetapi djikalau soedah lama sedikit, isteri itoe diroemah sendirian sadja, sebab soeaminja haroes pergi ke politieke Bond, atau apa sadja jang memakai perkatakan politiek, perloenja isterinja tiada dapat toeroet. Dan dia djoega hendak mengadjak, akan tetapi jang datang di vergadering itoe hanja orang lelaki, dan isteri itoe hanja boeat sebab sadja. Inilah soeatoe keada'an hidoepnja isteri jang seperti bini. Soedah tentoe tidak semoea begini, akan tetapi djoega tida djaoeh dari ini. Apakah sebabnja ada keada'an begitoe? Marilah kita pandang jang adil, soepaja kami dapat memperbaiki.

Dari persangka'an saja, banjak sekali sebabnja:

Dalam kepandaian banjak perbeda'an dan kalainan. Orang lelaki itoe bosenan, sedapat-dapat memperdajakan apa jang dilakoekannja, speerti hal belandja, bepergian dan hal perkara ketjil djoega maoe memakai perdjalanan jang tiada loeroes. Dan kami mengetahoei itoe semoea, djikalau soedah terdjadi tidak baik, dan tidak dapat diperbaiki lagi, dari sebab orang lelaki mempoenjai sendjata pertjeraian. Akan tetapi boeat orang perempoean soedah seperti kerbau keberatan tandoek. Begitoe soekar djasat kita orang perempoean.

Di Indonesia sini beloem terdiri wet-wet jang menolongi perempoean jang tertjerai oleh lakinja, sebab itoe perempoean menerima sadja, dan apa-apa jang tidak enak disangga dengan diam, agar soepaja tidak ditjerai oleh lakinja.

Hal perbeda'an kepandaian itoe tidak hanja kepandaian sekolah sadja, akan tetapi djoega kepandaian oemoem, seperti hal ketahoean boekoe-boekoe (lectuur), elmoe jang seni-seni, politiek, dan lain-lainnja.

Boeat ketahoean oemoem itoe ta' oesah beladjar, batjalah boekoe-boekoe jang menghasili jang banjak. Djikalau membatja soerat chabar, djanganlah advertentie-advertentie sadja jang dibatja, dan hal-hal jang penting itoe dilangkah sadja.

Walaupoen pekerdja'an dan koewadjiban kami diroemah tangga itoe diperhatikan betoel-betoel dan diberi tempo sebanjak-banjaknja, akan tetapi kami djangan meninggal pengatahoean oemoem.

Ingatlah saudara-saudara, sekarang kami hidoep di zaman baroe, zaman jang perempoean dan lelaki haroes sama deradjatnja, kepandaiannja dan haknja. Hak perempoean haroes diperhatikan betoel-betoel.

Kemoedian lantas oetoesan Perserikatan Wanito moeljo di djokja berpidato sebagai mana berikoet.

As-salamoe 'alaikoem ww.

Congres jang terhormat!

Sebeloem saja sebagai oetoesan WM menerangkan apa jang saja rasa perloe, lebih doeloe saja atoerkan banjak terima kasih pada voorzitster jang soedah memberi kelapangan boeat saja, dan saja atoerkan pola salam dan bahagia kepada Hoofdcomité, kepada sekalian oetoesan-oetoesan dan semoea saudara-saudara jang telah memperloekan berhadlir dalam ini sidang jang moelja.

Congres jang terhormat!

Kita sekalian ini ialah poeteri Indonesia, kita jang berlainan azas dan djalan, tetapi bermaksoed satoe itoe pada hari ini soedah berkoempoel mendjadi satoe. Kita jang pada hari ini soedah moelai akan menoentoet perasa'an toedjoean itoe, perloe sekali merapaikan persatoean ini, dan boeat begitoe ta' boleh tidak congres ini haroeslah berdjalan dengan adil soepaja kita jang berlain-lainan azas itoe bisa rela hati dan bisa senang. Kita perloe poela memberikan seloeas-loeas kemerdika'an boeat sekalian kita jang mendjadi satoe, soepaja mereka bisa melahirkan bagaimana kejakinannja, sebab soedah ditjoba beberapa kali bahwa apa bila kejakinan itoe dimoesoehi atau sedikitnja ditindas hasilnja ta' baik.

Congres jang terhormat!

Kita akan menoedjoe kemedan pergerakan, kita jang pada hari ini baroe bisa mengadakan persatoean jang seperti ini, ta' oeroeng besoek pagi akan moelai mempersatoekan tenaga. Soenggoehpoen biar sifatnja congres pada hari ini masih ketjiwa, sebab kita beloem bisa mengadakan langkah apa-apa, tapi ta' oeroeng keada'an kita jang masih beloem sempoerna itoe lain hari bakal mendjadi sempoerna, asal sadja kita berdjalan soenggoeh-soenggoeh.

Congres jang terhormat!

Kita bangsa Indonésia ini ada sedjoemlah 50,000,000 dan separo dari itoe djoemlah jang besar jaitoe 25,000,000 ialah fihak perempoean. Dan sesoenggoehnjalah bahwa jang mengadakan bangsa Indonesia itoe ialah kita jang separo itoe. Oleh itoe, maka dengan ta' sjah lagi, apa bila kita jang separo ini baik tentoelah bangsa Indonesia bakal mendjadi baik dan sebaliknja djoega sebaliknja.

Congres jang terhormat!

Oentoek memperbaiki kita jang akan memperbaiki bangsa Indonesia itoe ta' boleh tidak kita haroeslah melaloei doea djalan, jaitoe djalan pengadjaran dan pendidikan. Perkara pengadjaran kita moesti mengingat keperloean keada'an kita, ja'ni tidak seharoesnja menoeroet sadja pada pengadjaran-pengadjaran jang soedah ada itoe, sebab jang soedah ada itoe diboeat dan ditentoekannja itoe kebanja'an berhoeboeng dengan kepentingan sesoeatoe golongan lain, tegasnja tidak sempoerna mentjotjoki keada'an dan kepentingan kita. Adapoen perkara pendidikan maka itoe ada berarti loeas sekali, dan dengan pendek kita haroeslah mendidikkan boedi pekerti keoetama'an dengan menghilangkan boedi pekerti jang hina, jang biasa membikin koerang baik kita itoe.

Congres jang terhormat!

Banjaklah orang jang soedah mendidikkan apa-apa jang dimaoekan kepada anak didiknja, tapi kebanja'an pendidikan-pendidikan tadi lantas mendjadi loentoer sesoedahnja ia berpisar dari pada jang mendidiknja. Hal itoe njata sekali bahwa pendidikan-pendidikan tadi bisa terbenam didalam sesoeatoe dasar jang mendjadi pokok pendidikan tadi. Kebanjakan orang-orang jang alim ada berkata, dan perkata'an mereka tadi betoel belaka, jaitoe bahwa tempat atau dasar jang koeat oentoek menaroehkan benih-benih keoetama'an tadi ialah kepertjaja'an. Sedang kepertjaja'an ini tedapatnja didalam agama. Oleh itoe maka kita perloe sekali memadjoekan agama tadi. Kita jang Islam haroeslah memadjoekan ke-Islamannja, dan jang Christen djoega, begitoepoen jang lain-lain. Sebab apa bila tidak begitoe, tentoelah kita poenja oesaha mendidikkan kebaikan tadi bakal hilang sia-sia.

(Sampai disini pidato itoe di-stop oleh voorzitster, lantaran ada menjeboetkan nama igama, dan dibawah ini landjoetnja).

Congres jang terhormat!

Soedah tjoekoeplah singkatan apa jang saja rasa perloe mendjadi timbangan sekalian congres, dan moedah-moedahan PPPI (Perikatan Perseriakan Perempoean Indonesia) lantas membikin ketentoean-ketentoean apa jang perloe dikerdjakan berhoeboeng dengan pengadjaran dan pendidikan bagi perempoean Indonesia, dan saja rasa baik sekali apa bila semoea perserikatan perempoean Indonesia itoe bersama-sama mengadakan Volks-Universiteit dengan diadjoeri oleh PPPI.

Congres jang terhormat!

Sesoedah apa jang saja kemoekakan tadi, disini perloe sekali saja madjoekan lagi satoe fikiran, jaitoe perkara peroebahan-peroebahan. Diseloeroeh doenia, ketjoeali tinggal sedikit sadja, soedah bandjir peroebahan baroe. Masing-masing bangsa telah kerdja iboek memperbaiki nasibnja. Mengingat itoe, ta' boleh tidak kita haroes djoega mengadakan rentjana-rentjana peroebahan itoe, soepaja tidak lama lagi keada'an kita jang dibawah dengan boesoek itoe lantas mendjadi baik. Kita jang akan menimboelkan peroebahan-peroebahan tadi perloelah toeroen kekalangan ra'jat soenggoeh-soenggoeh, kita haroes bertjampoer dengan mereka, dan djanganlah kita hanja kerdja dikalangan atas belaka.

Penting sekali datangnja peroebahan-peroebahan tadi bagi kaoem perempoean itoe. Doenia selaloe menjoekai pembaharoean, djika kita tidak membaha roekoen keada'an kita ini, kita bakal tetap dibawah dan dibelakang. Djanganlah congres pertjaja bahwa kebaikan kita itoe bakal datang dengan teroes memakaikan tjara-tjara koena belaka itoe, djangan. Moestahillah kita bisa baik, djikalau tidak ada peroebahan ini.

Congres jang terhormat!

Peroebahan jang mana jang moesti kita lakoekan itoe? Pertanja'an ini sangat loeas djawabnja, dan tidak bisa didjawab dengan singkat. Tapi teranglah soedah ma'nanja, jaitoe kita minta soepaja tjara-tjara baroe jang halal, jang soedah dilakoekan oleh sekalian bangsa jang soedah madjoe-madjoe itoe bisalah kiranja berlakoe diantara kita. Segala kekoena'an jang merintangi apa-apa jang bikin baik kita, sesoedah kita pikiran masak-masak, haroeslah kita tinggalkan, ja, malah kita pemparkan soepaja tidak menghalang-halangi atau melambatkan kita poenja kemadjoean itoe.

Congres jang terhormat!

Soedah pandjanglah keterangan saja, oleh itoe baiklah saja habisi dengan penoetoep ini:

1   Kita haroes memadjoekan pengadjaran bagi ra'jat perempoean Indonesia.

2   Kita haroes menjiarkan pendidikan keoetama'an bagi mereka, dengan mengingat bahwa pendidikan itoe haroes dengan dasar jang tegoeh, jaitoe kepertjaja'an igama. Djadi kita haroes memadjoekan agama djoega.

3   Kita haroes mengadakan rentjana-rentjana peroebahan pembaharoean jang perloe sekali bagi mereka, dengan tidak segan-segan lagi meninggalkan kekoeasa'an jang soedah tidak ada ma'nanja itoe.

Kemoedian saja minta ma'af kepada congres apa bila choetbah saja diatas ada koerang baiknja.

Wasalamoe 'alaikoem warochmatoellohi wabarochatoeh.

Persatoean menoesia

Pidato Sitti Hajinah dalam Congres Perempoean Indonesia jang pertama pada Openbaar pengabisan

(Katerangandengansingkat)

Congres jang termoela, kaoem poetri jang terhormat!

Soedah tidak kehilapan lagi, bahwa hidoepnja badan, itoe terbagai mendjadi beberapa bahagian, misalnja: kaki, tangan, kepala, hidoeng, mata, d.l.l., jang tidak sama roepanja, tempatnja dan pekerdja'annja. Akan tetapi maskipoen begitoe, dapatlah bersatoe, tidak perselisihan.

Hidoepnja menoesia, itoe betoelnja djoega haroes mendjadi satoe, haroes persaudara'an, haroes persatoean sebagaimana hidoepnja badan, walaupoen tidak sama soepan dan tjengkoknja, ada jang ketjil dan besar, ada jang gemoek dan koeroes, berkoelit hitam dan poetih, ada jang bagoes............ d.l.l., begitoe poela berlainan tempatnja: ada jang tinggal di tanah Djawa, Sumatra, Tjina, Arab, Amerika, Frankrijk, Afrika, enz., sedang pekerdja'annjapoen berlainan djoega: ada jang mendjadi toekang tani, toekang batoe, toekang kajoe, soedagar, goeroe, dokter, meester, ingenieur, professor enz.

Saudara-saudara, ketahoeilah bahwa hidoepnja menoesia itoe tidak sama dengan hidoepnja binatang. Hidoepnja binatang, bolehlah kami katakan, tidak hadjat kepada teman, tempat, pakaian, makanan jang enak-enak dan lain-lain sebagainja, sedangkan menoesia ta' bisalah hidoep dengan sendirian ; akan tetapi hadjat sekali kepada teman, tempat, pakaian, barang makanannjapoen haroes dimasak lebih dahoeloe sehingga masak, lagi enak. Koetika masih ketjil, hadjat kepada orang jang mendjadikannja, mendoekoeng, kasih makan enz. Sesoedah besar, hadjat mentjari ilmoe atau kepandaian, hadjat orang jang memberi peladjaran atau goeroe. Apa bila soedah toea, hadjat kepada roemah, jang selandjoetnja hadjat kepada toekang kajoe, toekang batoe, toekang besi, dan lain-lain sebagainja. Djikalau terserang penjakit, hadjat kepada dokter dan orang jang memberi obat. Pendek kata, hidoepnja menoesia moelai baharoe lahir dari kandoengan iboenja sampai mati, itoe seloe hadjat kepada teman.

Sebagai pertjontoan lagi, bahwa menoesia itoe tidak bisa hidoep sendirian, ialah menilik poelau-poelau, poelau-poelau mana berdjenis-djenislah isinja. Di poelau Djawa banjaklah tetoemboehan kajoe djati, sedang di poelau Arab sedikitpoen tidak ada. Tanah Sumatra, adalah pelikan emas dan perak, sedang tanah Tjina ta' ada. Di poelau Tjina ada chewan, chewan mana bolehlah dipergoenakan soetera, sedang di poelau Afrika tidak ada.

Keterangan jang lebih pandjang, tentang berbeda'an keadaannja poelau satoe dengan lainnja, soedahlah didjelaskan di dalam boekoe-boekoe dan kitab-kitab jang tidak sedikit djoemlahnja, maka hendaklah dioelangi dan tidak perloelah kami oeraikan disini.

Jang demikian itoe, maka berpoeloeh-poeloeh riboe orang jang sama pergi merantau di negeri lain, bertoekaran perdagangan enz.

Menilik dan mengingat keterangan-keterangan terseboet diatas, maka teranglah, bahwa hidoepnja menoesia itoe haroes bergaoelan, berhoeboengan, berdamai (roekoen), bersaudaraan, dan persatoean.

Soedah tidak hilaf lagi, bahwa damai, persatoean, itoelah soeatoe perkara, perkara mana, tentoelah semoea manusia mengakoei akan kebaikannja, karena memang persatoean ini, adalah seoatoe alat jang dapat menghasilkan maksoed jang besar, begitoe poela mendjadi sendjata bagai menoesia oentoek mentjari kepada bahagia, sedjahtera, kesenangan, kemakmoeran dan lain-lain sebagainja.

Saudara-saudara, ketahoeilah, bahwa hidoepnja menoesia itoe tiada dapat enak, djikalau tidak dengan berdamai, sebab damai, itoe ketjoeali dapat mengangkat barang jang berat, djoega dapat merapatkan atau menegoehkan persaudara'an, menambah ketjinta'an enz. Djadi orang jang tidak berdamai, tentoelah moedah sekali bermoesoehan, berselisihan, bertjerai-berai, achirnja menimboelkan kebentjian, berfitnah dan lain-lain sebagainja.

Disinilah perloelah kami beri tjonto sedikit, tentang moenfaatan damai atau persatoean; demikianlah:

1 Air, sesoedah bekoe mendjadi ijs, tidaklah moedah dihantjoerkan.

2 tanah, kalau berkoempoel mendjadi satoe (boemi), diidjak^2 tidaklah dapat bertjerai (ambjar Jav.), diperdirikan roemah tidak dapat rebah, ditanamipoen tidak bisa merabahkan.

3 Orang dagang, kalau soedah bermaatschappij, tambahlah besar, dan lagi tersohor dagangannja.

4 Grombolan-grombolan atau perhimpoenan-perhimpoenan, jang soedah berdamai, dapatlah memboeat takoet kepada moesoehnja soekar dipetjah atau dilawan.

5 Dari sebab perhimpoenan Moehammadijah berdamai, maka dapatlah mendirikan berpoeloeh-poeloeh sekolahan, selaloe hidoep soeboer, semangkin lama semangkin besar dan disoekai orang banjak.

Oleh karena menoesia itoe berlainan pekerdja'an, begitoe poela berlainan keada'an jang melimpoetinja, maka tentoelah perasa'an, pengatahoean dan kehendaknja berbeda'an djoega. Akan tetapi berbeda'annja pengatahoean, bolehlah agaknja diaccoorkan.

Saudara-saudara, memang hanja satoelah djalan jang dapat mendatangkan kepada persatoean, djalan mana ialah haroes mengatahoei, bagaimana pengetahoeannja orang lain haroes bergaoelan, haroes persaudara'an, haroes berhoeboengan, begitoe djoega mengadakan grombolan atau perkoempoelan, perkoempoelan mana perloe membitjarakan hal-hal jang perloe didjalankan dengan bersama-sama, bertolong-menolong dan beringat-ingatan antara satoe dengan lainnja. Segala perkara jang akan didjalankan, hendaklah lebih dahoeloe di bitjarakan dengan pelan-pelan, tidak berkeras hati, sabar haroes mendjadi dasar kami, poetoes asa haroes kami lemparkan.

Boekan kepalang kegirangan hati kami, karena bangsa kita isteri di Hindia Timoer soedah mengantjik ke-kemadjoean, banjak jang mengadakan perserikatan-perserikatan, bahkan ada jang berichtiar hendak mempersatoekan perserikatan-perserikatan itoe, sebagaimana adanja Congres Perempoean Indonesia ini, agar soepaja dapatlah kiranja kita bersama-sama membitjarakan hal keperloean, koewadjiban dan kemadjoean kita bagi oemoem seperti bangsa perempoean Indonesia, dan poela dapatlah pertaliannja antara bangsa perempoean Indonesia.

Tjoekoeplah soedah pidato kami ini dan penoetoepnja kami berseroe kepada sekalian saudara-saudara: Marilah, saudara-saudara, bersama-sama menegoehkan persaudara'an kami.

Kemoedian, kami berdoa, moedah-moedahan Toehan Allah memberi taufiq kepada kita sekalian dan diperbanjakan faidahnja Congres Perempoean Indonesia jang termoelja ini, bagi ketinggian dan persatoean bangsa kita; sehingga slamatlah kita kesemoeannja.

Keadaban isteri (huruf jawa)

Pidato Nji Hadjar Dewantoro, disalin dari bahasa Djawa

Apa jang akan saja oeraikan dalam congres ini, hanjalah garis-alasan (antjer-antjer) jang terpenting sahadja tentang ada perempoean: maka dari itoe tjoekoeplah pidato ini saja singkat sahadja, asalkan tertjakoep pokok maksoednja.

Apakah jang diseboet keadaban (Dj. Kasoesilan)? Adapoen keadaban itoe tindak lakoe jang oetama, adat jang aloes, tertib dan laras (harmonisch), ialah gerak badan jang ber-wirama.

Apakah sebabnja perkara gerak toeboeh menoesiapoen kita bitjarakan dalam rapat ini, seolah-olah kita anggap perihal jang penting? Ketahoeilah, bahoea segala tindak lakoe lahir itoe soenggoeh berhoeboeng dengan hidoep batin. Orang jang aloes boedinja, tentoelah aloes djoega hidoep lahirnja. Sebaliknja orang jang tertib tindak lakoenja, tentoelah djoega tertib kebatinannja.

Berhoeboengnja lahir dan batin dalam hidoep menoesia itoe njatalah mengadakan perhoeboengan pengaroeh (lelambangan daja) ; mitsalnja orang jang mengedjar kealoesan boedi, boleh ditentoekan hidoep lahirnja akan berikoet mendjadi aloes djoega. Sebaliknja djoega njata lagi, jaitoe orang jang mengedjar kealoesan dalam tindak lakoenja lahir, tentoe kealoesan hidoep batinnja akan berikoet djoega.

Tentang hal ini bolehlah kita ambil tjontoh dari pengadjaran agama Islam. Menoeroet pendapatan saja orang Islam soenggoeh-soenggoeh kepertjaja'an dan ta'loeknja pada dalil dan haditz itoe terbawa dari tegoehnja atoeran sjariat. Seandainja hoekoem sjarak tidak dikeraskan, larangan-larangan tentang barang jang makroeh dan charam itoe tidak dilakoekan dengan tegoeh, tentoelah lambat laoen akan linjaplah perindahan orang pada agamanja. Orang Islam ta' boleh pegang Qor'an kalau ia tidak soetji (berwoedloe), itoelah tidak lain maksoed hanja menghargai dan mendjoendjoeng tinggi (ngadji-adji) pada kitab soetji itoe. Segala sjarat agama itoe bermaksoed mendidik orang akan takoet pada pengadjaran agama dan poela mendidik tegoehnja hidoep kebatinan.

Soenggoehpoen dalam chakikati orang boleh berkata barang lahir itoe boekan apa-apa, akan tetapi barang siapa beloem pernah mendjalani sjariat, ta' akan insjaf benar pada chakikatnja. Memang benarlah pengadjaran agama jang berkata: sjariat jang tak bersendi chakikat itoe kosong; chakikat jang ta' berserta sjariat itoe batal.

Dalam kehidoepan orang Katholiek terlihatlah djoega: tegoehnja kepertjaja'an orang Katholiek pada agamanja itoelah njata terbawa dari kerasnja sjarat-sjarat agamanja.

Pengadjaran akan mementingkan sjarat-sjarat lahir itoelah tidak hanja dalam agama sahadja dilakoekan, meskipoen dalam perikehidoepan bersama-sama djoega berlakoe. Mitsalnja atoeran dodok dan sembah dalam perikehidoepan keradja'an Djawa, itoe bermaksoed mendidik orang akan takoet dan mendjoendjoeng pada radjanja. Dalam pergaoelan hidoep oemoem djoega tidak berbéda ; semoea sjarat-sjarat keadaban (Dj. Totokromo) itoelah tidak lain maksoednja hanja mendidik orang akan menghargai pada sesama menoesia.

Dalam kehidoepan bangsa Djawa hal totokromo, jaitoe sjarat-sjarat oentoek menghargai orang lain, dipentingkan sekali, sehingga perkara itoe menimboelkan bebarapa fatsal, oempamanja totokromo lahir, totokromo batin (soebosito), oedonagoro, oenggah-oenggoeh, trapsilo d.l.l. baik tentang tindak lakoe maoepoen dalam bahasa, mitsalnja kromo, ngoko, antiboso d.s.b.

Adapoen sjarat-sjarat keadaban itoe berbéda dengan sjarat-sjarat agama maksoednja, jaitoe menghargai pada orang lain dan djoega oentoek dipakai selakoe alat pendidikan. Kalau orang jang masih setija pada radja hendak mengadjarkan kesetija'an pada radjanja, akan tetapi mengadjarnja itoe tidak dengan disertai mengadjarkan dan membiasakan lakoe dodok, sembah, lagi poela orang jang dipeladjari kesetija'an pada radja itoe tidak pernah berdjoempah pada sang radja, maka njatalah pengadjaran tadi akan sia-sia belaka.

Kembalilah kita pada Fatsal keadaban. Sesoenggoehnja lakoe keadaban itoe djoega soeatoe alat oentoek menghargai ; adapoen jang dihargai jaitoe dirinja sendiri. Maka dari itoe maksoed lakoe keadaban itoe bersifat tiga roepa, jaitoe:

- Pertama: mendidik aloesnja tindak lakoe lahir, agar soepaja dapat ketertiban dalam hidoep lahir dan dapat menambahkah ketertiban oemoem (wirogo).
- Kedoea kalinja: mengoesahakan tertib dan aloesnja hidoep lahir itoe njatalah akan mendidik tertib dan aloesnja kebatinan (wiromo).
- Ketiga kalinja: oleh karena melakoekan keadaban itoe mendidik akan menghargai dirinja sendiri, makin lama kelama'an harga diri itoe akan timboel sendiri, dalam bahasa Belanda gevoel van eigen waarde (wiroso).

Tentang keadaban oentoek kita kaoem isteri , maka masih tambah lagi maksoed dan faidahnja. Seharoesnjalah kita senantiasa ingat, bahoea kita kaoem isteri itoe dilahirkan didoenia mendjadi pemangkoe (Dj. pamengkoe) atau tempat toemboehnja menoesia (pangoedi toewoeh). Tidaklah menoesia akan dapat melakoekan wadjibnja beranak-berboeah, kalau tidak dengan pangkoean kita perempoean selakoe iboe. Maka dari itoe tidak akan sesoeatoe bangsa dapat keselamatan dan bahagia dalam hidoepnja, kalau tidak dapat menghargai hidoep perempoean.

Sebaliknja kita kaoem isteri haroeslah mengerti dan insjaf akan beberapa rahasia dalam hidoep kita. Pantaslah oempamanja kita mentjelidiki, apakah sebab-sebabnja, jang kita perempoean dalam zaman apa sahadja dan dari bangsa apa sahadja, senantiasa mendjadi pohon keoetama'an dan keselamatan, tetapi sebaliknja doega seringkali mendjadi telaga kehina'an dan kesengsara'an? Apakah sebab-sebabnja poela, selama menoesia dititahkan didoenia ini, kita perempoean selaloe dianggap sebagai barang jang paling endah dan berharga, sehingga seringkali mengadakan perkelaian atau perang habitat. Sebaliknja atjap kalilah kita perempoean dianggap sebagai barang jang terhina.

Adapoen sebab-sebabnja keada'an jang terseboet itoe, ialah oleh karena kita perempoean (terbawa dari chodrat toeboeh kita), senantiasa mendjadi penarik boeat orang laki-laki. Maka penariknja itoe dapat menimboelkan pengaroeh doea matjam, jaitoe menimboelkan rasa kesoetjian atau menimboelkan hawa nafsoe jang boeroek dan djahat, hingga seolah-olah bersifat nafsoe binatang.

Keada'an jang demikian itoe, haroes kita ketahoei, ta' boeh kita oengkiri, karena njata adanja, dalam hidoep bangsa apapoen djoega. Hal itoe berhoeboeng dengan chodrat kita menoesia, laki-isteri haroes berdjadoan, (hidoep bersama-sama) oentoek beranak-berboeah (voortplanting, toewoeh).

Adapoen kewadjiban kita perempoean tentang keada'an jang njata itoe, tidak lain ialah jang awas, insjaf akan chodrat iradatnja menoesia dan mendjaga tertibnja keada'an. Wadjiblah kita berdaja oepaja mena'loek dan memerentah hawa nafsoe orang lelaki. Itoelah tidak tjoema wadjib sahadja, akan tetapi memang chodrat kita perempoean selakoe iboe.

Sjarat-sjarat oentoek mengadakan ketertiban tentang hidoep laki-isteri bersama-sama, soenggoehpoen soedah ada (hoekoem nikah) akan tetapi segala 'wet jang tertoelis' itoe tidak akan dapat sempoerna. Adapoen wet jang sempoerna, jaitoe jang tertoelis dalam sanoebari kita, itoelah anggar jang teroes hidoep.

Anggar jang hidoep dalam sanoebari kita, itoelah neratja jang sebenar-benarnja oentoek menimbang barang jang baik dan jang djahat. Lagi poela wet batin itoe mengadajan sjarat roepa-roepa, jang akan djadi pagar-keselamatan menoesia. Pagar-keselamatan ini ta' lain jalah lakoe keadaban kita. Bolehlah kita mengadakan perbandingan demikian: anggar dalam sanoebari kita (boedi menoesia) itoelah 'choekoem' atau 'chakikat'; adapoen keadaban kita itoelah 'wetboek' atau 'sjaringat'.

Menoeroet faham saja roesaknja lakoe keadaban itoe akan berpengaroeh meroesak 'rsa-kesoetjian'. Roesaknja rasa kesoetjian akan meroesakkan keselamatan.

Oentoek kita perempoean njatalah: barang siapa memboeang lakoe keadaban akan kehilangan harga dirinja dan gampanglah akan dihinakan (*ditjamah*) oleh orang lelaki, karena perempoean jang sedemikian itoe seolah-olah menjedarkan dan menggerakkan rasa-kelaian, jaitoe hawa nafsoe orang laki-laki jang seringkali dapat bersifat chewan belaka.

Lakoe-keadaban...disitoelah kita lihat bedanja chewan dan menoesia; lakoe-keadaban...itoelah dalam semoea agama diadjarkan sebagai pagar-keselamatan.

Kita kaoem perempoean, jang berwadjib menghargakan diri perempean dan menghargakan keadjiban menoesia beranak-berboeah, wadjiblah mendjadi bersama-sama akan kekalnja lakoe keadaban oentoek kaoem perempoean, goena keselamatan menoesia dan doenia djoea adanja.